ATRAVESSANDO FRONTEIRAS

Esta publicação foi realizada com o apoio da Fundação Rosa Luxemburgo com fundos do Ministério Federal para a Cooperação Econômica e de Desenvolvimento da Alemanha [BMZ].

FUNDAÇÃO
ROSA
LUXEMBURGO

Lutz Taufer

ATRAVESSANDO FRONTEIRAS

da guerrilha urbana na Alemanha ao trabalho comunitário nas favelas brasileiras

Tradução de Kristina Michahelles
com a colaboração de Silvania Gollnick

AUTONOMIA LITERÁRIA
2018

Este livro foi publicado originalmente com o título *Über Grenzen: Vom Untergrund in die Favela.*

AUTONOMIA LITERÁRIA

Coordenação editorial: Cauê Ameni, Hugo Albuquerque e Manuela Beloni
Tradução: Kristina Michahelles (colaborou: Silvania Gollnick)
Revisão e preparação: Hugo Albuquerque
Revisão: Marcia Ohlson
Diagramação: Manuela Beloni
Capa: Fabrício Lima

Dados Internacionais de Catalogação na Publicação (CIP)
(eDOC BRASIL, Belo Horizonte/MG)

T224a Taufer, Lutz.
Atravessando Fronteiras: da guerrilha urbana na Alemanha ao trabalho comunitário em favelas no Brasil / Lutz Taufer; tradução Kristina Michahelles. – São Paulo (SP): Autonomia Literária, 2018.
16 x 23 cm

Título original: Über grenzen: vom untergrund in die Favela
ISBN 978-85-69536-27-7

1. Antropologia. 2. Ciências sociais. 3. Sociologia. I. Michahelles, Kristina. II. Título.

CDD 300

Elaborado por Maurício Amormino Júnior – CRB6/2422

SUMÁRIO

PREFÁCIO

POR FLÁVIO TAVARES[1]

Este livro é um depoimento pessoal que desnuda uma época da História recente em que os conflitos, as disparidades e as injustiças tentavam ser resolvidos pela ação política direta. Nada do que aqui se conta, porém, tem o tom individualista da exaltação ou exibição.

Ao contrário, ao desnudar os grandes conflitos do século 20, Lutz Taufer se despe a si mesmo e narra realidades ocultas nas tragédias em busca do poder. E não só na revolta estudantil de 1968 – *quando desenterramos o passado* –, mas igualmente, anos antes, na "desnazificação" alemã, em grande parte comandada por antigos nazistas.

Em vinte anos de preso político na Alemanha – mais de 18 dos quais em impiedoso isolamento total, sem conversar sequer com os carcereiros – só a memória e a dor o acompanharam. Daí nasceu o pensador que ele se revela agora, ao entender (e explicar) as pequenezas e grandezas do mundo e da vida.

As tragédias do século 20 surgem aqui não como drama narrado por um observador alheio aos fatos, mas – sim – por quem foi protagonista e vítima. Até ao narrar a histeria do fervor nazista dos alemães na Segunda Guerra Mundial, ele (nascido em 1944, ao fim do conflito) reconstruiu fatos pela memória familiar.

---

1 Jornalista renomado, Flávio Tavares militou na esquerda desde cedo, conheceu Che Guevara em 1961 e participou da luta armada contra a ditadura militar no Brasil. Preso e torturado, saiu do cárcere como um dos prisioneiros políticos trocados pelo embaixador norte-americano Charles Burke Elbrick, sequestrado em 1969, e se exilou no México, Argentina e Portugal. Em 1977, foi preso durante 198 dias pelos órgãos da repressão uruguaia. É autor de vários livros, entre eles Memórias do Esquecimento, sobre a prisão e o exílio, Prêmio Jabuti no ano 2000.

Desenterrei fragmentos de um quebra-cabeças, diz já nas páginas iniciais, fazendo da reminiscência um documento: *Esforcei-me por ignorar o deserto gelado da abstração*, acentua.

Nos anos 1960-70, Lutz integrou na Alemanha Ocidental um grupo político em que a ação concreta (mais do que a pregação ideológica) buscava encurralar o capitalismo. Chamados mundo afora de "maoístas", não tinham relação com a China de Mao Tsé-Tung, mas dele seguiam a visão de "insurreição e guerra popular". Marxistas, criticavam o autoritário *stalinismo* e a política de superpotência da União Soviética e eram repudiados pelo governo comunista da antiga Alemanha Oriental. De fato, eram órfãos do chamado "socialismo real".

Mas, como ele explica, "o acontecimento central" da geração de 1968 foi a Guerra do Vietnã, em que os Estados Unidos, maior potência militar e industrial do planeta, destruía aldeias, matava a população e transformava florestas em desertos.

A luta contra as formas de opressão e crueldade social, porém, pode ferir as "leis" da guerra e ser também cruel. Na desastrada tentativa de ocupar a Embaixada germânica em Estocolmo para libertar presos políticos na Alemanha, Lutz diz sem rodeios: *A morte cruel de dois reféns, pela qual fui responsável, foi um crime injustificável.*

Libertado após vinte anos de prisão e isolamento, trabalhou como padeiro. Daí lhe ficou a experiência que, mais tarde (ao atuar nas favelas do Rio de Janeiro como voluntário do Serviço Mundial pela Paz), fez com que escrevesse em ironia: *O carioca é encantador, mas merece um pão melhor!*

Vários livros estão neste livro, complementados na edição brasileira pela exímia tradução de Kristina Michahelles. De um lado, análises e observações sobre um tempo em que os jovens se imolavam por ustiça ou pela utopia. De outro, uma confissão, que conta até da dificuldade de sentir-se livre após vinte anos de cárcere.

Ou, como ele próprio frisa, transpor fronteiras significa caminhar rumo ao incerto sem ser uma caminhada ao acaso.

PRÓLOGO

Minhas palavras e minhas frases chegam atrasadas. E eu, será que cheguei? Caso sim, aonde?

Os anos que vivi transcorreram em estágios bastante incomuns. Enquanto escrevo, algumas etapas costumam se abrir para mim sem esforço, mas há outras para as quais faltam as palavras, mesmo ao fim e ao cabo de numerosas conversas que se estendem por vários dias, simplesmente porque palavras não bastam.

Desenterrei fragmentos de um quebra-cabeças. Mantive conversas e discussões, troquei cartas com gente jovem e velha, com alemães e latino-american@s, vasculhei correspondências, jornais e panfletos há muito tempo esquecidos, esforcei-me por ser compreendido, transparente e legível.

Volta e meia, novos espaços se descortinam. São espaços de esperança e e felicidade, de dor e tristeza, de amor e de ódio, de abnegação e autoafirmação. Espaços abertos, vazios, à espera de serem novamente preenchidos com vida, lutas e derrotas, com informações sobre uma sociedade solidária que transcenda o valor de troca das mercadorias, a lógica do mercado e o fetiche do crescimento. Nem tudo pelo que sou responsável na minha vida está à altura desse objetivo.

Escrever memórias sempre guarda a tentação de resvalar para o oportunismo ou para a estilização. Não tenho certeza se consegui resistir a essa contestação. Afinal, publicar memórias significa também desnudar o que está guardado dentro de nós de um modo difuso, invisível até ao próprio olhar. Neste terreno, tudo é emaranhado e contraditório. Ao longo dos anos, os caminhos das ideias, os descaminhos e os desacertos derreteram e viraram padrões emotivos – padrões esses que idealizam a felicidade e tornam a dor mais suportável. O desafio é decifrá-los, nomeá-los com ajuda de palavras e frases e torná-los aptos a serem comunicados – uma cadeia interminável de decisões que, juntas, estabelecem e fixam a imagem em sua totalidade.

Não ressuscitei o passado em sua integralidade. Muita coisa ficou de fora. Ninguém haverá de encontrar neste livro revelações sensacionalistas sobre a invasão da embaixada alemã de Estocolmo ou sobre *a Fração do Exército Vermelho* (RAF, *Rote Armee Fraktion* mais conhecida no Brasil como *Grupo Baader-Meinhof*). Esforcei-me por ignorar o deserto gelado da abstração. O meu objetivo não foi reviver o passado e sim trazê-lo para o presente, este tempo que se tornou tão complexo.

Não escrevi sobre algumas pessoas que foram importantes para mim e que amei. Durante os vinte anos que passei na prisão, fiquei sujeito a um controle impiedoso das minhas expressões vitais. Por isso, reservo-me o direito de resguardar uma ou outra coisa.

Neste momento em que o trabalho das reminiscências chega a termo, tenho a sensação de ter transposto mais uma fronteira, de ter deixado algo para trás. Mas as perguntas *para onde* e *como* continuam mais presentes e prementes do que nunca.

Este livro não existiria sem a ajuda e o apoio de Hauke Benner, Lisa Böttcher, Knut Folkerts, Denise Fraenkel, Heinz Herlitz, Beate Kirst, Ute e Ulrich Luig, Janete Nazareth Guilherme, Jochen Noth, Antje Schmierer, Jens Seute, Anke Spiess e Anselm Weidner – pelo menos não na forma atual. Agradeço muito a eles. Eles liam o que lhes mandava, estimulavam e criticavam, surpreendiam-me com suas sugestões e davam valiosas dicas. Acima de tudo, gostaria de agradecer a Theo Bruns pela parceria crítica e solidária e pelo trabalho de revisar o manuscrito.

CAPÍTULO 1
A Infância Começa mais Cedo do que Imaginamos

Caminhar em vez de marchar

Todo cuidado é pouco quando folheio o álbum de fotografias. No Brasil, ele ficava guardado dentro de um armário embutido. Muitos anos depois, quando o retirei de lá, estava seriamente danificado pela forte umidade da cidade litorânea. Naquela época, muita coisa acontecia na minha vida e eu não tinha zelo com objetos, quiçá tampouco com algumas pessoas. Agora, quando folheio o registro da vida - ao que me parece, feliz - dos meus pais, o álbum que minha mãe organizou com muito amor e carinho, algumas fotos se desprendem, outras amarelaram, em alguns casos as imagens já se tornaram irreconhecíveis. Um selo voa ao chão. Uma suástica na frente de um castelo, um emblema de sol: a convenção do Partido Nazista[2] de 1943, em Nuremberg.

Há muitas imagens da Floresta Negra nas fotos com as margens serrilhadas pelas quais, quando pequeno, gostava de passar a ponta dos dedos: o parque de Kaltenbronn, a montanha de Teufelsmühle, o lago Titisee, imagens do Reno, panoramas do Lago de Constança. Verão, época de alimentar os

---

2 N. de E.: Partido Nacional-Socialista dos Trabalhadores Alemães, ou simplesmente Partido Nazista, partido existente entre 1920 e 1945, governou seu país de 1933 até sua dissolução. De ideologia de extrema-direita, racista, anticomunista e genocida foi o querosene que faltava para a explosão da Segunda Guerra, sobretudo pelo fato da Primeira Guerra Mundial não ter sido efetivamente resolvida no plano econômico e dos acordos internacionais, gerando enormes e duradouros prejuízos sociais sobre as populações dos Estados derrotados, sobretudo a Alemanha. É desse caldo de insatisfação e desesperança que os nazistas, sob a chefia de Adolf Hitler, irão se alimentar e se usarão para chegar ao poder.

cisnes, andar de barco. Inverno, tempo de percorrer a neve alta sobre esquis. Sob uma faia gigante, à margem de um riacho, um grupo de jovens sorri para a câmera, é uma turma alegre. As mulheres vestem maiôs compridos; os homens, short ou calção de banho. No meio do grupo, a minha mãe e o meu pai. Ele é o único que não olha para o fotógrafo, e sim para o rosto risonho da minha mãe. Não se cansava de clicá-la diante de cascatas, de ruínas de castelos, de igrejas, antigos sítios, calmas paisagens da Floresta Negra. Há imagens que evocam amor e erotismo. Minha mãe fazendo poses de maiô, meu pai cavalgando um potente jato de uma fonte, todos sempre às risadas. Oito de abril de 1934 castelo de Ebersteinburg, vinte e sete de maio de 1934 domo de Speyer, dez de junho de 1934 montanha de Teufelsmühle. Nas legendas escritas em branco em caligrafia gótica, a bela jovem de cabelos curtos registrou nas páginas negras do álbum todas as estações de uma inacreditável disposição de fazer caminhadas. As imagens mais antigas datam de 1933, as últimas, de 1950. Fascismo e pós-guerra. Entre as mais de quatrocentas fotografias há apenas duas ou três em que aparecem, ao fundo, bandeiras com a suástica. Uma vida paralela à histeria hitlerista da época, parece.

Ao lado do álbum, um tomo de poesia. Uma edição em *art nouveau*, capa azul-turquesa, marmorizada, a lombada marrom com a inscrição *Heine: Buch der Lieder (Heine: Livro das Canções)*. Teria sido um presente da mãe para o pai? Um poema está assinalado a lápis, *Dona Clara*, uma paródia de Heine sobre o antissemitismo.

Não sei se aquelas fotografias antigas são o testemunho de um grupo organizado. É provável que se trate de um círculo de amigos. Meus pais nunca falaram sobre aquilo. O que nós, crianças, não víamos e nem éramos capazes de enxergar ou de compreender foi o pano de fundo monstruoso diante do qual aconteciam esses idílios: o fascismo. Só depois, principalmente desde a revolta estudantil de 1968, quando desenterramos o passado, topei com grupos como os Piratas Edelweiss[3], que enfrentavam a Juventude Hitlerista,

3 N. de E.: Os *Edelweißpiraten* representavam a ala de juventude da Resistência Alemã na Segunda Guerra, tendo participado de atividades de sabotagem e, por conseguinte, sido duramente perseguidos.

os movimentos *Wandervogel*[4] e *Bündische Jugend*[5], este último obrigado, em 1933, a ingressar na Juventude Hitlerista. Mais tarde, em Berlim, no *Memorial da Resistência*, encontrei fotografias na sala sobre a resistência jovem que carregavam uma mensagem e mostravam um ambiente que me parecia familiar por causa do álbum dos pais. Não acredito que a vida dos meus pais retratada nas fotos indicasse uma determinação política ou até mesmo uma resistência ao fascismo. Mas as fotos falam de felicidade e da coragem para uma vida à margem da histeria popular daquela época.

Na contramão do sistema

Quando, em 1944, ano em que nasci, meu pai, já com mais de quarenta anos, foi convocado para a *Volkssturm*[6] junto com outros homens de sua idade, mulheres e crianças, ele comprou um bilhete de trem e saltou do vagão em movimento para se machucar e ser declarado incapaz. Não foi o único que tentou fugir da milícia criada por Hitler em outubro de 1944, convocando homens e mulheres entre dezesseis e sessenta anos de idade para conter o avanço do Exército Vermelho e das tropas aliadas dos Estados Unidos, da Inglaterra e da França. Mas poderia ter sido condenado à morte se tivesse sido pego na tentativa de se autoinfligir um ferimento. Em março de 1945, três semanas antes da capitulação, o então juiz da Marinha Hans Filbinger – que depois, entre 1966 e 1978, viria a governar o estado de Baden-Württemberg – fez de tudo para conseguir executar o jovem marinheiro desertor Walter Gröger.

4 N. de E.: O *Wandervogel* (em português, algo como Pássaro Viajante) era um movimento de juventude fundado na virada do século 20 que incorporava ideias românticas como volta à natureza, espírito de aventura e nacionalismo germânico.

5 N. de E.: *Bündische Jugend* (algo como Movimento Juvenil) foi a união entre o *Wandervogel*, escoteiros e demais grupos de juventude na Alemanha do Weimar, o qual buscou repetir a experiência anterior com mais organização e disciplina.

6 N. de E.: *Volkssturm (algo como Tempestade do Povo)* foi o derradeiro e desesperado plano da liderança nazista para conter o avanço do Exército Vermelho, consistindo no recrutamento de civis com quase nenhum treinamento e equipamento para irem à linha de frente – e como é evidente e sabido não foi apenas um fracasso como ainda agravou a tragédia humanitária da guerra.

Saltar do trem era algo que destoava da imagem que eu tinha do meu pai, uma pessoa que não se caracterizava exatamente pela coragem. Em sua vida, houve várias rupturas que deixaram marcas. A censura talvez mais profunda sobreveio com a crise econômica mundial. A família próspera de um artesão de cobre de Karlsruhe perdera todo o seu patrimônio. Meu pai fora obrigado a deixar o liceu, em que aprendera latim e grego, para iniciar um curso de gráfico. Devido às reações alérgicas aos vapores de chumbo, acabou virando contador. Jamais superou essa queda social, que roubou muito de seu ânimo para viver.

Quando as tropas francesas de libertação se aproximaram de Karlsruhe, os meus pais fugiram temporariamente comigo e com meu irmão Jan, dois anos mais velho, para Langensteinbach, uma aldeia na região norte da Floresta Negra, onde um tio da minha mãe assumira um sítio de agricultura familiar. Ao deixar nosso apartamento, o meu pai escreveu em francês com giz na porta de casa: *Favor não saquear*! O gesto foi interpretado como sinal de confraternização com o inimigo. Aquilo e o fato de meu pai não ter ido lutar na guerra geraram muita hostilidade e intolerância por parte dos nossos vizinhos de Karlsruhe, até nos mudarmos para um bairro novo, em 1958. Isso foi treze anos depois do fim da Segunda Guerra Mundial. Era assim o ambiente nos anos 1950 e 1960. Quem tivesse ido na contramão da comunidade racial nazista ou chegara a resistir ao nazismo era visto como traidor.

Os filhos dos participantes da resistência sentenciados por Hitler ficaram marcados como filhos de traidores. Enquanto criminosos de guerra de alta patente recebiam fartas pensões, voltando a ocupar elevados cargos, as famílias dos membros da resistência muitas vezes precisavam lutar pela sua sobrevivência. As sentenças de morte contra os membros assassinados da organização de resistência Orquestra Vermelha[7] só foram anuladas pelo parlamento alemão em 2009, ou seja, sessenta e cinco anos depois. Segundo o relato de Hans Coppi, filho de um membro da resistência que acabou fuzi-

7 N. de E.: A Orquestra Vermelha (*Rote Kapelle*) foi um amplo e difuso movimento de resistência ao nazismo, que incluiu, sobretudo com a emergência da Segunda Guerra, grupos que forneciam informações aos soviéticos e à Resistência Francesa – ou outros grupos que eram identificados de forma arbitrária com a rede, principalmente para fins de perseguição. Suas origens, no entanto, remontam nos círculos antinazistas já no início dos anos 1930.

lado, o chanceler Helmut Kohl quis retirar fotos, textos e documentos sobre a Orquestra Vermelha da exposição no Memorial para a Resistência Alemã em Berlim.

Avante e esquecer – uma infância ambivalente

Entretanto, meu pai era tudo menos um combatente de resistência. Mal consigo imaginar que algum dia ele pudesse ter participado ativamente de qualquer ato de resistência. Segundo a minha irmã me contou, de vez em quando ele se via obrigado a vender alguns selos que valiam bônus para o regime nazista. Mas ele e a minha mãe se mantinham à margem dos acontecimentos, da melhor forma possível. Isso já bastava para provocar a hostilidade de alguns vizinhos. Não diria que a minha infância foi marcada por isso, mas era difícil não notar. Aquilo despertava sentimentos ambíguos em mim. Eu era uma criança indefesa contra a rejeição fria, às vezes misturada com ironia. Parecia que eu e meus pais portávamos uma mácula contra a qual não havia o que fazer, um sentimento de ser diferente. Por outro lado, aquilo fortalecia a minha autoestima e o meu orgulho de viver naquela marginalidade, de pertencer ao círculo de amigos dos meus pais, onde se ria muito dos que me faziam sofrer.

Do outro lado da rua morava um casal. O homem tinha sido um policial nazista de baixa patente. Eles gritavam palavrões na rua. Nossa vizinha do mesmo andar perdera o marido na guerra. Era amarga e detestava minha mãe, porque meu pai se esquivara de defender os distritos alemães. Dois prédios adiante, morava outra família nazista. O filho, que era brigão, recebia uma educação rude, algo que ele recomendava em alto e bom som no meio da rua que meu pai aplicasse a mim e ao meu irmão. Eu era um menino quieto, não gostava de comportamento grosseiro.

Meus pais costumavam nos contar o seguinte episódio: na região norte da Floresta Negra, onde desembarcara o exército francês, um argelino de pele bastante escura, como eles enfatizavam, afeiçoara-se a mim quando era bebê. Provavelmente, sentia falta dos filhos que deixara na Argélia, então colônia francesa. Munido de fuzil e capacete, passeava comigo no carrinho de bebê pela aldeia. Como foi que o argelino chegou à Floresta Negra?

Mais uma vez, foi só graças à ampliação dos meus horizontes em 1968 que fui capaz de contextualizar aquele episódio banal em termos políticos e históricos. O soldado africano que lutava pela nação francesa contra a Alemanha era um colonizado dos três *departamentos* argelinos que haviam seguido a convocação dos senhores coloniais de lutar ao lado do exército francês contra o fascismo e em prol da democracia e dos direitos humanos. Muitos foram, lutaram e morreram, servindo de bucha de canhão. Quando, por ocasião das marchas da vitória na Europa, os argelinos também fizeram manifestações pela liberdade e pelos direitos humanos, as forças coloniais simplesmente massacraram quarenta mil pessoas em Sétif. Depois veio a luta pela libertação da Argélia. Pouco antes, os rebeldes no Vietnã haviam infligido a derrota definitiva às tropas coloniais francesas na Indochina com a conquista da fortaleza de Dien Bien Phu[8], no meio da selva. Durante os ataques da Frente de Libertação Nacional argelina às zonas coloniais, o grito de guerra dos rebeldes era *Dien Bien Phu.*

Para mim, será um eterno enigma por que nossos pais quase nunca conversavam com os filhos sobre aquela vida cuja história *falava* no álbum fotográfico tantas vezes folheado – uma vida que não precisava ser ocultada. Ou será que sim? O círculo de amigos e conhecidos dos pais era restrito. Por quê? Seria por causa do jeito reservado do pai? Ou por causa de acontecimentos vividos pelos pais entre nazistas? A base de sobrevivência da família era precária. Muitas vezes, o almoço era *vegetariano*, não por princípio, e sim por falta de alternativa. Em julho de 1945, a ração para cada alemão chegou ao seu nível mais baixo, 775 calorias por dia. Nos anos 1950, o clima social ainda era tal que não se recomendaria lidar abertamente com a reserva que os meus pais haviam tido em relação ao fascismo. Continuavam vivendo meio à margem. Meu pai acabou sendo aceito e recebendo apoio em uma outra área. Devido à sua afinidade com os franceses e aos seus conhecimentos linguísticos, conseguiu um emprego como contador no Quartel General do exército francês em Baden-Baden, para onde ia e voltava diariamente de trem.

8 N. de E.: Ocorrida entre março e maio de 1954, a batalha definiu a derrota francesa na Indochina e o início do colapso do seu sistema colonial – inclusive repercutindo logo depois na Argélia. Isso teve grande repercussão não só na França, sendo uma das causas normalmente elencadas pelos historiadores para a queda da IV República, como também no contexto de disputa da Guerra Fria, com os movimentos de descolonização se opondo ao bloco ocidental ou sendo atacados por ele, vide a Guerra do Vietnã (1955-1975).

Meu pai, que sofrera uma queda na escala social, casara-se com uma mulher de origem proletária. Sendo o segundo filho, o pai dela tivera de deixar a propriedade da família na região norte da Floresta Negra e passaria a vida consertando máquinas de costura Singer. No fim de sua vida, era um velho torturado por úlceras estomacais. Bem diferente da minha tia e das minhas primas. Como eu adorava visitá-las! Ria-se muito, eu era recebido com um calor humano que desconhecia na minha própria casa. Quando fiz cinco anos me deixaram passar alguns dias na família da minha tia. Dois ou três anos antes, o meu irmão Jan morrera devido a uma apendicite. O médico tinha errado o diagnóstico. Não havia antibióticos depois da guerra, pelo menos não no caso do meu irmão. Nós nos dávamos bem e íamos ao jardim de infância evangélico de calças curtas de couro. Quando ele morreu, tive os meus pais só para mim, o que não era nada mau.

Foi quando nasceu a minha irmã Beate, em 1949, e eu fiquei na casa da tia. Em um determinado momento, ela me levou ao seu quarto, tirou um cofrinho de aço do armário e o abriu. Uma foto de Hitler sorriu para mim.

O que deveria fazer naquela situação uma criança de cinco anos, que não sabia muito sobre Hitler? Não chegou a ser um choque, mas a sensação era de desconforto e de incerteza.

Nunca mais diga: sim, senhor

Ainda que nossos pais nunca tivessem conversado conosco sobre "aqueles tempos", certamente empreenderam tentativas de nos passar alguma coisa de suas convicções e de sua postura. Um belo dia em 1955, quando eu tinha onze anos, meu pai me levou ao cinema para ver *Kinder, Mütter und ein General [Filhos, mães e um general]*. Era um dos raros filmes daquela época sobre o fascismo, mais precisamente sobre a milícia *Volkssturm*. Therese Giehse, a famosa atriz das peças de Brecht, foi convincente no papel de uma mãe corajosa que viaja para a frente de combate seguindo o seu filho, convocado a lutar, a fim de salvá-lo da morte heroica. "Mãe, sou um soldado, matei um russo". Um ano antes, o produtor Erich Pommer dissera, preocupado, que "os tempos ainda não estão maduros para um filme desse tipo". Isso foi dez anos depois do fim da Segunda Guerra Mundial! Àquela altura, alguns anos antes, na Itália, já tinha surgido uma cultura popular antifascista. Mas aquela República da Alemanha, ainda bastante marrom, não estava "apta" a receber muito daquilo que a geração do pós-guerra já absorveu conscientemente, primeiro com o romance *O tambor*[9], de Günter Grass, depois com a peça *O vigário*[10], de Rolf Hochhuth, e uma década depois com o julgamento de Auschwitz no processo de Frankfurt, além do movimento de 1968.

Encontrou-se uma solução de compromisso: a montagem original foi mostrada no exterior e recebeu o Globo de Ouro em Hollywood como melhor filme estrangeiro, enquanto se produziu uma versão mais amena para o público alemão. Depois de sair do cinema, o meu pai deu alguns passos, parou subitamente, postou-se diante de mim e disse: "Nunca mais diga 'sim, senhor'!" Era a frase que Therese Giehse tentava incutir no seu filho. Dez anos depois do fim do fascismo aquilo não condizia com o pensamento corrente. Na verdade, era bem interessante o que o pai dizia. Nunca mais dizer "sim senhor!", nunca mais abaixar a cabeça!? Para mim, era um vislumbre de uma outra maneira de encarar a vida... Mas alguma coisa estava errada. Lá em casa, aquele lema antiautoritário não valia. De vez em quando, o pai nos dava uma surra. E não era pouco! Ainda o vejo batendo na minha irmã até ela se esconder sob a mesa da cozinha, o sangue escorrendo pelo nariz. *Enquanto estiver na minha casa você vai fazer o que eu digo!* Métodos pedagógicos evocados por outro filme alemão, *A fita branca (Das Weisse Band)*, de 2009, outro ganhador do Globo de Ouro, que só passaram a ser questionados pelo movimento de 1968 e foram superados muito gradualmente. O filme *Bambule [Arruaça ou Rebelião]*, sobre um reformatório de adolescentes em Berlim, com roteiro de Ulrike Meinhof, também contribuiu.

Como já mencionei, era limitado o círculo de amigos e conhecidos dos meus pais. Raramente a minha mãe tomava café com uma vizinha ou convidava uma delas. Só tínhamos uma relação afetiva, quase familiar, com uma vizinha, uma viúva idosa, dona de uma confeitaria honorável em que se comia um tipo de doce chamado *cabeça de negro* (*Mohrenköpfe*) com café. Na sua cozinha ainda havia uma geladeira antiga, um monstro antediluviano que era uma atração para nós, crianças, pois lá em casa não existia nada

---

9 *Die Blechtrommel*, um dos principais romances do pós-guerra, é uma acirrada crítica ao regime nazista contada através do seu protagonista Oskar.

10 *Der Stellvertreter (O vigário, Ed. Grijalbo, 1965)*, drama em cinco atos de 1963 em que Rolf Hochhuth denuncia a omissão do Papa Pio XII diante do nazismo e do Holocausto.

parecido. De vez em quando chegava um caminhão deixando um rastro de água. Trazia pesadas barras de gelo que a viúva confeiteira mandava colocar na geladeira. Mas não era por causa do gelo que eu gostava de visitá-la, e sim por causa do calor humano e da atenção que dava a nós, crianças. Morava sozinha, tinha tempo de sobra e um grande jardim com marmeleiros, ameixeiras e um galinheiro.

De vez em quando o irmão daquela senhora vinha de Stuttgart para uma tarde de domingo com café e bolo. Era um venerável senhor idoso que trajava um elegante terno de verão. Lembro vagamente que ele fazia parte de um grupo do partido liberal FDP[11] local e do jornal *Stuttgarter Zeitung*. Quando a conversa girava em torno de política, mandavam que eu fosse brincar no jardim, onde as galinhas comiam grãos e punham ovos no galinheiro.

Havia um pequeno círculo de três ou quatro famílias que ocasionalmente nos convidavam às suas casas. O ambiente costumava ser alegre. Aqui ou acolá se mencionava com ironia os nossos vizinhos que nos ignoravam ou até mesmo hostilizavam e que provavelmente seguiam guardando fotos de Hitler ou selos com a sua efígie. Eu tinha orgulho de fazer parte de um círculo de pessoas que claramente tentavam se diferenciar da atmosfera fria e abafada daquela época, que em criança eu já percebia como triste e deprimente, sem, no entanto, conseguir imaginar alternativas.

Cheiro de detergente e distensão

Eu habitava, portanto, um mundo ambivalente. Quando você é pequeno, não gasta muitos pensamentos com aquilo. Existem sensações agradáveis e desagradáveis, impulsos, material para aqueles processos de aprendizado muitas vezes intrincados e que depois formam padrões de reação. Crianças não gostam de conflitos entre os adultos à sua volta. Isso também afetava a relação com os meus pais; não era nada agradável ver o meu pai passando pela vizinha no corredor do prédio de cabeça erguida, sem cumprimentar, e ela se comportando do mesmo jeito. Havia uma tensão no ar, uma insegu-

---

11 N. de E.: *Freie Demokratische Partei* (em português, Partido Democrático Liberal), agremiação de centro-direita, terceiro em número de votos, funcionou como fiel da balança da política alemã do pós-guerra, sendo muitas vezes determinante para que social-democratas ou democratas-cristãos pudessem formar governo.

rança, como se logo pudesse eclodir alguma coisa. Eu precisava – e queria – lidar bem com os meus colegas de escola, de preferência com todos eles. Mas os pais nos proibiam de brincar com os filhos "daquela gente". Não posso dizer se havia a mesma interdição do lado de lá, na casa da vizinha que não podia ser saudada no corredor. Mas entre nós, crianças, dominava a política da distensão. Brincávamos juntos, mas evitávamos fazê-lo no pátio, onde as mães poderiam nos avistar de suas sacadas. Preferíamos uma antiga lavanderia na área comum do prédio, acessível a todos.

Até hoje lembro do cheiro de sabão e de solução detergente. Havia uma espécie de consenso conspirador naquela brincadeira infantil que transgredia limites. Assim, eu me sentia quase aliviado quando percebia que o meu amigo de lavanderia, filho daquela viúva amarga de soldado de guerra, também queria brincar. Eu não estava só, havia alguém que pensava como eu. A bússola interior das crianças obedece a sentimentos e fantasias, e não aos imperativos da vida adulta. Quem sabe, era uma reação teimosa infantil de tentar passar por cima dos abismos insensatos criados pelos adultos, mas o processo de aproximação era restrito. Eu me sentia um pouco estranho em relação a algumas crianças. De algum modo, elas eram diferentes. Ainda eram criadas no velho espírito nazista, que ia além dos selos de Hitler guardados no armário. A educação dos filhos no sentido de virtudes secundárias nazistas continuava inquebrantável. E isso se percebia no comportamento daqueles meninos. Em brincadeiras ou brigas, revelavam com mais naturalidade os traços sádicos e agressivos que até certo grau muitas vezes são próprios de crianças. Verdadeiras amizades jamais poderiam florescer nesses casos.

Esse processo de aproximação terminou abruptamente quando a minha mãe foi agredida no corredor pela viúva que morava ao lado. A bolsa de compras caiu ao chão, as garrafas de leite se estilhaçaram, a minha mãe correu para dentro de casa com o nariz ensanguentado. Provavelmente nunca acontecera nada parecido em sua vida adulta. Era normal que nós, crianças, brigássemos. Mas pessoas adultas? Tomei a firme decisão de não ceder um milímetro no caso de um ataque, e sim revidar. Quando encontrava alguém no corredor, eu me postava, determinado, e estufava o peito, ou pelo menos imaginava estar sendo corajoso. A partir daquele momento passei a ignorar o garoto que morava ao lado. Continuar brincando com ele significaria trair minha mãe. Passávamos um pelo outro na escadaria, fingindo que não nos conhecíamos.

Árvores de Natal no outono

Lembro-me nitidamente da sensação de alívio quando uma família francesa com um filho da minha idade, Jacques, veio morar na casa dos avós, algumas casas adiante. Meus pais confabularam e deram luz verde. Os avós de Jacques eram donos de uma serraria dentro de um terreno gigantesco, coberto de tojo, que percorríamos como se fosse uma floresta. Um paraíso para crianças! Subíamos em máquinas enferrujadas, monstros enormes, cobertos de vegetação. Encontramos munição e até uma pistola enferrujada. Um veterano de guerra com a perna amputada ficava do outro lado da cerca num quiosque de lata. Nós costumávamos irritá-lo jogando pedrinhas no telhado do quiosque, bem escondidos atrás de arbustos de tojo. A sua reação indignada nos incitava para novos ataques. Ele vendia embalagens de seus cigarros da marca Zuban, que de vez em quando experimentávamos, limonada, o doce chamado de "beijo de negro" (*Negerkuss*) e um tipo de fogo de artifício apelidado ainda de "peido de judeu" (*Judenfürze*), de acordo com o velho linguajar nazista, com o qual assustávamos o mundo adulto.

Eram principalmente as mães que reagiam com um nervosismo agressivo às nossas explosões. No final da tarde de um outono, a noite já caíra, escutamos ruídos no céu. Todos correram até as sacadas no fundo do prédio e olharam para cima, onde havia lindas figuras luminosas. Então aconteceu algo invulgar. A minha mãe gritou, com medo: "Árvores de Natal! Árvores de Natal!" Fiquei surpreso, pois estávamos longe da época do Natal! A vizinha inimiga gritou alguma coisa de volta. Minha surpresa aumentou ainda mais, nunca vira aquelas mulheres trocando qualquer palavra. Ambas as mães estavam em pânico, embora a guerra já tivesse acabado havia alguns anos. Antes dos bombardeios dos Aliados, os locais de ataque eram marcados com aquelas "Árvores de Natal".

À *margem*

A experiência de não estar sempre envolvido na inocência pueril, confortavelmente entregue à meninice e, no lugar disso, cruzar constantemente com pessoas, lugares, vizinhos com os quais precisava assumir outro comportamento e ficar cauteloso, deve ter contribuído para que meus amigos tampouco fizessem parte da coletividade. Sempre senti afinidade com as pessoas à margem da sociedade, que portavam algum rótulo ou eram excluídas. Eu me identificava com elas. Aquilo tinha a ver comigo.

Eu tinha uma amiguinha, filha de uma família de refugiados que morava no sótão da casa vizinha. Eram "polacos", como se dizia então. Quase não saíam de casa. O pai, que usava um terno fora de moda e um boné, geralmente ficava sentado sob o forro do telhado e, quando eu chegava, tocava um grande acordeão. Aquilo foi uma experiência agradável e gentil, algo novo e desconhecido. Até hoje nutro grande simpatia por aquele instrumento musical. No Nordeste do Brasil, é indispensável em qualquer grupo de forró, a dança que ressurgiu nos últimos anos. Mas a amizade com a filha dos refugiados foi interrompida. A minha mãe nos pegou brincando de médico no mato. Aquilo, claro, só podia ser coisa de "polacos"! Houve muita gritaria. O horror com o qual a minha mãe reagiu ao despertar da curiosidade sexual das duas crianças era típico da era Adenauer[12].

O meu melhor amigo da escola morava em um conjunto habitacional onde viviam famílias em condições miseráveis que durante muito tempo continuaram sofrendo as consequências da guerra e do fascismo. Talvez tivessem sido bombardeados, talvez fossem refugiados – não sei mais, assim como esqueci o seu nome. Naquele início dos anos 1950, todas as crianças usavam roupas feitas de retalhos e herdadas dos irmãos mais velhos. Mas aquele amigo era especialmente maltrapilho. Tinha a aura dos intocáveis, seus traços revelavam uma situação de vida difícil e aquilo me atraía. Seu desempenho escolar não era dos melhores, enquanto a professora me apelidou de "doutor ortografia". Eu sempre tive uma relação distante com números, mas com palavras, frases e livros era diferente. Quantas vezes levei choques

---

12 N. de E.: Konrad Hermann Joseph Adenauer (1876-1967), político democrata-cristão, foi premiê da Alemanha Ocidental entre 1949 a 1963. Chegou a acumular tal cargo com o de Ministro das Relações Exteriores em certo período dos anos 1950. Buscou recriar o capitalismo alemão combinando-o com políticas de bem-estar, a chamada Economia Social de Mercado, sem deixar de seguir os desígnios dos Estados Unidos para a reconstrução não só da Alemanha como de toda a Europa Ocidental.

com aquelas perigosas luminárias do pós-guerra quando a minha mãe me pegava à noite lendo em horário proibido ou, mais tarde, com obras censuradas, como Casanova! O plugue elétrico de segurança ainda não estava disseminado como hoje.

O *gap* cultural que me separava daquele amigo não me tangia. Apesar de tudo, nós nos dávamos bem, de igual para igual. No intervalo, tomávamos o achocolatado um pouco amargo da ajuda americana dos pós-guerra, o *quaker*. Não era muito melhor do que o leite de cabras que eu ia buscar com uma caneca esmaltada na casa da vizinha, ainda no final dos anos 1940. Quando fui visitar o menino no vagão de trem em que morava com a mãe e dois irmãos mais novos, tive uma sensação estranha, contrita. E o preço daquela amizade, no meu círculo de meninos da mesma idade, eram perseguições e ironias. Refugiados eram pessoas de segunda classe. Eram discriminadas, excluídas e desfavorecidas em todos os lugares.

Vida longa ao comunismo!

Aquilo, no entanto, não interrompeu nossas excursões conjuntas pelas cercanias. No âmbito da reorientação de alemães de nazistas entusiasmados para anticomunistas entusiasmados, os americanos tinham logrado proibir um filme sobre Auschwitz, dirigido pelo britânico Alfred Hitchcock, e, no lugar disso, produziram um arsenal considerável de filmes propagandísticos anticomunistas que também chegaram até Karlsruhe. Na poeirenta e árida praça no centro da cidade, onde hoje fica o teatro municipal, armou-se uma grande tenda do exército para mostrar aqueles filmes de propaganda política à população. Era verão e fazia calor, meu amigo e eu deixamos nossos rastros com os pés descalços no asfalto mole. Ainda hoje lembro do cheiro acre, porém agradável, do asfalto. Naturalmente, o cinema na tenda foi uma atração. Entramos. Mas à diferença dos filmes de Gordo & Magro exibidos na Casa da América, aquilo era muito chato. O filme explicava como identificar um espião comunista sentado no mesmo compartimento do trem e que tipo de medidas de segurança tomar durante conversas com estranhos. Aquele comunismo era uma ameaça onipresente. O rádio vivia falando daquilo. Cartazes eleitorais mostravam um "Ivan" ameaçador que nos espiava através de um buraco. A mensagem era inequívoca: precisamos nos proteger com um muro, e os avalistas dessa proteção são o chanceler Adenauer e a

União Democrata-Cristã[13] (CDU, na sigla em alemão). Nós, crianças, vivíamos repetindo um versinho para irritar os adultos que falava de Adenauer e do muro: *Auf der Mauer, auf der Lauer, liegt der Konrad Adenauer* (No muro, à espreita, está o Konrad Adenauer).

Para mim, aqueles cartazes davam uma impressão inquietante e sombria. Não era tanto a figura de traços mongólicos que, com seus dedos ossudos, tentava fisgar algo do outro lado do muro. Era o gorro militar bolchevique que incitava o temor diante de uma cultura diferente. Um belo dia eu estava muito arteiro. Pela janela da sala, saí gritando com minha vozinha de criança: *Vida longa ao comunismo!* Assustada, minha mãe me arrancou de junto da janela. Naturalmente, eu não tinha a menor ideia do que era aquele comunismo. Mas de alguma maneira a paranoia dominante tangenciara a alma infantil e me induzira a uma resistência lúdica àquela coisa sombria e desagradável. Embora, durante muito tempo, a América tivesse sido eleita para ser o país dos nossos sonhos, no meu caso, o programa de reeducação saíra pela culatra.

Bom x mau

Será que o meu pai se identificava com a França e a guerra colonial? Ser contra os nazistas era uma coisa, mas estar ao lado das guerras de libertação anticoloniais, geralmente conduzidas por *partisans,* era outra. Liberdade, democracia e direitos humanos eram para gente branca, não para colonizados. Não foram poucos os membros da resistência francesa que, na segunda metade dos anos 1950, foram à Argélia participar do combate aos movimentos locais de libertação. Seis décadas depois, lembro muito bem da cena quando o rádio informou sobre a queda de Dien Bien Phu enquanto jantávamos em

---

13 N. de E.: A União Democrata-Cristã (CDU), junto com seu partido irmão, a União Social-Cristã na Baviera (CSU), representa a ala majoritária da centro-direita alemã, a qual governou a República Federal Alemã durante a maior parte de sua existência, o mesmo se aplicando à Alemanha reunificada como se vê, atualmente, no longevo governo de Angela Merkel. Buscou manter políticas alinhadas com os Estados Unidos e recriou o capitalismo alemão, matizando-o, no entanto, com políticas sociais. Inicialmente, foi liderada por quadros centristas, mas não vetou a entrada de quadros que foram oficialmente filiados ao Partido Nazista.

casa. Foi em 1954. Eu tinha dez anos, devorava os romances de Karl May e já tinha uma ideia bastante nítida do que era bom e o que era mau. Meus pais emudeceram. Não sabiam o que dizer. O que aquilo significava? A situação crítica na Indochina certamente era um dos principais temas no trabalho do meu pai, o QG francês. Com a fortaleza na selva no norte do Vietnã, o exército colonial francês tentara infligir uma derrota definitiva ao exército de libertação vietnamita. Aconteceu o contrário, a derrota catastrófica dos franceses acabou com a sua supremacia colonial. Mais de setenta mil alemães lutaram na Legião Estrangeira francesa no Vietnã, entre eles, milhares de membros da antiga SS. A expressão "Legião Estrangeira" evocava em nós, crianças, fantasias exóticas, imagens pouco nítidas de fuga, aventura e do vasto mundo.

Entre os escoteiros livres

Fazia parte do grupo de conhecidos do meu pai um pediatra chamado Löw e que fazia jus ao nome (em alemão: 'leão'). Era um homem forte, gordo, jovial e solícito de meia-idade que, no seu tempo livre, cuidava de um grupo de escoteiros. Perguntou-me se eu não gostaria de participar. Naturalmente, eram escoteiros livres que não faziam parte nem de uma associação nem de uma igreja. Ali ainda soprava um certo ventinho anarquista, um amor à independência e à liberdade. Mas para os meus pais este era exatamente o ponto. Eles tinham problemas com tudo o que tinha cheiro de organização. Depois da *débâcle* do nazismo, o comando era a retirada para a esfera privada. Eu tinha orgulho de fazer parte dos livres e independentes. Pela primeira vez, vivenciei um tipo de pertencimento a um grupo que era diferente da minha classe na escola. Agora era algo que eu tinha escolhido para mim. Muitos anos depois, encontraram-se conexões entre aqueles escoteiros de Karlsruhe-Durlach e o movimento de 68. Os escoteiros ocuparam uma torre velha que serviu de ponto de encontro e que foi desocupado à força pela polícia. Fotografias antigas mostram adolescentes com uma expressão determinada e teimosa.

Ganhei uma bicicleta de Natal para ir aos encontros dos escoteiros. Mas era uma bicicleta feminina! Ir para a escola e para os escoteiros com uma bicicleta de mulher? Não gostei nem um pouco daquilo. Fiquei tocando a campainha da bicicleta junto à árvore de Natal até meu pai me dar uma sova.

E por que uma bicicleta feminina? Provavelmente meus pais acharam que seria mais fácil e seguro pular de uma bicicleta sem a barra. A morte do amado filho Jan deixara meus pais muito temerosos.

Meu amigo Lothar "caiu do mundo"

Lothar, dois anos mais velho do que eu, tornou-se meu amigo. Apesar dos raros contatos devido às circunstâncias, foi o início de uma amizade que duraria a vida inteira. Durante o tempo de escola e de escoteiros, o grupo se encontrava em um galpão no jardim de seus pais. Mais tarde, Lothar Baier ficou famoso como escritor e ensaísta. Chegou a me visitar duas ou três vezes no xadrez e, durante o processo, vi-o algumas vezes entre o público.

Depois da minha libertação, em 1995, eu o visitei em seu pequeno apartamento em Frankfurt. Ele revelava uma informalidade oriunda do movimento de 1968, mas recusava veementemente o rótulo "geração 68". Fazia questão de afirmar: "Nunca pertenci a nenhuma organização". Em um posfácio do livro *A esperança agora (L'espoir maintenant)*,[14] de Jean-Paul Sartre, de 1973, Lothar escreveu:

> Sartre tampouco aceita se distanciar de seu texto mais criticado, o prefácio de *Os condenados da Terra*, de Frantz Fanon; embora, depois das experiências dos anos 1970, a sua relação com a violência revolucionária – a qual exalta enfaticamente como sendo a parteira do homem libertado – tenha se modificado consideravelmente, mas em resposta à situação vivida durante a guerra da Argélia, o velho Sartre considera justificada a violenta tomada de partido pelos colonizados libertários de 1961: um pensador vivo que aceita aprender, que admite falhas e equívocos, mas que não está disposto a renegar a sua obra e a sua vida *a posteriori*; eis um exemplo que se tornou raro.

Anos mais tarde, quando já não aguentava mais ficar na Alemanha, Lothar Baier resolveu se mudar para Montreal, no Canadá. Como eu já morava e trabalhava havia algum tempo no Brasil, me perguntou se eu o estimularia a dar a guinada em sua vida, o que fiz.

---

14 *A Esperança Agora: Entrevistas de 1980, Jean-Paul Sartre e Benny Lévy* (Editora Nova Fronteira, RJ, 1992)

Um dia, Lothar me escreveu sobre uma descoberta: nos campos de concentração nazistas havia um Departamento VI da guarda dos campos, responsável por cuidar das tropas e por capacitação universal. O diretor que durante muito tempo cuidou daquele departamento no campo de Auschwitz chamava-se Kurt Knittel. Depois da guerra, ele seguiu carreira no serviço pedagógico escolar. Quando Lothar e eu cursamos o ensino médio, o mesmo Knittel trabalhava na instância responsável pelo ensino médio em Karlsruhe e, em 1959, chegou a ser promovido a inspetor geral.

Em 2004, Lothar pôs um fim à sua vida em Montreal. Ele "caiu do mundo", escreveu Jürgen Busche em um obituário no jornal *Taz*.

Um aluno comum

Comecei a cursar o ensino médio em 1954. Uma brilhante prova de admissão foi seguida por dez anos de desempenho escolar regular. Tive de repetir um ano. Interrompi a escola para curar uma úlcera estomacal com um método antiquado, que consistia em tomar uma espécie de mingau enrolado em papel de alumínio e depois mudar de posição várias vezes, para que o alimento fosse distribuído no estômago. Mais uma coisa que precisava ser escondida dos outros. O que as pessoas iriam pensar? Os pais inventaram uma desculpa para os vizinhos. Mas qual seria o motivo para aquela doença psicossomática? A escola, em que a era da pedagogia "negra" ainda estava longe de ter acabado? Aquele professor – mais um daqueles progressistas – que obrigara o aluno a passar a aula inteira acocorado dentro de um armário por causa de uma banalidade qualquer? As eternas brigas dos meus pais? Os tranquilizantes que minha mãe tomou mais de uma vez? Passei raspando pela escola. Eu era um dos rebeldes que participavam de qualquer besteira. Tudo o que adquiri de mais importante na vida – o interesse por literatura e História, música e artes plásticas, a língua alemã e idiomas estrangeiros e muita coisa mais – foi só depois do período escolar. O que de mais valioso restou daquela época foi o sentimento de pertencimento na minha turma da escola, que até hoje não se extinguiu.

Primeiro, as aulas aconteciam provisoriamente em um antigo castelinho que não preservava nenhum traço do brilho anterior. Na sala de aula lotada havia uma lareira. De vez em quando, o zelador vinha em seu guarda-pó cinza com dois baldes de carvão na mão para repor o combustível. Não era nada confortável. A construção da escola superior – que fazia falta naqueles bairros da periferia ao sul de Karlsruhe – já havia começado. Em meados dos anos 1950 já estávamos em plena retomada da economia, alavancada pelo perdão das dívidas, pelo Plano Marshall[15] e com o consumo turbinado pela guerra da Coréia[16]. A nova escola ficava próxima de um bairro em que os novos milionários do milagre econômico, os novos-ricos, construíam as suas mansões. Na minha classe havia filhos destas famílias além de alguns poucos alunos como eu, de famílias mais pobres, proletárias ou pequeno-burguesas. Naquela época, meados dos anos 1950, aquilo não era tão óbvio. O ginásio não era para gente do povo. Era reservado às classes mais altas. De vez em quando eu percebia uma certa atitude condescendente em relação a mim, que eu entendia como julgamento do meu desempenho escolar. Provavelmente, não confiavam que alguém como eu pudesse estar cursando aquela escola. Uma década depois, já na minha época de estudante em Freiburg, eu participei da ação "Estudantes ao campo". Nas cantinas das aldeias da região de Kaiserstuhl, nós esclarecíamos os pais que os seus filhos também tinham o direito de frequentar o ginásio na cidade. Na época, o então Presidente Heinrich Lübke ainda defendia a "escola nanica" do campo (*Zwergschule*), em que várias turmas tinham aula simultaneamente na mesma sala de aula.

Nós, alunos, nem ligávamos para essa mistura de classes. Resquícios de diferença social só surgiam de vez em quando. Por exemplo, quando o di-

15 N. de E.: O Plano Marshall era o nome popular do *Programa de Recuperação da Europa*, dado em referência ao Secretário de Estado americano George Marshall. O plano servia para conter o avanço do bloco soviético sobre os países arrasados pela guerra e para construir uma vasta zona de influência econômica dos Estados Unidos. A Alemanha Ocidental foi a terceira maior beneficiada em termos econômicos, perdendo apenas para França e Reino Unido.

16 A Guerra da Coreia, cujos conflitos duraram entre 1950 e 1953, foi a primeira grande intervenção militar dos Estados Unidos para conter o avanço do comunismo – o resultado foi aproximadamente dois milhões e meio de mortos e feridos, além da divisão da península em Coreia do Norte (socialista) e Coreia do Sul (capitalista). Ainda que as hostilidades tenham sido suspensas, um processo de paz só está sendo efetivado neste ano de 2018. A Guerra da Coreia gerou um bisonho efeito de crescimento econômico nos Estados Unidos, movido pelo seu complexo bélico-industrial, bem como de seus aliados pelo mundo, a exemplo da Alemanha Ocidental.

retor Fröhlich ameaçava a turma, renitente ao ensino, que acabariam "como aqueles ali", indicando, pelas grandes janelas do prédio novo, para o canteiro de obras do outro lado e lançando furiosos olhares por trás de seus óculos de aros dourados. Com os punhos cerrados nos bolsos da calça, ficava empertigado, em posição de educador, deixando à mostra os suspensórios sob o paletó preto. Mas não nos impressionava com essa ameaça de virarmos peões de obra. O seu traje sombrio combinava muito bem com o discurso de doutrinação anticomunista que ele costumava fazer para toda a escola reunida sempre no dia dezessete de junho, dia da Unidade Alemã. Era uma verdadeira lavagem cerebral para nós, alunos.

A primeira experiência de diferença de classes me impactou. Fui convidado para a festa de aniversário de um colega da turma paralela, cujo pai tinha sido prefeito de Freiburg. Pouco antes, eu havia entregue um grande buquê de flores na porta dos fundos da mesma mansão, pois trabalhava numa floricultura. E agora entrava pela porta da frente com um presente caro para o colega, que nem era um amigo tão próximo. Provavelmente os meus pais farejaram alguma oportunidade naquele evento. Lembro de ter participado sem muita animação das brincadeiras.

Dois tipos de professor

Havia outra discrepância além daquelas diferenças sociais na escola. Tínhamos dois tipos de professores. Os mais novos viviam – e nos mostravam – um tipo de não-conformismo crítico, até durante a aula, embora a revolução antiautoritária ainda estivesse longe de acontecer, pelo menos naquela província do estado de Baden. Em Karlsruhe, cidade de funcionários públicos bastante retrógrada, não se percebia nem sombra de lemas como "Combate à energia atômica" ou dos experimentos literários do Grupo 47[17]. Para nós, adolescentes, aquilo provavelmente nem seria tão interessante. Há pouco recebi as memórias de um daqueles professores mais jovens que nós idolatrávamos. Ele lembrava o seu engajamento na luta contra o rearmamento. Revi-o quase cego, locomovendo-se de andador, por ocasião dos 50 anos da

17 N. de E.: O Grupo 47 consistiu na ação de quarenta e sete escritores da antiga Alemanha Ocidental que buscavam renovar a cena literária e cultural do país no pós-guerra, tendo grandes afinidades com a cultura alternativa e a esquerda.

nossa festa de formatura. E pensar que ele me impressionava tanto! Durante um show de Bill Haley, o nosso primeiro ídolo do rock, vi um homem na primeira fila subir na cadeira e gesticular loucamente com o seu casaco. Para meu espanto, constatei que era nosso professor.

Franz, professor de artes, fazia parte dessa mesma categoria. Com seus cabelos um pouco mais longos e seu jardim quase selvagem era tido como *enfant terrible*. Transgredia a ordem estabelecida das virtudes e foi um dos primeiros a nos mostrar o quanto pode revelar um olhar mais crítico sobre a aparente ordem natural da sociedade de consumo. Através das revistas que levava para as aulas, analisava criticamente o que hoje chamamos de sexismo. Numa época de bomba atômica e do chamado *Atombusen*, expressão alemã que designa peitos avantajados, ele se divertia com o simbolismo sexual estilizado nos cartazes e nas páginas das revistas e que nós, meninos na puberdade, nem achávamos tão repugnantes assim. Conseguia fazer com que déssemos risadas. Nós que, até ali, só falávamos e fazíamos piadas na surdina sobre sexo e a relação com o outro sexo, nós que tratávamos com sadismo as colegas que não correspondiam ao ideal de beleza dominante, de repente passamos a conversar com os outros, falávamos de sexo e de amor e do abuso feito pela publicidade e pelas revistas. Com isso, quebramos um tabu pois não se fala abertamente de sexo. Certa vez fui punido quando usei a palavra "camisinha" em uma aula com um dos professores nazistas. Aquelas estruturas já tínhamos conseguido abalar. Mas o pensamento crítico e, mais ainda, o questionamento do objetivo do milagre econômico de forjar uma nova identidade – a aquisição e o consumo de mercadorias e a respectiva publicidade –, aquilo era terra incógnita, que ainda não tínhamos sido levados a descobrir.

Contestar abertamente as opiniões vigentes era totalmente incomum e, entre jovens, inaceitável. A reflexão era uma atividade aceita nos cânones do ensaio discursivo. O inconformismo daqueles professores nos forneceu uma primeira percepção da opinião própria, divergente.

Como funciona transar?

Também havia a educação sexual. Afinal, a escola tinha pretensões de ser moderna. Era uma aula que não fazia parte do currículo regular, como acontece hoje. A escola convidava todos para um evento singular em todos os sentidos. Era à noite, na sala de física. Aquele era o espaço ideal. Os pais, os alunos e as alunas foram em trajes de festas. Conversando sorrindo sobre o que seria anunciado. Nós também sorríamos, mas só por dentro – afinal, já sabíamos havia muito tempo o que era aquilo. O palestrante já era um pouco mais idoso e vestia um terno preto, como se estivesse vindo de um enterro. Parecia um funcionário público. Com muita verve, usou o giz para rabiscar uma vagina e um pênis gigantes no quadro negro. Em seguida, deu um empurrão e o quadro foi para cima. Não estávamos acostumados a esse tipo de encenação na escola. Ficamos espantados. O resto daquela aula de física não ficou gravado na minha memória.

Afora isso, era na aula de religião que se abordavam as questões ético-morais. Sempre se falava de Albert Schweitzer, um grande exemplo para a humanidade. Médico teuto-francês, teólogo e pacifista evangélico, Schweitzer fundara um hospital na selva do Gabão, mas não era isento de visões paternalistas, racistas e colonialistas. Mas nós não tínhamos nenhuma ideia daquilo. Para nós, era "o homem bom de Lambaréné" que fazia boas ações com os "pretos", como ainda se dizia, nas colônias africanas. Quando houve um atentado no apartamento parisiense de seu primo distante Jean-Paul Sartre, que protestava contra a política colonialista francesa na Argélia, Schweitzer lhe mandou um telegrama apoiando-o na luta contra a bomba atômica.

Educação para o pacifismo

Havia alguns professores mais velhos que haviam lutado na guerra e eram marcados por acontecimentos traumáticos. O professor de música começava a chorar no meio da aula, sem que conseguíssemos descobrir uma causa aparente. Ficávamos sentados, constrangidos. Outro, acho que foi o professor de inglês, reagia às suas vivências no *front* com esquetes aparentemente humorísticos. Com um lápis ou um pedaço de pau fazendo as vezes de arma, mirava e fazia agachamentos, exclamando: "Gosto de ser soldado! Gosto de estar na guerra!". Não parecia notar que estava pagando mico para nós, um bando de adolescentes que escutava Elvis Presley e Bill Haley. Ao relembrar a cena hoje, creio que ele tentava se libertar de alguma coisa. A sua paródia da vida de soldado – algo que, alguns anos antes, teria sido um sacrilégio –, deve ter sido uma tentativa de distanciamento cauteloso de uma classe que pouco conhecia as crueldades da época anterior – o que ocorreria apenas alguns anos depois com o processo sobre Auschwitz, em Frankfurt –, mas que assistiam a peças como *Mãe coragem*, de Brecht, e *Diante da porta*, de Wolfgang Borchert. Ele não queria se comprometer. Mas uma década e meia depois do fim da guerra ainda usava um vocabulário que remetia à vida militar e às práticas no campo de concentração, como *Fim, acabou, tiro na nuca* (*Genickschuss*), para anunciar o fim da aula, os assassinatos por gás (*Vergasung*). Afora isso, na minha época escolar não se falava sobre as câmaras de gás. Não havia informações fundamentadas sobre o Holocausto, a guerra e o fascismo.

Um outro professor de História ou Sociologia passava a aula inteira sobre o tema do nacional-socialismo tocando discos de vinil com os discursos de Hitler. Esperávamos pelo término e pelo debate. Curiosamente, esperávamos em vão. A partir de então eu vi aquele professor com outros olhos. Havia algo naquele homem que normalmente não era visível. O que se passava nele? O que ele queria nos dizer? Eu me distanciei internamente. Aquilo era muito estranho.

A postura daqueles professores nazistas nas instituições escolares era parecida com a do já mencionado Kurt Knittel, conselheiro pedagógico em Karlsruhe, que antes trabalhava como homem da SS para a formação dos guardas nos campos de concentração? No dia vinte e um de maio de 1965, o procurador Joachim Kügler disse sobre Knittel no processo sobre Auschwitz em Frankfurt: "São poucos os documentos com ordens de comandantes em que seu nome não aparece. Era ele quem cuidava para que as equipes da SS perseguissem cada vez mais as suas vítimas. E esse homem prossegue hoje a sua abençoada atividade trabalhando como conselheiro pedagógico governamental em Baden-Württemberg na educação de parte da juventude alemã!"

Para nós, aquelas experiências espantosas levaram a uma conclusão firme, porém pouco discutida entre os alunos e pouco clara para nós: guerra é algo muito ruim. Não há nada a ganhar, mas tudo a perder, até mesmo o juízo. Ali começaram, para nós, processos de aprendizado e de maturação que resvalaram na atitude defensiva da geração da guerra. O afastamento das gerações ficou nítido em meados dos anos 1960, quando um movimento com o lema "Paz no Vietnã" esbarrou na atitude de resistência hostil por parte de políticos e da mídia, mas também nas manifestações de rua, em um país que passara por duas guerras mundiais.

A cultura do milagre econômico

Eu cresci em um mundo em que sequer se imaginava a atual sociedade da informação. Não havia nada daquilo sem o que a nossa vida de hoje seria inimaginável - computador pessoal, smartphone, internet. A vida transcorria *off-line*. Comparado com hoje, a oferta de informação e comunicação era muito restrita. A família recebia livros de três em três meses através de um clube de livros. Lembro que havia romances de Jorge Amado - para mim, um primeiro contato com esse mundo tão diferente, o Brasil. Telefone e televisão só entraram em casa depois que nos mudamos para outro bairro, uma vila na periferia. Eu tinha quatorze anos. O elo midiático com o mundo era um jornal diário bastante reacionário, o *Badische Neue Nachrichten*, bem como um rádio - primeiro, um aparelho ainda dos tempos do nazismo ornado com uma suástica, depois um aparelho com teclas e um chamado olho mágico, muito moderno! As peças radiofônicas, sempre às três da tarde de domingo, desempenhavam um papel central na nossa família. Era um evento imperdível. Para gastar menos com calefação, ficávamos todos na novela.

Até hoje lembro da adaptação para rádio do roteiro de Marguerite Duras para o filme *Hiroshima, meu amor*. Por que será que algumas imagens ficam armazenadas a vida inteira no cérebro? Eu era garoto, tinha uns dez ou doze anos de idade, e tentava entender o que escutava. Havia duas almas no meu peito infantil. De um lado, o lançamento de bombas atômicas não estava em conformidade com nossa identificação com a América, aquele país dos sonhos, com seu estilo de vida descontraído, onde se podia pôr os pés na mesa, cujo Presidente era jovem e charmoso e onde a vida não transcorria segundo as normas cautelosas e convenientes do nosso cotidiano. Os "distúrbios racistas", que eclodiram alguns anos depois, puseram fim àquela imagem.

Menos enigmática, para mim, foi a peça *Diante da porta (Draussen vor der Tür)*, de Wolfgang Borchert. O tema dos soldados que voltam para casa da frente de combate não me era estranho. Eu conhecia aqueles homens de faces cinzentas, pernas amputadas e roupa rasgada e negra que perambulavam mancando pelas ruas do meu bairro e moravam em terrenos em escombros, geralmente em velhos vagões de trem. De vez em quando, um daqueles homens estranhos, com a barba por fazer e que me davam um pouco de medo, tocava à porta para pedir uma esmola ou vendia sabão ou outras quinquilharias como ambulante. Se estivesse próximo da hora do almoço, a minha mãe convidava a pessoa a sentar na cozinha e tomar uma sopa. Apesar de me sentir inseguro com aquelas figuras sombrias na mesa da nossa cozinha, eu admirava a minha mãe por sua postura solidária e caritativa.

Outra lembrança ligada ao rádio foi a rebelião antistalinista na Hungria em 1956[18]. Dava para escutar as palavras de ordem dos rebeldes em uma frequência de ondas curtas. Eu tinha doze anos, era jovem demais para compreender os acontecimentos, mas tinha idade suficiente para simpatizar com os rebeldes. Além disso, era muito excitante sintonizar os botões do rádio para, entre muitos chiados e assobios, captar algumas sequências daquilo que os rebeldes mandavam para o éter por meio de seu canal clandestino.

Havia um cinema no nosso bairro, o Schauburg. Minha mãe me levava para assistir filmes como *A menina da Floresta Negra* e *O guarda-florestas da floresta de prata*. Eram pura água com açúcar, mas muito populares. O gênero dominante eram fitas sentimentais e patrióticas em que o estereótipo de "pátria", construído a partir de 1933 e que custara a vida a milhões de pessoas, voltava a ser apresentado como um "mundo são". Era um consolo para todas as perdas sofridas pela geração de Auschwitz, e faziam esquecer, durante duas horas, a expulsão da pátria nazista. Minha mãe adorava aqueles filmes e me levava junto de vez em quando. Eu também gostava daquelas histórias bonitas, mundos coloridos que derramavam solidariedade humana e harmonia. O alemão nobre sempre vive em harmonia com a natureza e o *happy end* era inevitável.

...porque eles não sabem o que fazem

A praça em frente ao cinema Schauburg era ponto de encontro de adolescentes, geralmente rapazes de origem proletária. Aparentemente, sabiam o que faziam. Usavam jeans e casacos de couro, seus cabelos, moldados com gel, formavam um topete. Costumavam percorrer as ruas com suas ruidosas motos com os canos de descarga serrados, assustando os moradores do bairro que trabalhavam duro na reconstrução do país. Para onde iam, o que pretendiam? Eu teria adorado participar. Mas eles não faziam parte, não obedeciam a ordem, tomavam liberdades sem perguntar. Certo dia eu os vi

18 Também chamada de Revolução Húngara de 1956, quando socialistas húngaros se opuseram à linha de Moscou, sendo duramente reprimidos em seguida.

diante do cinema Kurbel, no centro. Diante do cinema havia um cartaz de filme com um jovem com um cigarro no canto da boca, casaco aberto e uma camiseta por baixo, uma bela camiseta branca, não uma velha e cinzenta como a que eu tinha. O cara parecia bem *blasé* no cartaz, tão diferente dos rostos dos filmes alemães de entretenimento como Peter Kraus e Conny Froboess, sempre felizes e cuja música era emocionalmente fluida, mas muito chata. Quando cantavam no rádio, a minha mãe costumava aumentar o som do nosso velho aparelho dos tempos de guerra e ficava animada. Ela queria me animar também. Mas eu permanecia *cool* e resistia.

O nome do filme era *...denn sie wissen nicht, was sie tun* (porque eles não sabem o que fazem). Era da América do Norte e o nome do protagonista era James Dean. Eu já conhecia o título da aula de religião, era uma citação bíblica. Mas o cara simpático do cartaz era tudo menos bíblico. Sim, até sorria um pouco! O título original em inglês era *Rebel Without a Cause*. Por que o título alemão tinha sete palavras e o inglês, só três? Gravei as palavras, acabara de começar a ter aulas em inglês. A palavra "*rebel*", em inglês, era igual à alemã. Rebelde era uma palavra nova, eu nunca a escutara nos onze anos do pós-guerra. Perguntei aos meus pais, que trocaram olhares cheios de significado. Ah, então era isso! Eu já sabia, eles costumavam fazer isso quando algo de indecente estava em jogo. Meu primeiro encontro com a rebeldia, pois, foi bastante confuso e ambíguo.

Em um dado momento escutei no rádio a informação sobre confusões com jovens em alguma cidade do vale do Ruhr, depois da exibição de um filme intitulado *Sem controle!* Mais tarde vi a estrela do filme, Bill Haley, durante uma apresentação no teatro de Karlsruhe.

A culpa foi da Bossa Nova

Apesar de todas as tentativas de permanecer à margem durante o período nazista, nem o meu pai era completamente isento do espírito nazista. Eu discutia com ele, brigávamos muito na mesa da cozinha, a minha mãe não participava das discussões. Lembro vivamente de um violento desentendimento. Foi em torno do caso de Herbert Kappler, oficial da SS responsável por um massacre na população civil italiana em vingança a um ataque da resistência e condenado à prisão perpétua em 1948, na Itália. Poucos anos depois, a República Federal da Alemanha encaminhou ao governo italiano um primeiro pedido de clemência, desencadeando uma onda de indignação na Itália. Houve grandes manifestações, com a participação das associações dos antigos combatentes da resistência ao fascismo. Na Alemanha também houve muita polêmica, era um tema onipresente, inclusive lá em casa. A fim de denunciar a resistência armada na Itália, na França, na Dinamarca, na Grécia e em outras regiões e justificar ações de vingança inomináveis, lançou-se mão da imagem do combatente covarde, que age nos bastidores, contrastando com o heroísmo e a coragem do soldado alemão. Isso tudo, pelo jeito, foi feito com muita sustentabilidade. Meu pai achava natural que Kappler tivesse massacrado a população civil italiana. Afinal, aqueles italianos eram um bando de subversivos, traiçoeiros, sem ética. Os primeiros "trabalhadores estrangeiros" na República Federal da Alemanha, como se designavam os migrantes ainda na retórica de Goebbels, eram "devoradores de espaguete", "esfaqueadores", e outras designações cuidadosamente replicadas pela ética jornalística do tabloide sensacionalista *Bild*.

Já nós, alunos e alunas de Karlsruhe, tínhamos outra imagem da Itália. Havíamos descoberto uma saída de emergência daquele "*bunker* Adenauer". Atendia pelo simples nome de "Espresso". Foi o primeiro café italiano em Karlsruhe. "Espresso" não era apenas a bebida até então totalmente desconhecida com sabor exótico que se contrapunha à difamação racista contra um italiano supostamente inculto. Nós havíamos sido criados à base de Kathreiner, beberagem feita de malte que tomávamos de manhã antes da escola. O café feito de grão moído era um luxo permitido apenas aos domingos e feriados. Aquele café italiano, olhado com desconfiança pela geração mais velha, foi o primeiro ponto de encontro charmoso para os alunos de Karlsruhe além da cultura típica da era Adenauer. Ali também encontrávamos alunos de outras escolas. Para ser levado a sério, era mandatório ir ao Espresso e ser visto com a primeira paquera. E, depois, atravessar a rua até a loja de discos, onde escutávamos *Garota de Ipanema,* a primeira canção da bossa nova, interpretada por Astrud Gilberto. A delicadeza sedutora daquela voz tinha o efeito imperativo de uma transgressão rumo a algum lugar desconhecido.

Será que foi assim que começou a contracultura? Seja como for, se eu tinha violentas discussões com meu pai sobre o caso Kappler e defendia o lado italiano, isso também tinha a ver com o nosso Espresso e a bossa nova. Não era apenas um embate entre fascismo e antifascismo. Tratava-se também de escapar de uma cultura alemã autoritária, erma e deprimente.

Tudo pode recomeçar do zero

Em nome da informação completa preciso saltar para o ano de 1977 para contar o final do caso Kappler. Herbert Kappler, seus advogados e sua mulher não só foram generosamente financiados com dinheiro de impostos. Quando Kappler conseguiu fugir da prisão italiana para a Alemanha Ocidental[19] com ajuda da mulher, em 1977, circularam rumores insistentes de que aquela fuga tinha sido possibilitada graças à ajuda de funcionários alemães-ocidentais. O chanceler Helmut Schmidt[20] foi obrigado a cancelar uma visita oficial para a Itália porque o governo lhe informou que sua estada no país não seria oportuna diante da indignação na Itália.

Eis algumas manchetes do ano de 1977, que não foi apenas o ano do "Outono Alemão":

> Alemanha mostra abertamente sua solidariedade com assassinos brutos que saíram daquele povo (*Maariv,* Israel).

---

19 N. de E.: Alemanha Ocidental ou, mais precisamente, República Federal Alemã (RFA), nome pelo qual ficou conhecido o território alemão ocupado por americanos, franceses e britânicos, o qual evidentemente foi incluído no bloco capitalista e sido organizado pela Lei Fundamental de Bonn, para todos os efeitos, a Constituição Federal. Em sua oposição havia a Alemanha Oriental, nome popular da República Democrática Alemã (RDA), que correspondia aos territórios ocupados pela União Soviética que não tinham sido cedidos à Polônia ou tomados diretamente por Moscou. Com a queda da RDA em 1990, ela foi absorvida pela RFA que se tornou a identidade de toda a Alemanha Unificada até hoje.

20 N. de E.: Helmut Heinrich Waldemar Schmidt (1918-2015), político social-democrata que governou a Alemanha Ocidental entre 1974 e 1982, tendo assumido após a queda de seu correligionário Willy Brandt, manteve a coalizão com os democratas liberais. Antes da Segunda Guerra, apesar das origens judaicas da sua família paterna, Schmidt chegou a ser da *Juventude Hitlerista* – organização onde ficou por apenas dois anos, o que não o impediu de lutar, poucos anos mais tarde no conflito armado, chegando a ser promovido e condecorado. Sobrevivente, foi estudar economia e se filiou aos social-democratas em 1946 onde desenvolveu sua carreira política.

> Tudo é possível na Alemanha de 1977, tudo pode recomeçar do zero (*Le Quotidien* de Paris).

> É chocante que os mesmos jornais alemães-ocidentais que mais violentamente combateram os *terroristas* e o *bando Baader-Meinhof* agora falem do suposto *criminoso de guerra Kappler* (*Le Monde Diplomatic).*

Qual o motivo do tratamento tão generoso para com Kappler? Por que o governo Adenauer tentou proteger Eichmann e por que as instâncias políticas, jurídicas e policiais tentavam obstruir o trabalho do promotor Fritz Bauer com o objetivo de impedir o processo de Auschwitz em Frankfurt?

"Não se pode dialogar com a geração de Auschwitz", definiu Gudrun Ensslin, enfática. "Tudo pode recomeçar do zero", esse temor sempre esteve presente também na minha cabeça, reforçado pelo apoio incondicional da política e dos meios de comunicação ao genocídio no Vietnã. Eu senti no próprio corpo a perseguição ao movimento de oposição contra aquela guerra – e isso em um país que iniciou duas guerras mundiais e alavancou com grande eficácia o Holocausto. Tudo aquilo gerou fortes dúvidas dentro de mim. Submeter-me sem resistir me parecia traição, justamente aquela postura omissa que fez com que a Alemanha contribuísse de maneira decisiva para aquelas catástrofes humanitárias do século 20. Passei a duvidar não apenas da democratização sustentável da República Federal da Alemanha, como também do fato de que muita gente da geração 68 se retirou para a esfera privada. Atingimos as metas importantes? Já merecemos descansar? Onde estavam as posições contrárias, se até mesmo uma figura política como Willy Brandt[21] apoiava incondicio-

---

21 N. de E.: Willy Brandt, nascido Herbert Ernst Karl Frahm (1913-1992), foi um militante socialista que se opôs ativamente ao nazismo já em seus primórdios, tendo sido Prefeito de Berlim Ocidental (1957-1966), Ministro das Relações Exteriores e, simultaneamente, Vice-Primeiro-Ministro da Alemanha Ocidental (1966-1969), sendo eleito depois Primeiro-Ministro de seu país (1969-1974) – o primeiro de esquerda desde a ascensão do nazismo. Brandt chegou a receber o Nobel da Paz em 1971 por seus esforços na normalização das relações com a Alemanha Oriental e com os demais países socialistas do Leste Europeu, bem como por reconhecer crimes e atrocidades alemãs cometidas na Segunda Guerra. Caiu depois do escândalo envolvendo um espião alemão-oriental em seu gabinete, em um episódio que foi reconhecido como um grave erro pelo próprio serviço de inteligência alemão-oriental. Até o fim da vida continuou politicamente ativo, tendo ainda ocupado a presidência da *Internacional Socialista*

nalmente aquela guerra em seu governo, logo ele que, como poucos outros políticos da era do pós-guerra, era a esperança em pessoa?

A Alemanha era um país em que o passado continuava muito forte no presente, em todos os setores. A resistência contra o fascismo foi exemplar, mas resumia-se a alguns poucos exemplos. Aquele déficit, aquele vácuo se prolongou em todos os níveis até o pós-guerra. O nosso cotidiano era atravessado e torturado por aquelas virtudes nazistas como obediência devida, submissão incondicional, ordem, zelo e senso de limpeza, os tentáculos finais do reino de mil anos. E, no entanto, foram precisamente aqueles princípios de socialização que, enquanto "caráter autoritário", fizeram o fascismo se tornar um movimento de massa de quase todo o povo alemão, levando à perseguição de toda razão crítica e gerando o fenômeno de que quase não houve resistência contra fascismo e guerra.

A voz corrente era de que, com os *Processos de Nuremberg*[22], a culpa tinha sido expiada e o caso, resolvido. Tendo passado por coisas horríveis, os alemães não queriam mais saber de nada daquilo, concentrando-se na reconstrução do país. Aquilo nunca me convenceu. Pois poderiam reconstruir o país tentando entender o passado, aquilo não se excluía mutuamente! Mas não: o passado era tabu, hermeticamente fechado. Quando ia com a turma ao teatro assistir à peça *Mãe coragem*, de Bertolt Brecht, no Teatro Municipal de Karlsruhe, havia apenas indícios gerais de que se tratava de guerra – em doses homeopáticas.

Além disso havia o anticomunismo como principal cultura dominante do mundo ocidental depois de 1945. Na República Federal da Alemanha e em Berlim Ocidental aquilo não era novidade. O anticomunismo foi mais um legado da época fascista em que constituía um núcleo da ideologia nazis-

---

por um longo período (1976-1992) e eurodeputado entre 1979 e 1983. Era a esperança encarnada de uma Alemanha mais humana, social e democrática.

22 N. de E.: Os *Processos de Nuremberg* (1946-1948) foram uma série de doze processos judiciais *sui generis* pelos quais os aliados julgaram parte do alto comando nazista por crimes de guerra. É tema recorrente nas reflexões filosófico-jurídicas, sobretudo, por serem julgamentos feitos por vencedores em relações aos vencidos – sendo que o oposto, a apuração dos crimes cometidos pelos vencedores, jamais terem sido apurados por razões aqui evidenciadas e inerentes à natureza do poder e do julgamento.

ta enquanto antibolchevismo. Precisava-se daquele adversário, e o combate a ele era constitutivo da própria identidade do país. Foi a doutrina salvadora que, depois, chegou a ser usada tanto para justificar a tortura nos porões das ditaduras latino-americanas quanto os crimes de guerra dos americanos no Vietnã. Era um espaço político-cultural em que a gente se sentia perdido e não tinha outra escolha a não ser buscar saídas.

Tocando o tambor com dez anos de atraso

Não lembro de muitos autores de literatura alemã daquela época. Talvez o *Cabo sem esperança* de Freimut Duve, sobre o sistema sul-africano do apartheid. Eu não entendia como os políticos ocidentais podiam apoiar um tal regime depois de toda a devastação que o racismo dos nazistas havia trazido para o mundo. Outro livro que me impressionou foi *Exodus*, de Leon Uris, a saga da migração judaica para a Palestina. Ficava fascinado com a coragem dos jovens sionistas que entenderam a lição do Holocausto e tentavam conquistar uma nova vida. Na minha geração, eu pertencia àqueles que admiravam os *kibuzzim* israelenses como uma forma livre e coletiva de convivência. Anos mais tarde nós próprios iríamos viver em comunas.

O único filme que, na Alemanha do pós-guerra, tentou discutir o Holocausto foi *Morituri*, produzido por Artur Brauner, sobre detentos de campo de concentração que conseguiram escapar à câmara de gás. Como foi filmado? Em seu livro *Das gab's nur einmal*, sobre a indústria cinematográfica alemã depois de 1945, Curt Riess escreveu:

> Nem uma única sala de cinema em Berlim se candidatou para a estreia daquele filme (...) As pessoas de fato não querem ver mais aquilo – ou ainda não. É verdade que o diretor, York, recebeu várias cartas de apoio entusiasmado. Mas as cartas de ameaça são mais numerosas (...) E em alguns cinemas o filme já deixa de ser exibido depois da primeira sessão, porque as salas precisam ser reformadas depois do quebra-quebra do público indignado. Artur Brauner está perdendo seus últimos centavos com aquele filme. Apesar disso, não se arrepende em nenhum momento de tê-lo feito!

Enquanto já em 1943 a Itália começava a refletir sobre a era fascista na literatura e no cinema – obras que eu pegava emprestadas na biblioteca municipal e filmes que me impressionavam – na Alemanha o Grupo 47 ironizou o poeta judaico Paul Celan quando este leu pela primeira vez a sua *Fuga da morte*. Criticavam o seu tom patético, comparando-o à retórica de Goebbels. Mas como poderia aquela obra ser discutida com um teor tão horrível como o Holocausto? A geração de pessoas que, no fim da guerra, ajudaram na Luftwaffe, simplesmente não queria tomar conhecimento daquilo. Afinal, alguns escritores, como Günter Grass, que conseguiram romper com a cultura da era Adenauer, faziam parte desse círculo. A peça de Peter Weiss, *Die Ermittlung (A investigação)*, 1965 foi vilipendiada como "literatura de emigrantes" por causa do engajamento do dramaturgo no processo de Auschwitz em Frankfurt. O apelo do crítico literário Marcel Reich-Ranicki para que os escritores e as escritoras assistissem ao processo de Auschwitz em Frankfurt foi ignorado.

Os primeiros debates públicos, por vezes bem acalorados, dos quais eu me lembro, surgiram em torno do livro *Die Blechtrommel (O tambor)* de Günter Grass (1959) e da peça *Der Stellvertreter (O vigário)*, de Rolf Hochhuth (1965), do processo de Auschwitz (1965) e principalmente do movimento de 1968. Algumas pessoas acusaram a geração 68 de ter sido arrogante e prepotente, não só em relação à questão da culpa, de não conseguir imaginar o que significava ter que escolher entre desertar ou ser julgado por um tribunal de guerra. Mas será que aquela era a única alternativa? Não houve centenas de milhares que tentaram organizar a resistência na clandestinidade na Dinamarca, na França, na Itália, na Grécia e até na própria Alemanha? Só na Itália a *resistenza* congregou mais de trezentos mil *partisans* das origens políticas mais diversas e que contribuíram de forma essencial para libertar o país da *Wehrmacht*[23]. Depois da guerra, a sua luta antifascista encontrou um prolongamento e a derrocada. O neorrealismo, um movimento cultural poderoso, marcou de forma indelével o pós-guerra italiano. Fenômeno semelhante ocorreu na França.

23 N. de E.: A *Wehrmacht* (em português, Força de Defesa) era o nome pelo qual ficaram conhecidas as forças armadas alemãs entre 1935 e 1945, a maior parte do período da hegemonia do nazismo no país, o qual é marcado, dentre outras coisas, pelo rompimento com o Tratado de Versalhes, o que implicou no rearmamento alemão.

A geração alemã que lutou na guerra foi singular na Europa pós-1945 em sua postura de fechar os olhos e recalcar os acontecimentos. As influências, ideias e visões que me marcaram – e certamente também uma grande parte da minha geração –no âmbito social, político, cultural e moral, que nos tornaram curiosos a refletir e debater quase sempre vieram de fora. A busca por elas na Alemanha era infrutífera. Durante muito tempo ali não havia mais nada de surpreendente para encontrar.

O internacionalismo dos anos 1960

Antes do advento do internacionalismo com o movimento de 68 houve outro tipo de internacionalismo, não tão consciente e menos espetacular. Foi onde encontrei estímulos para transpor fronteiras e passei a cultivar um crescente distanciamento em relação ao *status quo*.

Com meu amigo Axel, assisti a *Arroz amargo*, dirigido por Giuseppe de Santis, a *Vítimas da tormenta* e a *Ladrões de bicicleta*, de Vittorio de Sica. Esses filmes acabaram também chegando aos cinemas de Karlsruhe. Falou-se e fez-se piadas principalmente sobre o primeiro. As piadinhas se referiam às trabalhadoras nos campos de arroz no norte da Itália, que deixavam entrever muitas coxas e muitos peitos, o que, na Alemanha pudica, era motivo para brincar. Os protagonistas não eram mais aqueles guardas-florestais de olhos azuis ou aquelas princesas do tipo Sissi, não era mais o ator Heinz Rühmann, queridinho dos nazistas, fazendo papel de aluno do ensino médio. Agora, os papeis principais eram de gente pobre, protagonizados às vezes até por atores amadores. Os italianos também se dedicavam à reconstrução, mas como era amarga a sua luta! Nada ali era maquiado ou retocado ou cor-de-rosa. Os filmes mostravam uma realidade dura, mas também revelavam pessoas vencedoras, que viviam seus romances e, durante o trabalho no campo, cantavam *Bella ciao*, o hino dos *partisans* que fala de combate e lembra os guerreiros mortos. A minha irmã, que tocava violão, volta e meia cantava aquela música com amigos e amigas.

Os romances de Cesare Pavese, como *O camarada*, me impressionavam. Eu gostava das cenas quietas, despretensiosas da gente simples, nada espetaculares. Tive a sensação que o seu jeito simples de contar combinava com a gente simples que povoava seus romances. Eu me sentia convidado a participar. Dizem que Pavese escreveu à sombra de Gramsci.

A literatura existencialista de Jean-Paul Sartre, Simone de Beauvoir e Albert Camus, a importância dos autores na resistência antifascista e na cultura antifascista do pós-guerra serviu de orientação para nós, mesmo que fosse mais uma moda superficial do que uma reflexão profunda. Era o nascimento dos "exis".

Exis

Os "exis" eram jovens de classe média. Eu me identificava com o seu jeito *cool*. Usávamos roupa preta, um xale longo (quanto mais comprido, melhor) e ficávamos enfurnados em clubes de jazz cheios de fumaça. Depois que nos mudamos para um outro bairro, em 1958, eu tinha um quarto só para mim e um rádio. Como eu detestava música popular alemã e clássica, sintonizava a emissora americana AFN, dos soldados. Assim, descobri o jazz. Desdenhado como "música de negros" na Alemanha Ocidental ainda nos anos 1950, este estilo musical faz parte da minha vida até hoje.

Em Karlsruhe havia um porão de jazz chamado C 54. Era *underground* em todos os sentidos. A partir de uma rua em que não havia outros botequins era preciso atravessar um pátio e descer uma escada, tateando na escuridão. O espaço propriamente dito era acanhado e decadente, um buraco desconfortável. Havia um estrado improvisado e um balcão para servir bebidas. O público consistia em alunas e alunos e GIs das casernas americanas de Karlsruhe, geralmente de cor escura. Os americanos se sentiam visivelmente em casa. Comportavam-se de modo descontraído e bem-humorado, mas as tentativas de estabelecer conversas com eles não iam muito longe.

Reinhard, um dos meus colegas, vinha de uma família de músicos. Às vezes, participava tocando contrabaixo. Pelo que estou informado virou jornalista. Outro, Wolf Wondratschek, da turma acima da minha, virou um escritor famoso. Suas primeiras obras se passam naquele ambiente. Eu gostava do aspecto coletivo e democrático BeBop. Tocava-se em conjunto, mas cada um dava a sua interpretação, o sax e o trompete tanto quanto o piano, o baixo e a percussão. Mas também gostava no jazz o que eu, enquanto amador, percebia como desarmônico – tudo o que era contraditório, os *offbeats*. Frequentar o C 54 era um prazer verdadeiro, mas também uma genuína transgressão, um escândalo inquietante que anunciava a traição incondicional às virtudes sociais da Alemanha.

Da mesma forma como aconteceu no meu cotidiano e no meu meio social, eu também desenvolvi uma predileção pelos *outsiders* na literatura – os autores e as figuras nos romances de Camus, Genet, Cendrars, mas também as figuras de proa da geração do *beat* americano. Ginsberg, Ferlinghetti, Burroughs e Kerouac me atraíam, despertava a minha curiosidade. Falavam do além. Faziam as palavras, as frases e os hábitos de reflexão descarrilar. Rompiam com os códigos convencionais culturais, linguísticos, americanos. Eram os poetas de vanguarda de uma subcultura alternativa e crítica à sociedade. Espontâneos, caóticos, mas sempre criativos, não raro eram perseguidos por tribunais puritanos americanos. Assim como entre os músicos de jazz, vários deles se picavam ou cheiravam pó. Havia uma intersecção com ideias comunistas, com o futuro movimento contra a Guerra do Vietnã e o movimento dos afroamericanos.

Black is beautiful

No final de novembro de 1963, o Presidente americano John F. Kennedy levou um tiro em Dallas e morreu. À época, era um ídolo. Era o auge da guerra fria. Com a crise cubana, o mundo escapou por pouco do cataclismo nuclear. Toda a vizinhança colocou velas nas janelas. A minha mãe achou que eu também poderia acender algumas velas. De um lado, gostei da proposta, porque com a vela estávamos mandando um sinal para o espaço público, para além dos limites estreitos da família. Por outro lado, senti dúvidas que eu não conseguia explicar muito bem. Sabia pouco da invasão na Baía dos Porcos, da escalação da Guerra do Vietnã, da corrida armamentista do exército americano durante a gestão Kennedy. Portanto, não sabia muito bem por que, nem sabia nominar as minhas dúvidas. O fato é que eu não queria ter aquelas velas de Kennedy no meu quarto. Portanto, eu as coloquei na janelinha do banheiro, de onde meu pai finalmente as retirou.

As primeiras notícias sobre a luta dos negros nos Estados Unidos chegaram até mim ainda jovem, naquele período da vida em que a empatia é tão fácil e natural. Compreendi alguma coisa, ainda que não fosse o tema que me preocupava mais. Havia algo mais importante. As garotas, depois as festinhas embaladas por canções românticas. Mas aquela luta dos afroamericanos sempre ressurgia. Tomou corpo, encontrou simpatias.

Começou com protestos de massa pacíficos no início dos anos 1960. Uma jovem negra corajosa, Rosa Parks, sentou em um assento reservado a brancos no ônibus. Foi o primeiro *sit-in*[24], uma leve transgressão às regras, que depois adotamos em 1968. Tudo era separado segundo as raças nos Estados Unidos, até os vasos sanitários e as pias. *Whites only!* Rosa Parks foi presa. A resposta dos negros foi um boicote aos ônibus que durou trinta e um meses. Eles ganharam. O líder do boicote foi o pastor batista Martin Luther King. Naqueles primeiros anos da década de 1960 multiplicaram-se as notícias sobre a resistência, as marchas do movimento de direitos civis e as rebeliões dos negros nos Estados Unidos. Até a minha mãe soltava observações chocadas sobre os acontecimentos nos Estados Unidos. De repente, passou a se interessar por aquelas histórias tão distantes da sua esfera normal. Era uma novidade.

Os racistas brancos reagiram com violência, muitas vezes policial, contra a manifestação pacífica e as numerosas marchas de protestos. Houve mortos. Em algum momento a TV passou a mostrar as cenas. Em seus primórdios, a TV muitas vezes ainda era um evento público, ainda sem cerveja, aguardente e bancos. Como poucas famílias possuíam televisor, as lojas de rádios punham em suas vitrines um aparelho de TV ligado. Os homens se aglomeravam na calçada e sacudiam a cabeça, incrédulos, quando viam as imagens dos Estados Unidos em que a polícia batia em manifestantes negros pacíficos. Sobretudo os membros da Ku-Klux-Klan[25], com suas vestes brancas e chapéus pontudos, eram muito estranhos. De onde vinham aquelas figuras que mais pareciam ser da Idade Média do que de um país que vendia uma imagem de moderno e democrático e que nos servia de modelo de um cotidiano descontraído e leve?

Na Alemanha Ocidental, o eco da luta dos afroamericanos se fez muito presente no movimento de protesto que começava a surgir. Para mim, as notícias sobre o levante nos Estados Unidos carregavam a noção de que poderia haver um mundo além do universo hermético e fechado da propaganda anticomunista, além dos mundos cotidianos em que os professores

---

24 N. de E.: *Sit-ins* eram os famosos protestos pacíficos nos quais os ativistas ficavam sentados, se recusando a obedecer às forças policiais que vinham debelar a manifestação.

25 N. de E.: Organização de extrema-direita racista, xenofóbica, antissemita e anticatólica dos Estados Unidos.

falavam de câmara de gás e tiro no pescoço, vangloriando-se diante de adolescentes ao glorificar as armas atômicas. Era um novo mundo que surgia, um mundo manifesto.

Serviço militar

"Na *Koppelschloss*[26] meia-volta, volver!" O jovem cabo, visivelmente deliciado com o seu poder sobre os recrutas, precisou ser refreado pelo chefe em seu zelo. "Você não pode repetir essas ordens de filmes antigos". Quando fui chamado a servir em 1964, para mim foi natural me alistar na caserna da infantaria dos Alpes em Bad Reichenhall. É bem verdade que, na primeira metade dos anos 1960, houve vários casos de abuso na *Bundeswehr,* o exército alemão ocidental. Recrutas eram humilhados e sofriam chicanas de seus instrutores, sendo forçados a "exercícios" cujas consequências às vezes levavam à morte. Aconteceu em 1963 em Nagold, perto de Karlsruhe. O velho espírito continuava vivo em parte da tropa. Isso não me impediu de trilhar o caminho normal. Não faço parte das pessoas cujos caminhos são sempre em linha reta. A minha trajetória transcorreu em muitos ziguezagues, para frente e para trás, e mais uma vez para frente. Mas foi um aprendizado constante. Até hoje encontro reações de surpresa quando conto que prestei o serviço militar. Mas se negar a fazê-lo ainda não era um tema nos meus círculos. Ninguém se recusava ainda a servir. Sequer me lembro que falássemos sobre aquilo. Só depois entendi como Karlsruhe, aquela cidade de funcionários públicos, estava atrasada em relação a tendências de vanguarda. Para muitos rapazes em idade de servir o exército a solução, na época, já era mudar-se para Berlim – ou simplesmente recusar-se. Em Karlsruhe, à minha volta, ninguém pensava nisso.

Fui me alistar. Mas pouco tempo depois já fiquei preso no quartel. Permitira a um camarada entrar na caserna pouco depois do toque de recolher. Não demorou e a minha inocência inicial se transformou em dor de barriga. Aquelas chicanas primitivas, o cumprimento cego de ordens muitas vezes sem sentido e humilhantes me mostraram que, pelo jeito, eu fora parar num lugar em que os meus parâmetros de valor, adquiridos muitas vezes à custa de muita resistência, não valiam nada e ainda eram considerados uma ex-

---

26 N. da T.: trata-se de uma ordem militar do tempo dos nazistas, que não faz sentido, porque *Koppelschloss* não é um lugar físico, mas sim a fivela do cinto.

pressão de fraqueza e fracasso. Pedi uma reunião com o chefe da companhia e informei a ele que me recusava a continuar participando do curso para oficial da reserva. Fui transferido para o campo de treinamento de biatlo do exército na Winklmoosalm, nas montanhas acima de Berchtesgaden, trabalhando como assistente de saúde. A cabana da infantaria das montanhas hoje ainda é utilizada para acampamentos de aventura.

No fim de 1964 houve uma comemoração natalina em um botequim tradicional em Obersalzberg, segunda residência de Hitler na Baviera. Em poucos outros lugares o mito do *Führer* depois de 1945 ainda é tão vivo como lá. Acho que a minha memória não me trai: nas paredes, ainda havia recordações de Hitler.

Estagiário confraterniza na clínica psiquiátrica

Eu queria estudar Medicina com especialização em Psiquiatria. Antes de começar a universidade, fiz um estágio no Hospital Psiquiátrico Estadual de Andernach. Duas dúzias de pacientes vestidos em uniformes sórdidos passavam o dia inteiro trancados em um salão, tendo que se ocupar sozinhos. Alguns ficavam o tempo todo apáticos, sentados em torno de uma mesa vazia, na qual se serviam três refeições por dia. Senti-me impelido a agir contra aquela abulia. Conversava com eles. Para minha surpresa, pareciam tão "normais" quanto qualquer outra pessoa. Cheguei a fazer amizade com um ou outro deles. Quando descia para a cidadezinha, não apenas afanava livros de Henry Miller, Sartre e Camus para mim como comprava presentinhos para os meus amigos entre os pacientes, principalmente fumo para mascar. Isso chamou a atenção de alguns dos enfermeiros. Fui chamado pelo médico-chefe, que me advertiu a não "confraternizar" com os pacientes. Para mim, um comportamento humano significava me abrir aos pacientes na tentativa de dar-lhes alguma atenção em seu marasmo e em seu estado de degradação. Pelo jeito, estava equivocado. Meus presentes não eram bem vistos. Os pacientes eram considerados adversários, pelo menos potenciais. Precisavam ser mantidos em xeque.

A ordem psiquiátrica demandava que os pacientes permanecessem na base da pirâmide. Caso recebessem muitos sinais de humanidade – pelos quais evidentemente ansiavam – poderiam começar a ter ideias erradas, gerando distúrbios à ordem e à tranquilidade na instituição. Ali, a doença era uma questão de uma administração isenta de conflitos e de perdas. Eu só assistia à "cura" quando um paciente dava mostras de agitação. Nesses casos, também se aplicavam eletrochoques. Mais do que uma vez presenciei aquilo, sem conseguir compreender o que se passava naquela cabeça e naquele corpo. Como era antes, como ficou depois? Tentei buscar sinais, sem conseguir descobrir nenhum. Quando perguntava, só escutava respostas evasivas.

Em uma outra estação de tratamento havia pacientes acamados. Era um grande salão com cerca de vinte leitos com pacientes com sífilis em estado terminal. Reinava um silêncio mortal. Um paciente idoso começou a se agitar. Gesticulava, murmurando alguma coisa. Dois enfermeiros vieram para junto de seu leito e lhe deram uma injeção. No dia seguinte ele estava morto. Não sei se a injeção foi a causa da morte. Circulavam rumores entre os estagiários de que aquela clínica ainda empregava dois enfermeiros que, duas décadas antes, haviam participado do programa de eutanásia.

O Partido Social-Democrata[27], mensageiro da esperança

Setembro de 1965, eleições para o Parlamento alemão. Nós, estagiários, ficávamos alojados em uma antiga mansão de médico no terreno da clínica. Estava sozinho na sala de TV, surpreso com o desinteresse dos meus colegas estagiários. Em Freiburg, eu assistira a eventos de uma associação de escritores alemães, o *Wahlkontor deutscher Schriftsteller*[28], em que Günter Grass se

---

27 N. de E.: O Partido Social-Democrata da Alemanha (SPD, na sigla em alemão), fundado em 1875, é o partido mais antigo em atividade em seu país e um dos primeiros partidos de esquerda no sentido contemporâneo. Representou a unificação do movimento socialista depois da unificação alemã, sincretizando ideias marxistas, lassalistas e tantas outras, representando a maior força de oposição do país – que veio a governar após a Primeira Guerra, com a queda da monarquia após a derrota da Alemanha no campo de batalha, e depois foi perseguido pelo regime nazista. No pós-Guerra foi forçado a se fundir aos comunistas na Alemanha Oriental e se tornou o maior partido de oposição na Alemanha Ocidental, onde colocou as ideias marxistas em segundo plano e aceitou a economia de mercado. Governou o país quase ininterruptamente entre 1969 e 1982, e depois entre 1998 e 2005.

28 N. de E.: O *Wahlkontor deutscher Schriftsteller* (Escritório Eleitoral dos Escritores Alemães) foi uma iniciativa de escritores ativistas da Alemanha para intervir na política com um viés libertário e progressista. O Escritório, ligado ao Grupo 47, foi idealizado por Günter Grass,

apresentou como *sexual-democrata* no teatro municipal, tocando seu tambor em favor de Willy Brandt. Gudrun Ensslin e seu namorado Bernhard Vesper também participaram da *Wahlkontor*, como soube depois. Apoiar o Partido Social-Democrata (SPD, na sigla em alemão) era a tendência política nos círculos intelectuais – uma mistura de convicção, modismo e busca por abrigo político. Naquela época, alguns anos após a redação do programa político do partido, chamado de *Godesberger Programm*, o Partido Social-Democrata de fato era uma espécie de mensageiro da esperança, pois parecia ser a única alternativa à banalidade do mal, que era o *status quo* da política alemã.

Fiquei amargamente decepcionado e deprimido com o resultado das eleições, em que o CDU recebeu quarenta e sete por cento das vozes. Continuava o meu estágio desanimado, com uma sensação de desalento. Esperara um governo mais próximo daquilo que me movia. Uma nova brisa que varresse as folhas murchas e caídas do vazio outonal político-cultural desesperançado, o autoritarismo autocomplacente de uma geração covarde demais para assumir a sua responsabilidade, mas, com coragem suficiente para encher a paciência, e dos jovens com os eternos tabus, as proibições e regras e fazer chantagem moral.

APO, oposição extraparlamentar em Freiburg

Em Freiburg eu fiz o diploma do ciclo básico e curti a liberdade da vida estudantil. Formara um grupo de amigos, dos quais a maioria estudava na Escola de Música. Lembro-me da japonesa Fumiko, da brasileira Renata, com quem tive um flerte. Lembro de Hermann, que mais tarde se tornou flautista em uma orquestra sinfônica conhecida, de Oscar, que alguns anos depois foi expulso da Alemanha. Era um professor de música popular em um internato na Floresta Negra, mas havia um *porém*: usara um truque para conseguir a autorização de permanência, mas foi descoberto. Foi mandado embora do país e voltou para a sua cidade natal, Belo Horizonte. Ali, eu o reveria cinco anos depois de ser libertado da prisão.

Hans Werner Richter, Klaus Wagenbach dentre outros – tendo sido uma bela conspirata literária em favor da social-democracia liderada por Willy Brandt, então a opção transformadora mais radical possível da política parlamentar da Alemanha Ocidental.

Eu precisava ganhar dinheiro. Trabalhei como assistente de palco no teatro municipal, fiz um bico no Instituto Agroflorestal e fazia plantões noturnos na clínica pediátrica na ala dos bebês prematuros, na ala de crianças com doenças graves e, depois também, de adultos. Em parte, os prematuros já estavam internados havia algum tempo. As crianças já não tinham mais aquela timidez normal, estavam sedentas por atenção e carinho. Certa vez faltava um equipamento de respiração artificial para os recém-nascidos prematuros. Fiquei indignado com a indiferença do médico diante desse problema assustador. Ele nem se importou. Lembro de outro plantão noturno complicado. Era um menino de seus doze anos que sofria de uma doença incurável e sabia que iria morrer. Sofria de espasmos musculares e eu lhe massageei a musculatura das pernas e dos braços. Já nem falava mais, não sei se compreendeu as minhas tentativas desamparadas de lhe ajudar.

Um dia chegou um caso de emergência, uma menina de uns quatorze anos em crise de hiperventilação. Acordaram a enfermeira-chefe. Não era a primeira vez que a paciente ia para aquela emergência. A enfermeira era horrorosa. Berrou com a menina: "Você não passa de uma histérica!"

Com a minha postura em relação aos pacientes, eu claramente desagradava os meus colegas. Tinha a impressão de que me viam como um frouxo, ingênuo e humano demais com os pacientes pelos quais era responsável. Chegaram a me dizer que, comportando-me daquele jeito, eu era um peso para a equipe e atrapalhava a instituição.

Naquela época, conheci Angela que trabalhava na clínica como assistente médica técnica. Quando ela deixava o meu prédio de manhã cedo, perguntavam-lhe, nos corredores: *Mas vocês são casados?* Era uma época em que não apenas milhares de homossexuais eram condenados judicialmente, como também existia uma lei pela qual o locador podia ser punido se permitisse *fornicação extraconjugal* no apartamento locado. Nós nem nos preocupávamos. Estávamos bastante ocupados conosco.

Pesquisa sobre o isolamento

Uma amiga que trabalhava como assistente no Instituto de Psicologia me deu a dica de um trabalho nas férias no Instituto Max Planck de Andechs, na Baviera, participando de uma pesquisa sobre o comportamento humano durante longos tempos de isolamento. O projeto, diziam, fazia parte da pesquisa aeroespacial. Como eu vivia duro, a minha bolsa não era suficiente e aquilo era bem pago, eu me candidatei. Por alguma razão que eu não lembro acabou não dando certo. Felizmente, digo hoje.

Em 2013, a revista *Spiegel* traria uma matéria sobre esse experimento de isolamento:

> Experimentos drásticos – solitários no túmulo de concreto. Sem relógios, sem televisão, sem luz do dia: em 1963 começou uma série de experimentos para pesquisar o relógio interno do ser humano. As pessoas que se submeteram ao teste passaram meses solitários dentro de um *bunker*.

Alguns anos eu próprio haveria de ficar em um túmulo de concreto – não como voluntário, e sim como prisioneiro, não durante meses, mas durante anos.

CAPÍTULO 2
Tempo de Transição

A grande coalizão

Em 1966 foi formada a chamada "grande coalizão" entre os partidos CDU, CSU e SPD. Um bloco de poder congregando noventa por cento de todos os parlamentares alemães chegara ao poder. Não havia mais, portanto, uma oposição parlamentar de fato. O chanceler era Kurt Georg Kiesinger[29], o mesmo que, em 1933, poucas semanas depois da tomada do poder, entrara para o Partido Nazista. Não era um simples adepto movido por oportunismo ou por temores quaisquer, e sim um nazista convicto que fez carreira no Ministério das Relações Exteriores de Hitler, chegando a vice-diretor do Departamento Radiofônico. No dia sete de novembro de 1968, durante um congresso do partido CDU, Beate Klarsfeld deu-lhe um tapa na cara. *Eu precisava fazer alguma coisa diante do fato de que, tão pouco tempo depois da guerra, a República Federal da Alemanha volta a ser governada por um nazista*, justificou o gesto simbólico, que correu mundo.

Kiesinger não era o único nazista no gabinete. Para Willy Brandt, Vice-Primeiro-Ministro e Ministro do Exterior, deveria ser um gabinete de conciliação – e para impor as leis de exceção (*Notstandsgesetze*)[30], um con-

29 N. de E.: Kurt Georg Kiesinger (1904-1988) foi o derradeiro político democrata-cristão a governar a Alemanha Ocidental no ciclo que se iniciou com a fundação do país no pós-guerra, possuindo inegável – e formal – passado nazista.

30 N. de E.: Estado de Exceção, como conceito descrito na teoria jurídica e política, na verdade, em tradução mais literal, é Estado de Emergência (*Ausnahmeszustand*) e remete a um instituto jurídico-constitucional da República do Weimar. Talvez por isso, no pós-Guerra se fala em *Notstand*, palavra formada por aflição (not) e estado (stand), praticamente um eufemismo que, no entanto, em termos jurídicos equivale ao mesmo que o funesto instituto

junto de disposições para modificar a Constituição e permitir a restrição de algumas liberdades fundamentais em caso de emergência. Para mim, foi um gabinete da ridicularização, não da conciliação. Lembro das imagens na TV com Kiesinger explicando de forma inequívoca contra quem pretendia utilizar as leis de exceção em caso de perturbação de suas aparições públicas pela chamada APO (*Ausserpolitische Opposition* = Oposição Extraparlamentar, constituída por variados grupos da sociedade civil). Era a velha mentalidade antidemocrática. Bernhard Vesper, namorado de Gudrun Ensslin, tentara convencer Günter Grass a fazer Willy Brandt desistir de concordar com esse pacote de leis. Em vão. Para Grass, os e as estudantes rebeldes eram *fascistas vestidos de Marx*.

Outro fragmento de memória que ficou na minha cabeça foi uma foto do encontro entre Kiesinger e o ditador espanhol Francisco Franco. Respeitoso, Kiesinger se curva em seu fraque diante daquele assassino sanguinário que, ainda em 1974, mandara executar os sentenciados à morte no garrote vil. A Espanha de Franco não era a única ditadura com a qual os governos alemães daquela época mantiveram relações amistosas. A ditadura de Salazar, em Portugal, também tinha dívidas de gratidão com Bonn. Recebia armas da Alemanha, com as quais Salazar fazia suas guerras coloniais na África e na Ásia.

Conciliação com figuras que defendiam aquele misto de fascismo, mentira e mitificação e que agora se preparavam para fazer passar aquelas leis antidemocráticas? Eu emigrei. Não, não fui para outro país. Mas já não conseguia me sentir livre e em casa em um país governado novamente por um nazista. Se alguém me perguntasse na época o que eu queria exatamente, teria dado algumas respostas, mas ainda eram difusas, imaturas. O que eu sabia bem era que não poderia de maneira alguma conviver ou me conciliar com aquilo tudo.

---

do *Ausnahmszustand*, cujo uso pelos nazistas ficou tragicamente marcado. A semelhança é tanta que nem sequer é necessário traduzir de forma diferente em português. De todo modo, a aprovação dessas normas permitiu a reinserção de mecanismo de suspensão de direitos fundamentais no ordenamento jurídico alemão, o que foi cinicamente manuseado quase pela totalidade do Parlamento Alemão, incluindo o SPD, que foi vítima desse tipo de norma durante o nazismo – o que chocou intelectuais, artistas e, sobretudo, jovens estudantes e ativistas.

Foi quando surgiu a Oposição Extraparlamentar, a chamada APO. Naquele ano, em 1966, eu ainda não participava dela. Embora estivesse cada vez mais distante de tudo o que acontecia no nível do governo, dos partidos e das alianças políticas, nem cogitava ainda em agir contra aquilo de forma pública e visível. Ainda não experimentara como é libertador fazer resistência.

Benno Ohnesorg

No dia três de junho de 1967, a caminho do bandejão da universidade, vi um bilhete pregado em uma árvore com os dizeres: *Estudante morto a tiros pela polícia em Berlim*. O que acontecera?

Houvera uma manifestação estudantil contra o Xá iraniano Reza Pahlavi[31], mais um ditador sangrento. Em 1953, o chefe do governo iraniano, Mohammed Mossadegh, eleito democraticamente, fora derrubado por um golpe orquestrado pelos serviços de inteligência americano (CIA)[32] e britânico (MI6)[33], porque nacionalizara a indústria petrolífera iraniana a fim de

31 N. de E.: Xá é o título que ostentava o monarca iraniano, sendo Mohammad Reza Pahlavi o derradeiro deles. Aliado do Ocidente no contexto da Guerra Fria, o Xá governava seu país de forma absolutista. De um lado, ele promovia reformas modernizantes e era liberal nos costumes, mas profundamente opressor contra a oposição liberal ou, sobretudo, comunista – as boas relações tanto dele quanto de seu pai com o Estado Alemão eram notórias e históricas, inclusive pelo fato do nazismo fazer uma defesa romântica do arianismo e, por conseguinte, das "origens comuns" de persas e germânicos, o que era usado pelos iranianos para manterem relações comerciais e estimularem sua própria propaganda interna, baseada em um culto à tradição ariana, e o trono como uma instituição de mais de dois mil e quinhentos anos.

32 N. de E.: A CIA (*Central Intelligence Agency* – Agência Central de Inteligência) foi criada em 1947 e serve tanto para municiar os senadores americanos com dados sobre outros países como, também, atuar em missões de espionagem ao redor de todo o mundo sob as ordens do Presidente dos Estados Unidos. Ficou célebre na Guerra Fria por seu jogo constante com espiões soviéticos, mas perdeu a proeminência em 2004 com a reforma dos serviços de inteligência americanos, deixando de ser a agência das agências para se submeter a um Diretor Nacional de Inteligência.

33 N. de E.: MI6 (*Military Intelligence, Section 6* – Inteligência Militar, Seção 6) é o nome popular do Serviço de Inteligência Secreto (SIS) criado em 1909, órgão de inteligência estrangeira dedicado às atividades de espionagem, submetendo-se, curiosamente, ao Ministério das

protegê-la do controle da *Anglo-Persian Oil Company*, britânica. Como teria sido diferente o desenvolvimento da região do Oriente Próximo se o Ocidente não tivesse se envolvido e se o Irã, com sua influência regional, pudesse ter trilhado um caminho independente com um governo democraticamente eleito! E agora o Xá e sua esposa Farah Diba, incensada pela imprensa colorida, estavam em visita oficial na Alemanha. Os crimes do regime do Xá foram listados em uma "carta aberta a Farah Diba", escrita por Ulrike Meinhof, e que foi distribuída em toda Berlim em forma de filipeta no dia que antecedeu a visita. No dia dois de junho de 1967, o casal de imperadores assistiu a uma apresentação da ópera *A flauta mágica* de Mozart na Ópera de Berlim, junto com o prefeito. Os estudantes protestaram. O ditador iraniano mandara a sua tropa de choque se postar em frente à prefeitura de Schöneberg e eles, sob os olhares da política berlinense, começaram a bater com longos pedaços de madeira nos manifestantes. O policial Karl-Heinz Kurras matou com um tiro o estudante Benno Ohnesorg. Foi absolvido pelos tribunais. Não foi possível provar que estava agindo em sua função de agente da Stasi, o serviço secreto da Alemanha Oriental, em que fora descoberto alguns anos antes.

Benno Ohnesorg participava da comunidade evangélica de estudantes em Berlim. Um amigo me contou há pouco tempo como ele era engajado, apesar de seu temperamento mais reservado. O reitor da Universidade Livre de Berlim proibira uma exposição sobre a Guerra do Vietnã. Essa, então, foi acolhida no espaço da comunidade estudantil evangélica, sendo que Benno Ohnesorg foi um dos que mais se envolveram para fazer a mostra acontecer.

A morte de Benno Ohnesorg marcou a virada na minha vida. Outro ponto de transição seria a morte de Holger Meins, sete anos depois.

No bandejão, recolhi todas as filipetas que consegui encontrar. Até então, quando recebia um papel desse tipo, costumava rasgar e jogar fora. Policiais atirando em estudantes – de repente, aquilo direcionou o foco sobre a minha própria vida. Era como se eu também tivesse sido atingido por uma bala de uma pistola de um policial. Será que eu não entendera direito? Tinha feito uma avaliação equivocada com o meu distanciamento? Teria me enganado?

Relações Exteriores do Reino Unido – basicamente, toda a atividade de inteligência estrangeira não-militar britânica é feita pelo MI6, enquanto o serviço doméstico é dividido em várias agências, embora encabeçado por sua contraparte interna, o MI5.

Tiro em manifestantes era algo que eu só conhecia relacionado aos governos mais sombrios do mundo, ditaduras sul-americanas ou o estado sul-africano do apartheid. À tarde, pela primeira vez fui a um *teach-in*[34] sem entender patavina. Por que os colegas do SPD falavam de um jeito tão pomposo?

Há alguns meses conheci um jovem iraniano em um seminário intitulado "Nova Pátria Alemanha". Chegara à Alemanha aos seis anos de idade com os pais, estudara Psicologia e, agora, era o competente moderador de um workshop chamado "Diálogo entre as culturas". Sabedor de que os alemães da mesma idade praticamente desconhecem o que aconteceu nos anos 1950 e 1960, perguntei, cauteloso: *Já ouviu falar em Mossadegh?* Ele me olhou, surpreso. "Lógico! O povo iraniano não esqueceu nada daquilo!". Provavelmente teríamos sido poupados dos mulás, do Estado Islâmico e dos talibãs se o imperialismo ocidental não tivesse se metido na região.

O movimento de 68 não apenas se posicionou contra a Guerra do Vietnã, mas contra as ditaduras do mundo inteiro, bem como contra o apoio prestado pelos governos americano e alemão. Foi solidário com os movimentos de libertação no sul global. A sua solidariedade era internacionalista, um aspecto que hoje se perdeu em grande parte.

A solidariedade com a população iraniana, com a Confederação de Estudantes Iranianos (CISNU), mais tarde com as organizações de resistência *Volkfedahin* e *Volksmujahedin*, para nós não era um imperativo abstrato. Os colegas iranianos se sentavam ao nosso lado nos bancos dos auditórios das universidades. Muitos deles haviam fugido do regime do Xá e temiam perseguição ou extradição por suas atividades de oposição. Um dos meus amigos, Ekkehard, casou-se com Nahid, uma estudante iraniana, só para ajudá-la a não ser extraditada. Conheci ambos no Coletivo de Pacientes Socialistas (SPK, *Sozialistisches Patientenkollektiv*)[35], uma comunidade de terapia

---

34 N. de E.: *Teach-ins* eram rodas de conversas nas quais militantes, por meio de um tema específico, puxavam o fio da meada para fazer discussões conjunturais.

35 N. de E.: O *Coletivo de Pacientes Socialistas (SPK)* era um grupo peculiar que unia pacientes, sobretudo psiquiátricos, contra a classe médica e o aparato repressor do sistema capitalista, enxergando a medicalização e a maneira como as doenças eram tratadas como parte importante e essencial do sistema de poder vigente. O grupo se envolveu em várias ações radicais contra o Estado alemão.

que tinha por objetivo a sociedade sem classes. Os seus temores de serem entregues aos torturadores iranianos, com quem as instituições alemãs colaboravam, foram discutidos várias vezes em nossas sessões de grupo.

Minha primeira batalha de rua

Mas eu ainda não era um típico exemplar da geração 68. Comecei tarde demais a participar das revoltas. Não participei de congressos, debates, ações militantes do movimento em Berlim ou Frankfurt, nem no congresso sobre a guerra no Vietnã, nem em campanhas como *Abaixo a OTAN*[36]*!* e muitas outras atividades que não raro se caracterizavam mais por fantasias quixotescas e avaliações equivocadas do que pelo senso da realidade. Seja como for, quando nos centros do movimento muitos já estavam enrolando suas bandeiras, a coisa começou a andar na nossa província, em Baden.

Lembro como me enfiei pela primeira vez em uma batalha na rua. Foi no dia primeiro de fevereiro de 1968, em Freiburg, numa ação "ponto vermelho" contra o aumento das tarifas dos transportes públicos. Motoristas que tinham um ponto vermelho colado no para-brisas paravam para dar carona a pedestres que precisavam ir ao trabalho ou à escola. O cruzamento central perto da fonte Bertoldsbrunnen foi ocupado, impedindo os bondes de passar. A polícia chegou com lançadores de água e cassetetes. Eu me lancei naquela multidão, furioso com a brutalidade policial. Jamais vira nada igual. Fiquei surpreso com minha sensação de alívio. O peso que eu carregara comigo esvaiu-se.

Rudi Dutschke

O próximo atentado ocorreu poucos meses depois. Os três tiros que o assassino Josef Bachmann acertou em Rudi Dutschke na Páscoa de 68 causaram graves lesões em seu cérebro e o levaram à morte em 1979. Foram três tiros que mudaram a República Federal da Alemanha. Naquele momento ficou claro para mim que todos nós, que queríamos romper com as estruturas mumificadas, estávamos na mira. Quem seria o próximo ou a próxima?

---

36 N. de E.: Organização do Tratado do Atlântico Norte (OTAN) era o bloco militar ocidental sob a liderança dos Estados Unidos, incluindo a própria Alemanha Ocidental e tendo por contraparte comunista as tropas do Pacto de Varsóvia.

A mídia controlada por Axel Springer iniciara uma campanha difamatória contra os estudantes rebeldes, designada por ela de "macacos cabeludos". Nossos cabelos compridos produziam mais indignação do que as imagens da menina vietnamita que, depois de um ataque com napalm, percorria uma aldeia gritando, nua e com metade do corpo em chamas.

No dia sete de fevereiro de 1968, o jornal *Bild* fez a seus leitores um apelo à justiça linchadora: *Não podemos deixar todo o trabalho sujo à polícia e seus lançadores de água.* Em uma fotografia de uma manifestação se viu Rudi Dutschke com um alvo em forma de cruz branca na altura do peito, um recado inequívoco. Um dia antes do atentado, aqueles sacerdotes do ódio conclamaram a que se pegasse os líderes. Bachmann era um jovem médico assistente de origem da direita extrema. No entanto, ele foi mais vítima do que criminoso.Virou órgão executivo do clima fascistoide criado e construído sistematicamente pelos políticos e pela mídia. Estudantes eram agredidos e golpeados na rua por cidadãos atiçados. "Esqueceram de colocar vocês nas câmaras de gás", gritavam a partir das calçadas durante as manifestações. Era um ambiente agressivo e hostil, comparável ao que vemos hoje nos ataques de radicais aos refugiados por parte de extremistas de direita.

Depois do atentado contra Dutschke, houve ações militantes violentas de bloqueio contra a entrega do jornal *Bild*, cujos ataques eram aceitos de modo benevolente pelos políticos e pelo judiciário. Ulrike Meinhof escreveu depois do atentado: *Agora que as amarras da moral e da ética foram arrebentadas, é preciso rediscutir a violência e a contraviolência.* E assim foi.

Durante a Páscoa fiquei no meu apartamento escutando o que o rádio noticiava sobre o atentado e as ações de militantes em diversas cidades contra as instalações da editora Springer. Senti-me impotente e derrotado, pois os ataques se dirigiam a todos nós que íamos às ruas para protestar.

O que se queria ainda era o súdito obediente. Nos Estados Unidos, a polícia também atirara contra líderes de protestos de resistência. Quem seria o próximo? Uma semana antes do atentado contra Rudi Dutschke, ocorrera o assassinato do líder negro Martin Luther King, que sentíamos como sendo "um dos nossos". Senti-me desamparado ali, sozinho, sem ação. Fui tomado por uma sensação de paralisia, mas também pela determinação: é agora ou nunca! Que país seria este em que eu haveria de morar? Não podia seguir fingindo que nada estava acontecendo e fechar os olhos, indiferente. Queria fazer alguma coisa para me livrar dessa carga. Um grupo de membros da União Socialista dos Estudantes Alemães (SDS, *Sozialistischer Deutscher Studentenbund*) viajara de Freiburg para Esslingen a fim de participar do bloqueio à sede da editora Springer. Eu perdera a carona e estava numa Freiburg vazia sob um céu azul e brilhante.

As leis de exceção

Poucas semanas depois do atentado contra Dutschke, o Parlamento alemão deveria votar as leis de exceção. Diante do pano de fundo dos dois atentados, aquilo tinha cheiro de estado de exceção, de estado policial, de volta a estruturas fascistas. Já estava havendo uma mobilização em nível nacional. Viajei até Bonn com o SDS de Freiburg a fim de participar da *Marcha das Estrelas*, realizada quatro semanas depois do atentado. De início, fui só. Nenhum dos meus amigos ou colegas, alguns dos quais eu conhecia desde o serviço militar, participou.

Nós chamávamos o pacote de leis de exceção de "leis nazistas", sem imaginar ainda quão próximo esse apelido militante estava da realidade. Só em 2016 a opinião pública soube dos resultados de um estudo científico intitulado Processo *Rosenburg*: até setenta e sete por cento dos funcionários em cargos de chefia no Ministério da Justiça do pós-guerra tinham sido membros do Partido Nazista e da SA[37], entre eles um bom número de juízes e advogados de acusação que haviam mandado executar pessoas por bobagens, como pequenos furtos. Eles influíram na concepção daquelas leis de exceção. Num primeiro projeto, depois modificado, haviam introduzido velhas leis nazistas, como a prisão preventiva. O problema com esses funcionários nazistas não era apenas o que haviam feito na época do nacional-socialismo, e sim o que estavam fazendo na República Federal da Alemanha do pós-guerra. Suas

---

37 N. de E.: SA é a sigla de *Sturmabteilung* (algo como Destacamento ou Tropas Tempestade), as famosas seções de assalto dos nazistas, isto é, tropas paramilitares organizadas pelo nazismo em uma época na qual o Tratado de Versalhes obrigava a Alemanha a limitar, de forma considerável, seus contingentes militares para cumprir as exigências dos vitoriosos na Primeira Guerra. A SA atuou como braço armado do nazismo cometendo inúmeras atrocidades e, a partir de 1933, servindo como base apara a reconstrução das forças armadas alemãs na aventura bélica que ajudou a deflagrar a Segunda Guerra.

atividades tiveram efeitos consideráveis na reformulação de um sem-número de leis originárias do fascismo. Muitas leis só foram "desnazificadas" superficialmente. Isso levou a que, até hoje, as leis contenham formulações e ideias com raízes no nazismo, como a polêmica prisão de jovens (*Jugendarrest*).

Não era só no Ministério da Justiça que ainda havia nazistas depois de 1945. Eles estavam em todas as instituições, onde cuidavam para que as leis só fossem "limpas" superficialmente, bem como os padrões, as normas, as máximas de ação e as regras de funcionamento daquelas mesmas instituições. Isso acontecia na área da psiquiatria, da educação e muitas outras instituições, como o sistema penal.

Em 1972, quando o movimento de 68 já estava declinando, o governo Brandt lançou o chamado *Radikalenerlass*, um conjunto de regras pelas quais funcionários públicos e candidatos a cargos públicos eram examinados segundo a sua posição política. Centenas de jovens da geração 68 foram proibidos de exercer sua profissão. Bastava ter distribuído panfletos alguma vez ou ter feito um pedido de visitação de um prisioneiro político da *Fração do Exército Vermelho*. O que aquela coalizão social-liberal nos servia era algo inescrupuloso e vergonhoso! Contrastava com a reabilitação e a admissão a altos cargos no serviço público, vinte anos antes, de todos aqueles que ajudaram a transformar a República de Weimar na ditadura nacional-socialista, impelindo a guerra e o Holocausto.

Blindados de guerra contra a democracia direta

Na primavera de 1969 viajei para Praga com um grupo de estudantes. Foi um dos primeiros grupos que receberam permissão para entrar no país depois da invasão dos estados do Pacto de Varsóvia. Éramos vinte e cinco estudantes. Nosso ônibus passou por tropas de soldados acampados nos campos antes de Praga. No centro de cidade, a pátina escura do Museu Nacional na Praça de São Venceslau estava crivada de buracos de bala. Viajei com uma amiga que tinha um cargo de assistente na universidade. Ela conhecera um colega tcheco num congresso o qual iríamos visitar em Praga. Em seu apartamento simples e sombrio, ele e a sua mulher contaram sobre os acontecimentos dos meses passados de um jeito contido, sem emoção, como se estivessem num auditório. Aquilo seria resignação? Eles haviam se conformado com a nova situação "velha", em que a grande maioria do povo não tinha mais nada a dizer?

Eles haviam experimentado uma primavera que os deixara nostálgicos. Tinham experimentado a abertura política, falaram com entusiasmo dos debates às quintas-feiras na Universidade Carolina de Praga, em que intelectuais como eles debatiam questões de democracia direta com a população. Os líderes já não eram mais do partido, mas sim do povo. Eram exatamente os temas de que tratávamos nos nossos grupos de base na Alemanha.

Em agosto de 1968, cerca de meio milhão de soldados da União Soviética, da Polônia, da Hungria e da Bulgária invadiram a Tchecoslováquia para derrubar o projeto do *socialismo com rosto humano*. A população civil resistiu. Vi postes vazios, sem as placas com o nome das ruas, arrancadas com o propósito de dificultar a orientação para os blindados das tropas invasoras. A larga avenida que levava à Praça de São Venceslau tinha sido rebatizada de "Rua Jan Palach", em homenagem ao estudante que, em protesto contra a invasão, encharcara-se com gasolina e acendera um fósforo. Naquele ano ainda aconteceriam dois casos parecidos. Por toda parte reinava uma atmosfera deprimente de paralisia. Num daqueles restaurantes antiquados da época do antigo império austro-húngaro, a mulher da chapelaria implorou: "Por favor, ajudem-nos".

A revolta estudantil chegara a Praga. Nas escadarias do monumento a Jan Hus, numa praça grande, havia jovens da nossa idade, sentados, de cabelos compridos e com violões. Na realidade, havia uma pequena diferença. Enquanto, nos nossos *sit-ins*, tremulava a bandeira dos *vietcongs*, ali estava a bandeira americana, *stars and stripes*.

Grupos de base

O meu primeiro grupo político foi o grupo de base Psicologia Política, na Universidade de Mannheim. Em 1969, eu trocara de curso e de cidade. O grupo consistia de quinze estudantes. Klaus Jünschke, Dieter Duhm, Beate, Inge, Wolfgang, Karl-Heinz... Não me lembro de todos os nomes, guardo ainda a memória visual de rostos e a memória auditiva de vozes. Dieter Duhm acabara de publicar o seu bem-sucedido livro *Angst im Kapitalismus* [*Medo no capitalismo*]. Nos auditórios da universidade, forçávamos debates sobre os conteúdos pedagógicos, principalmente o *behaviorismo* da linha de Skinner. Para este autor, o comportamento humano se limita a cadeias de estímulos e reações que desencadeiam comportamentos condicionados e condicionáveis, como ocorre entre treinadores e adestradores de cães ou cavalos. Era algo diametralmente oposto à nossas concepções antiautoritárias, anti-hierárquicas e emancipatórias.

Foi naquela época que começou a crescer dentro de mim um sentimento de "nós", de pertencimento a um grupo de pessoas que assumiam uma responsabilidade crítica. Ficar em pé no espaço público da universidade e criticar conteúdos e tendências da ciência como queriam nos impingir nos cursos e seminários, dizer em alto e bom som por que nos recusávamos a aceitar aquilo, dava-me a sensação de estar agindo de maneira sensata, para além das fronteiras do espaço privado. O sentimento coletivo de "nós" não só era convincente porque eu estava assumindo responsabilidades junto com outros, mas porque eu já não era mais apenas um indivíduo, tanto no âmbito político quanto no pessoal. A certeza de que alguém forma um grupo com outros e não apenas pode desabrochar dentro desse grupo, mas também carrega responsabilidades, enquanto indivíduo, para o desenvolvimento e as atividades do grupo como um todo e, caso necessário, possa estar pronto a abdicar daquele espaço protetor da coletividade – aquilo tudo, na época, ainda não era prioritário nas minhas reflexões.

Os grupos de base muitas vezes se formavam nas universidades. Depois, quando muitos estudantes largaram seus estudos e foram trabalhar nas fábricas, também se formavam ali. Os conteúdos eram diversificados. Eram espaços políticos de desenvolvimento de ideias que eram aperfeiçoadas e transformadas em atividades coletivas. Mas também eram espaços sociais para escapar à individualização. Grupo de base significava romper com a incapacitação através do autoritarismo e do centralismo. Significava desenvolver novas estruturas de grupo democráticas. Em lugar de um pensamento único centralizado entrava uma diversidade imensa de ideias e atividades. Era uma cultura da organização autônoma, o oposto do regime autoritário do nazismo, mas também o contrário da era Adenauer. Era um novo modo de organização do grupo e de cada um de seus membros no plano individual. A auto-organização funcionava de maneira participativa, sendo que cada um(a) deveria ter a oportunidade de descobrir as suas próprias possibilidades e de se redescobrir.

"Deveria"... Pois nem sempre esse ideal se concretizava. Éramos frutos de uma socialização que não sabia e nem queria saber nada de autodeterminação democrática de base. A saída desse tipo de "direcionamento de fora para dentro" ainda precisava ser aprendida. E, como em todas as viagens de descoberta em regiões desconhecidas, também nessa houve equívocos e desvios. Nunca os processos se dão em linha reta. Padrões de comportamento como competição, jogos de poder, paternalismo em determinantes econômicas baseados no conceito de estranhamento marxista ou em relações de produção capitalista podiam ajudar a explicar esses desvios. Mas o rigor com o qual aquela autocrítica era levada a cabo não raro levava a processos torturantes de dúvidas, de martírio e autoflagelação que nem sempre eram libertadores. Mesmo assim, tudo aquilo formou a raiz do empoderamento e do engajamento da sociedade civil na Alemanha que eu aprendi a valorizar em sua relevância e em sua dimensão quando, décadas mais tarde, fui trabalhar no Brasil. Ali, esse tipo de sociedade civil construída de baixo para cima, como começou a ocorrer a partir de meados dos anos 1970 nos movimentos antinucleares ou pela paz, ainda estava engatinhando ou, no máximo, pediu a palavra esporadicamente, como ocorreu nas manifestações de 2013.

Discutíamos o conceito do caráter autoritário que, para Erich Fromm, é marcado por padrões de personalidade e de comportamento como submissão em relação a autoridades, conformismo, racismo e xenofobia. Líamos a *Psicologia de Massas do Fascismo,* de Wilhelm Reich, que tenta analisar o fascismo de um ponto de vista psicanalítico, ao descobrir uma ligação de causa e efeito entre a repressão dos instintos nas famílias burguesas e a disposição para receber as ideias fascistas. Através da leitura e da análise da obra destes e de outros autores, descobríamos a relação entre fascismo e disposição individual, formulando, assim, uma antítese ao mito da culpa única de Hitler e de seus sequazes, aos quais se tentava circunscrever a responsabilidade pelo nacional-socialismo. Nessas descobertas, não se tratava apenas do passado, da discussão com a geração de Auschwitz, e sim do novo mundo do futuro que já deveria ser realidade naquele momento. Deixando para trás o deserto gelado da abstração, queríamos desenvolver uma nova forma de convivência, mais livre, mais humana.

Centralismo democrático

Nós também nos perguntávamos de que maneira os nazistas haviam conseguido destruir da noite para o dia, em 1933, o movimento operário que, embora dividido, era o mais forte do mundo. Havia vários motivos, mas um deles, maligno e poderoso, o chamado centralismo democrático de acordo com Lenin[38], que também era a norma determinante entre os grupos maoístas da era pós-68[39], abriu muitas feridas e destruiu algumas amizades para sempre. O centralismo democrático era compreendido como um princípio hierárquico-centralizado de organização e comando. Uma estrutura que priva os grêmios subordinados e aos membros do partido de qualquer possibilidade de decisão e, portanto, de processos de aprendizado e empoderamento, perdendo de vista o caminho do autoempoderamento, o único onde podem vicejar a competência, a coragem para agir e decidir e a criatividade.

Comandada de fato por Moscou e pelo *Komintern*[40], era a cúpula do partido comunista alemão que decidia. O simples membro do partido limitava-se, na melhor das hipóteses, a ser um eleitor de grêmios de partidos, mas era sobretudo o órgão executor dos comandos. Precisava se submeter à disciplina partidária. O proletário comunista nunca aprendeu a escrever

38 N. de E.: Vladimir Ilyich Ulyanov (1870-1924), mais conhecido como Lenin, foi o líder da Revolução Russa de Outubro de 1917, a qual colocou fim ao Império Russo e gerou dentro de alguns anos a União Soviética, na primeira experiência revolucionária, de cunho socialista, a se sair vitoriosa em larga escala.

39 N. de E.: Maoísmo é o movimento inspirado no revolucionário e líder comunista chinês Mao Tsé-Tung (1893-1976), o qual conduziu seu país na resistência à invasão japonesa dos anos 1930 e, depois, rumo à Revolução Popular de 1949, a qual fundou a China moderna sob a égide socialista. O Maoísmo como ideia alternativa à linha soviética teve larga influência na Europa dos anos 1960 e em todo mundo.

40 N. de E.: *Komintern* é a sigla em alemão para a Internacional Comunista (*Kommunistische Internationale*), a qual corresponde à Terceira Internacional Socialista (1919-1943) que, por seu turno, tinha por língua oficial justamente o idioma alemão. Essa organização estava estritamente ligada com os fatos da Revolução Russa e orientava o movimento comunista internacional, cujos partidos eram, na verdade, seções nacionais. A Terceira Internacional perde força com a ascensão de Stalin na União Soviética, o qual advogava por uma centralização das decisões em Moscou, o que se consolidou, ao mesmo tempo, gerou uma cisma entre comunistas de todo o mundo – tornando, gradualmente, os partidos comunistas em apêndices do Partido Soviético, a ponto de dissolver a Internacional, a qual já estava reduzida à época a uma mera instituição formal.

panfletos, apenas os distribuía. Ao tomar o poder em 1933, os nazistas só precisavam determinar a cúpula, enquanto o partido ficava paralisado. O membro do partido obediente, fiel, disciplinado, mas no final também oportunista, não era uma alternativa válida para mim. Criado em um ambiente preocupado em manter-se distante do comando e da massa, muito cedo fui sensibilizado nessa direção. Era uma sensibilidade, não era conhecimento ou consciência. Isso só veio depois. A ideia do seguidor era oposta à saída da menoridade autoculpada. O caminho da libertação e da emancipação ainda estava trancado. Era uma luta que, para mim, não valia a pena, pois aquela visão só previa uma vida mais livre para o Além revolucionário. Na atividade da cooperação técnica internacional, em que eu me envolveria décadas mais tarde no Brasil, existe o conceito de *ownership*: só é forte quem se identifica com uma atividade e um objetivo. E essa identificação cresce com a atividade e a descoberta e o desenvolvimento das competências e habilidades próprias na luta conjunta.

Nós nos perguntávamos sobre o significado disso tudo. Seria apenas uma análise convincente ou deveríamos tirar conclusões pessoais para nós, o nosso comportamento e as nossas relações uns com os outros? Desde os escritos do jovem Marx sobre estranhamento e do conceito de fetichismo da mercadoria do Marx mais maduro – ou seja, como a interrelação entre a sociedade de consumo e a coisificação das relações humanas no modo de produção capitalista – esse tipo de abordagem ficou apagado muito tempo, até ser recolocado na pauta nos anos 1930 pela Escola de Frankfurt em reação ao fascismo e às suas estruturas autoritárias e racistas. A busca pela identidade própria voltou a determinar a luta feminista que ressurgiu com o movimento de 68, a luta contra estruturas patriarcais e comportamentos, a luta contra o apartheid e o racismo nos Estados Unidos (*black is beautiful*) e na África do Sul e, não por último, foi uma das questões centrais da libertação anticolonial.

A *Fração do Exército Vermelho* também teve suas origens nesta ruptura de 68 através da qual o espasmo começou a se dissolver. Não poderia existir uma luta anticapitalista e antifascista que se mantivesse externa e que não se originasse daquilo que as condições dominantes tinham deixado de nos dar no curso da nossa socialização a fim de distender, de superar, de viver algo novo. Eu próprio havia deixado para trás o horror desse tipo de adestramento muitos anos antes de entrar para a *Fração do Exército Vermelho.* Aquilo estava associado a uma sensação de esmagamento. Não conseguia enxergar outra coisa além de um autoabandono. Emigrei. Identidade foi o conceito que mais aparecia nas mensagens que os prisioneiros da RAF trocavam entre si.

Vietnã

O acontecimento central da minha geração foi a Guerra do Vietnã, algo inconcebível. Nossas manifestações se tornaram mais militantes, também em Mannheim. Se, no início, o movimento da geração do pós-guerra tanto na Alemanha quanto nos Estados Unidos era um movimento antimilitarista – "Paz no Vietnã" – mais tarde começou a se coletar dinheiro para comprar armas para os vietcongs. Por onde houvesse casernas americanas na Alemanha Ocidental, ajudava-se os GIs ali estacionados a desertar. Havia casernas americanas em Mannheim, por exemplo. Ali, membros do Coletivo de Pacientes Socialistas (SPK) de Heidelberg ajudaram os soldados americanos a desertar e fugir para a Suécia.

O que legitimava o exército americano a utilizar portos alemães-ocidentais para embarcar tropas? Com que justificativa – de acordo com vários artigos na imprensa – conglomerados químicos alemães-ocidentais forneciam herbicidas altamente tóxicos para os gigantes americanos Dow Chemical e Monsanto para produzir o agente laranja, substâncias básicas para a guerra química e desfolhantes para a selva vietnamita? Como era possível, depois do papel horrendo que a indústria química alemã tinha desempenhado no Holocausto e nas guerras químicas das duas guerras mundiais? Estimativas da Cruz Vermelha dão conta de que um milhão de vietnamitas ainda sofrem as consequências dos ataques de napalm, que existem cento e cinquenta mil crianças deficientes e que mesmo na terceira geração depois do fim da guerra ainda há um elevado número de vítimas. Todos os anos continuam nascendo centenas de crianças sem olhos e sem braços. Eu me perguntava o que a política alemã pretendia sinalizar quando o governo e o seu ministro das Relações Exteriores, Willy Brandt, apoiavam aquele genocídio em termos propagandísticos e práticos vinte anos depois do fascismo e do holocausto.

Em maio de 1966, pouco antes de se tornar ministro das Relações Exteriores da grande coalizão, Brandt defendeu a guerra anti-humanitária contra o Vietnã no *10º Congresso da Internacional Socialista* com o argumento de que a ação dos Estados Unidos no Vietnã servia à garantia da paz na Ásia. Quando, em vinte e oito de novembro de 1969, durante a sua primeira coletiva de imprensa como chanceler da coalizão socialista-liberal, Willy Brandt foi questionado pelo correspondente do *New York Times*, David Binder, se o governo alemão gostaria de se pronunciar sobre os massacres de civis cometidos por tropas americanas no Vietnã do Sul, ele limitou-se a responder: "Não". Quando o massacre de My Lai, ocultado durante um ano, veio à tona, a opinião pública mudou cento e oitenta graus. Mas isso não aconteceu na Alemanha. Na primavera de 1970, dois representantes oficiais da Frente Nacional de Libertação do Vietnã do Sul visitaram vários países da Europa Ocidental. Foram proibidos pelo governo Brandt de participar de qualquer aparição pública na Alemanha Ocidental, algo que não se repetiu em nenhum dos outros países visitados pela delegação. Achei que era irresponsabilidade permanecer sem fazer nada. O que os Estados Unidos estavam fazendo com ajuda da Alemanha Ocidental, nesse caso, era tudo menos um programa do Ocidente livre para contrastar com o fascismo. A vitória sobre os "amarelos de olhos puxados", como se referiam pejorativamente aos vietnamitas, parecia certa aos políticos americanos. Os generais franceses haviam caído na mesma esparrela na guerra da Argélia. Segundo a máquina de propaganda do *US Army*, em 1968 os Estados Unidos estavam diante de uma vitória inconteste que não tardaria a acontecer. Em janeiro de 1968, no entanto, a Frente Nacional de Libertação do Vietnã do Sul iniciou um ataque no país inteiro que entraria para a História como a Ofensiva do Tet. Depois do início da operação em Saigon, tida como segura até então, os vietcongs atacaram todas as cidades maiores do sul do país. Quando as imagens da Ofensiva do Tet foram disseminadas mundo afora, principalmente a invasão na embaixada americana em Saigon, ficou evidente que os Estados Unidos não ganhariam mais aquela guerra. Mas os Estados Unidos continuaram a guerra por mais sete anos cruéis para manter a "honra". Nos Estados Unidos, a Guerra do Vietnã foi um trauma que dividiu a nação como nenhum outro acontecimento desde a guerra civil cem anos antes. Sem falar nos terríveis problemas dos veteranos: drogas, álcool, depressão. Quando voltaram do Vietnã, não foram recebidos como heróis, e sim agredidos abertamente. Mais de sessenta mil veteranos de guerra se suicidaram. Além do trauma, não conseguiam lidar com o fato de terem sido enviados para aquele inferno movidos por uma propaganda mentirosa, sem jamais saber por que precisou haver aquela guerra.

Em termos de propaganda, a Ofensiva do Tet foi um sucesso total para os vietcongs, mas em termos militares, um desastre. Os vietcongs perderam entre cinquenta e cem mil homens. Só com manifestações pela paz não se teria conseguido a libertação nem no Vietnã, nem na Argélia, nem em Angola, nem em Guiné-Bissau. Entre as fotos chocantes na mídia, ao lado da imagem da menina nua que tenta escapar do terror aos gritos e da execução de um vietcong por um oficial sul-vietnamita, havia também a autoimolação de um monge budista nas ruas de Saigon em protesto contra o regime de fantoches sul-vietnamita. Não me lembro de termos nos conscientizado do elevado número de combatentes vietcongs mortos naquela guerra. Nesse quesito, éramos displicentes. Não só ali, como em outros acontecimentos, como a Revolução Cultural chinesa ou a Longa Marcha com milhões de mortos, começou uma postura segundo a qual a morte e o ato de morrer são tão naturais em lutas revolucionárias que dispensam qualquer discussão sobre o assunto, chegando até mesmo a se avizinhar perigosamente de oportunismo e traição. Com isso, começamos a perder um certo grau de sensibilidade para o valor da vida humana, transferindo a dimensão dos combates bélicos e armados dos países do sul global diretamente para a situação na Alemanha Ocidental, como foi o caso em algumas ações da RAF.

Enquanto ocorria a Ofensiva do Tet dos vietcongs, realizou-se em Berlim o Congresso Internacional sobre o Vietnã com a participação de quarenta e quatro delegações de diversos países. A solidariedade internacional era algo muito natural na época, pois no mundo inteiro havia movimentos de resistência e libertação contra colonialismo, imperialismo e ditaduras, tanto nas ruas de Berlim quanto na Selva Amazônica, em Soweto e no Timor Leste. Em 1968, dois atletas negros ficaram de cabeça baixa no pódio dos vencedores durante os Jogos Olímpicos do México a fim de mostrar a sua solidariedade com a luta de seus irmãos e de suas irmãs afroamericanas estendendo o punho enquanto se tocava o hino americano. Nunca, antes, houvera tal tipo de "Internacional". Diferentemente de seus precursores, o movimento internacional contra a escravidão do século 19, ou a Internacional dos Operários, o movimento de 68 era heterogêneo. A resistência contra a Guerra do Vietnã já era diferente nos Estados Unidos e na Alemanha. Nos

Estados Unidos no cerne da questão havia um acordo de paz. Na Alemanha, o movimento tinha um objetivo antissistêmico e era ao mesmo tempo, uma rebelião contra as condições pós-fascistas. "O capitalismo leva ao fascismo, abaixo o capitalismo", era uma das palavras de ordem cantadas durante as manifestações contra a Guerra do Vietnã. Na América Latina, muitos movimentos se inspiraram na Revolução Cubana e, depois, resistiram contra as ditaduras militares que se instalaram com ajuda ativa dos Estados Unidos como "muralhas contra o comunismo". Na África e na Ásia, eram os movimentos anticoloniais dos quais esperávamos a emancipação social, o que se revelaria como equívoco na maioria dos casos. E, no entanto, apesar de todas as diferenças, tratou-se de um movimento simultâneo de rebelião contra os, os usurpadores, os opressores e os bandidos.

Uma mensagem para o mundo: colonizados podem vencer

Nem sempre e nem em todos os lugares o Vietnã foi a questão central dos protestos e da resistência. Os temas pelos quais se lutava em inúmeros grupos de base formavam um amplo leque. Mas o Vietnã e o protesto e a resistência que interagiam em escala mundial contra o genocídio não apenas criaram uma comunidade global que era em parte real, em parte fantasiosa. A noção de uma luta comum contra o imperialismo americano era o pano de fundo que marcou e radicalizou as mais diferentes iniciativas e lutas, mesmo quando não visavam diretamente o Vietnã.

O sucesso no combate entre um Davi e um Golias gerava um grande fascínio, assim como a inacreditável ampliação de um movimento antimilitarista sem o qual não teriam existido as negociações de Paz em Paris entre os Estados Unidos e o Vietnã do Norte, e sem o qual os Estados Unidos provavelmente teriam feito terra arrasada do Vietnã com seus bombardeios. Aquilo era uma confirmação de peso, uma orientação importante. As condições petrificadas passaram a mostrar sua outra face, revelando que podiam ser modificadas. Os colonizados, os humilhados, os ofendidos haviam descoberto o caminho da libertação para uma vida digna além do regime colonial. Desenvolveram uma ânsia por liberdade que não temia nada e nenhum sacrifício. Foi o que vimos acontecer em escala mundial. O Vietnã – a guerra e a guerra da libertação – foi o acontecimento central que levou toda uma geração a ir para as ruas, em Paris, Berlim, Frankfurt, Nova York, Berkeley,

Roma, Rio, Cidade do México, nos Estados Unidos, na Finlândia, no México, na Nova Zelândia, no Japão, na Tanzânia, no Chile, na Argélia, no Congo, na Itália, na Suécia. Em maio, Paris parecia estar em guerra civil, tínhamos notícias das ações da guerrilha na América Latina, sequestros, libertações, em quase todo país latino-americano havia um movimento armado de libertação, às vezes eram até dois ou três grupos. No Brasil e na Guatemala, embaixadores alemães foram sequestrados para serem trocados por presos políticos. Nas colônias portuguesas na África e na Ásia os "condenados da Terra" se sublevaram.

Frantz Fanon e Os condenados da Terra

Era o tempo em que se lia *Os condenados da Terra* de Frantz Fanon com o já mencionado prefácio de Jean-Paul Sartre, não só na Argélia, mas também em Angola, no Zimbábue, na África do Sul, na França, na Itália e na Alemanha Ocidental. Uma olhada nesses dois textos mostra claramente o que deixamos para trás e de que abrimos mão, mas também quando e onde nós nos entregamos às nossas ilusões sem espírito crítico. A primeira experiência de Fanon com guerra e violência foi na Alsácia, onde lutou contra os alemães no exército francês até ser ferido. Foi para a Argélia, trabalhou em uma instituição psiquiátrica, entrou para o Movimento Nacional de Libertação e sobreviveu a vários atentados do serviço secreto francês. Fanon propagava a luta armada nos três continentes (África, Ásia, América Latina) e, no nosso entendimento, também forneceu uma justificativa moral para combates militantes nas metrópoles. Descreveu e propagou a nova transformação do colonialismo em um ser humano através da violência revolucionária na luta de libertação. Atribuía um "efeito purificador" à contraviolência revolucionária. Os membros da *Fração do Exército Vermelho* também simpatizavam com aquela fórmula mágica, pelo menos nos primeiros anos. Se a violência com a qual os colonizados puseram para correr os senhores coloniais efetivamente teve um "efeito purificador" ou mesmo curativo, é uma questão que ainda está por ser respondida. Uma colega do Serviço pela Paz Mundial (*Weltfriedensdienst*), que trabalhava na cooperação técnica internacional, quando o lema ainda era "desenvolvimento é libertação" estava na Argélia tornada independente. Contou-me sobre a liberdade conquistada. Uma nova autoestima havia tomado conta das pessoas. Orgulhosas da independência conquistada, revelavam um comportamento solidário, ajuda mútua, abertura para diferenças e diversidade. Uma grande comunidade parecia ter vindo à luz. Mas aquele "efeito purificador" foi sustentável? Contribuiu para criar estruturas e dinâmicas políticas, econômicas e culturais que, hoje, podem ser associadas ao conceito de libertação? Mesmo Fanon sendo a favor de uma África unida e anti-imperialista, era suficientemente realista para prever os perigos de um desenvolvimento equivocado que, depois, de fato venceu. "Os infortúnios da consciência nacional", foi como Fanon descreveu a incapacidade da burguesia nacional de ser protagonista de uma verdadeira e profunda libertação. Depois de ter colocado as mãos sobre o poder e a riqueza nos países pós-coloniais, essa mesma burguesia assumiu o papel do "gerente nas empresas do ocidente". Essa visão profética de Fanon coincide com a constatação que Jean Ziegler fez nos nossos dias: "o pacto colonial está intacto".

Expansão da consciência?

Voltando para o grupo de base Psicologia Política de Mannheim: no final dos anos 1960, a viagem para as novas margens subjetivas também nos levou às drogas, à música e a novas formas de vida coletiva. Nunca acreditei no efeito ampliador da consciência do haxixe ou do LSD. Mas era um mergulho no próprio "eu" – ou ao menos eu acreditava que fosse. De vez em quando, o nosso grupo de base passava o fim de semana na região do Odenwald, na minha vaga lembrança associo essas excursões à banda *cult* (na época) Guru Guru. Estivemos no seu sítio ou apenas escutamos a sua música? Não saberia mais dizer. Seja como for, tomamos LSD. Minhas duas primeiras *trips* foram uma surpresa eletrizante, mas a terceira, um descarrilamento total. Uma semana depois eu ainda continuava tendo alucinações. Fiquei bastante preocupado e busquei ajuda terapêutica. Mas o terapeuta que eu procurei me repeliu. Pelo jeito, não quis lidar com uma pessoa como eu. Com o terapeuta, desapareceram também as alucinações. Em Mannheim nós alugamos um hotel vazio de quatro andares, fundando uma grande república onde devem ter morado umas trinta pessoas, na maioria estudantes. As atividades eram mistas. Trabalhos políticos e estudos, de vez em quando um baseado de maconha. Mais tarde, um grupo informal daqueles que formaram o Coletivo de Pacientes Socialistas de Heidelberg, seguidos por muitos outros de repúblicas de Mannheim. Mannheim era uma cidade operária. De manhã cedo, os primeiros maoístas postavam-se diante das grandes empresas, como a Mercedes Benz ou a Lanz, que fabricava máquinas agrícolas e onde cheguei a trabalhar durante as férias da universidade, para distribuir panfletos entre os trabalhadores. Enquanto Heidelberg era marcada pela universidade, Mannheim era proletária. Do outro lado da rua, em frente ao nosso "projeto imobiliário" morava Joy Fleming, uma vendedora que, no início de sua carreira, cantava blues e jazz em bares para os G.I.'s, os soldados americanos estacionados em Mannheim. Em seu *Blues da ponte do Neckar*, cantado no dialeto de Mannheim, eternizou com muito estilo o jeito de falar próprio dos operários.

Nós mesmos, aquele bando de Mannheim que era um misto de grupo de base, república de estudantes e coletivo de pacientes, não achávamos que devíamos explicar nos panfletos para os trabalhadores que eles são explorados. Esse era o trabalho de outra fração. Havia lutas operárias, como as greves de setembro de 1969 na indústria de ferro e de aço, mas também no setor de mineração começou uma primeira onda de chamadas greves selvagens, por meio das quais os trabalhadores quiseram forçar aumentos salariais acima dos magros acordos feitos com o sindicato IG Metall. Mas aquele era um outro mundo, e os operários e as operárias certamente não precisavam de nós para saber das coisas. Já trabalhar com jovens em um clube foi, para nós, um desafio. Antes de mais nada, queríamos ser solidários. Era a época em que por toda parte surgiam creches antiautoritárias e centros de juventude e de comunicação em que se organizavam atividades políticas, sociais e culturais. Alguns alcançaram fama nacional. Esse movimento tinha respaldo teórico entre outros pela leitura das obras de Herbert Marcuse, que trouxe para o debate uma estratégia de grupos periféricos.

Já dois ou três anos antes o movimento estudantil começara a ratear. Apesar das proibições profissionais, não foram poucos os representantes do movimento de 68 que entraram em instituições onde fizeram carreira. Ao mesmo tempo, a sociedade começara a se mexer para reconstruir posturas e valores. Rudi Dutschke cunhou então o lema da *longa marcha através das instituições*. Segundo ele, era preciso *embaralhar o botequim* e, sendo demitido, sempre recomeçar. Rudi Dutschke e o SDS não necessariamente nos guiavam. Mas nós marchamos, sim, através das instituições, ainda que as marchas fossem curtas. Eram reformatórios e instituições psiquiátricas.

CAPÍTULO 3

Breves Marchas através de Instituições: Psiquiatria e Reformatórios

Em 1992, depois de 17 anos na prisão, escrevi um texto crítico-autocrítico para contribuir no debate, entre outras coisas, sobre o SPK de Heidelberg:

> Não é fácil inventar um alfabeto novo. No início, não funciona sem gaguejar, e será difícil decifrar alguns garranchos. Muitas vezes, eles serão ignorados em favor da plausibilidade mais fácil da negação. Silenciosamente, nós permitimos que a negação se propagasse à guisa de uma enchente. Fomos nós que nos afogamos naquele oceano, não os poderosos. Portanto, existiu o lento início de uma era das invenções sociais, extrema, em várias partes emaranhada e ainda não desabrochada.
>
> Quem ou o que foi o SPK, o Coletivo de Pacientes Socialistas? Teria sido mais fácil, para mim, responder a essa pergunta naquela época do que hoje. Mas a resposta teria sido outra. Afinal, o SPK era algo que não estava pronto, que ainda estava em aberto, algo que foi esmagado e que, no final, não conseguiu alcançar a meta – nosso rigor dos últimos meses não foi necessariamente a expressão de uma visão ampliada, e sim a reação à perseguição e à criminalização. O SPK foi um processo aberto e diverso. Sendo assim, depois de esfacelado, tornou-se área de projeção de muitos interesses e muitas especulações: antipsiquiatria, esquerda não-dogmática, crescimento descontrolado, experimento interessante e digno de ser fomentado, rebeldes que planejam assassinar o Presidente alemão e, finalmente, depois da nossa ação contra a embaixada alemã de Estocolmo, da qual participei com outros dois antigos membros do SPK e fuzilamos dois reféns: ação preparatória do SPK para tomar o poder no reino da Suécia (segundo a análise de um instituto americano de pesquisas).

O que teria acontecido, se ...?! A que lugar poderia ter levado aquela viagem revolucionária se o SPK tivesse tido a chance de se desmitificar? Não me arrependo de ter passado por aquela experiência. Durante todos aqueles anos sempre tive a sensação de que alguma coisa muito decisiva fazia falta naquela esquerda alemã. Movimento estudantil, movimento contra a Guerra do Vietnã, mobilização contra as leis de exceção, difíceis mobilizações contra os vetos ao exercício da profissão e contra o desmonte de direitos democráticos, a luta contra o reator atômico de Wyhl, solidariedade com o povo grego, o povo palestino, o povo português, o povo chileno, movimento feminista, infindáveis ocupações de casas, as batalhas de 1977 contra as usinas nucleares de Grohnde e de Brokdorf, movimento antinuclear, inúmeras iniciativas da sociedade civil, os processos diante dos tribunais especiais, a luta contra a tortura da solitária, atividades participativas nos bairros, novamente ocupações em Berlim-Kreuzberg, os protestos contra a construção de uma nova pista no aeroporto de Frankfurt (Startbahn West), a República Livre de Wendland, proclamada em 1980 e que durou apenas um mês, o combate à usina de reprocessamento em Wackersdorf, os protestos que reuniram milhões de pessoas no movimento da paz, os bloqueios das entradas dos depósitos americanos de foguetes, o boicote contra o plebiscito de 1987, as ocupações de Hafenstrasse em Hamburgo, a campanha contra o FMI em Berlim, as brigadas na Nicarágua, as ações armadas... Por ser uma esquerda que, em sua história de mais de duas décadas, sempre mostrou iniciativa, capacidade de aprender, radicalidade, capacidade de mobilização e sempre a capacidade de renovação, mais do que em qualquer outro país da Europa ocidental, esse elemento decisivo não poderia ter faltado. Provavelmente, as últimas duas décadas teriam transcorrido de outra forma – não acredito que o SPK fosse ou que poderia ter-se tornado esse elemento decisivo. Mas que poderia ter fornecido uma contribuição decisiva, disso tenho total certeza.

(*Pensamentos contra os muros*. In: **Odranoel**. *Die Linke zwischen den Welten* [A esquerda entre os muros], editora *Libertäre Assoziation*, Hamburgo 1992. Voltarei ao tema no capítulo 7).

O Coletivo de Pacientes Socialistas da Universidade de Heidelberg

Soubemos que em Heidelberg existia uma organização autônoma de pacientes nascida, entre outros motivos, da resistência contra o Hospital Psiquiátrico Estadual de Wiesloch. O que era "Wiesloch"? Tive um duplo *déja vu*. Durante a minha infância, as crianças costumavam ameaçar colegas mais desajeitados: "Cuidado que vão te mandar para Wiesloch!" Era a principal instituição psiquiátrica da região norte e central de Baden. Embora mais próxima de Heidelberg do que de Karlsruhe, a fantasia daquele lugar era terrível nas nossas mentes infantis. A ameaça de ser levado para lá era muito aterrorizante para nós. Poucos anos depois eu próprio haveria de vivenciar o horror de um tal "manicômio" durante um estágio.

Resolvemos apurar mais detalhes sobre essa organização autônoma de pacientes e eu viajei com outras duas moças da nossa república de Mannheim para Heidelberg. Chegamos a um apartamento de cinco cômodos, não muito grande, e que não parecia bem o cenário que conhecíamos das nossas atividades do movimento de 68. O psiquiatra do grupo, Wolfgang Huber, ficava sentado em um cubículo. Lembro apenas vagamente da nossa primeira conversa. Provavelmente falamos sobre os motivos da nossa ida, sobre as questões, as incertezas e os problemas que nos preocupavam. Aos poucos, os pacientes ativos no SPK nos contaram como o projeto foi se constituindo.

O Dr. Wolfgang Huber, um jovem médico assistente, coordenava terapias ambulatoriais na Policlínica Psiquiátrica da Universidade de Heidelberg, principalmente terapias de grupo. Era a época em que a resistência contra as condições degradantes e catastróficas começava a fermentar nas instituições. Começava então a era da reforma e da antipsiquiatria, que encontrou sua expressão nos escritos de Erving Goffman, Franco Basaglia, Michel Foucault, Ronald D. Laing, David Cooper, Thomas Szasz e outros. Como nós, os *Mannheimer*, descobrimos pouco a pouco, Huber resistira a participar da rotina tradicional da clínica com seus colóquios e seus cursos de formação. Em lugar disso, dedicava o seu tempo aos numerosos pacientes nas salas e nas listas de espera – entre eles, muitos estudantes do movimento de 68. Atendia até tarde da noite. Aos pacientes que estavam na sala de espera, propôs que conversassem entre si sobre os seus problemas. Era a hora do nascimento dos grupos terapêuticos, a chamada "agitação em grupo" (*Gruppenagitation*). Huber mandou uma enfermeira representá-lo nos colóquios matinais do corpo médico. O corpo médico ficou indignado. Huber também se recusava a mandar pacientes para Wiesloch, alegando que aquilo parecia um campo de concentração. O conflito com a direção da clínica se acirrou e Huber foi demitido por justa causa. Em seguida, ele e seus pacientes ocuparam a administração da clínica, reivindicando a reversão da demissão.

Como solução de compromisso, o reitor da universidade, o teólogo progressista Rolf Rendtorff, disponibilizou para Huber e o grupo de pacientes um apartamento que pertencia à universidade, situado à Rohrbacher Strasse 12, em frente ao quartel-general da polícia, para que ali pudessem terminar as terapias de grupo fora da clínica até o final de setembro. Mas em vez de terminar suas atividades, o grupo fundou o SPK Universidade de Heidelberg.

"Na Universidade de Heidelberg, no SPK, primeira organização autônoma de pacientes na Alemanha e em Berlim Ocidental": esse aposto não apenas servia de indicação geográfica, mas também de proteção para os pacientes, bem como para o desenvolvimento e o trabalho do SPK. Ninguém queria ser mandado embora pela segunda vez. De fato, durante todo o tempo de sua existência, entre março de 1970 e julho de 1971, o Coletivo esteve na corda bamba, tanto em relação à disponibilização de salas quanto à situação financeira e legal, sem falar do acesso a medicamentos que necessitavam de prescrição ou da concessão de atestados médicos. Os pacientes do SPK não tiveram um só dia em que sentissem estabilidade na instituição. Eu próprio frequentava o SPK na Rohrbacher Strasse várias vezes, vindo de Mannheim, onde ainda morava, e acompanhado de um crescente número de militantes, tendo participado do projeto até o seu desmantelamento e a sua autodissolução, em meados de 1971.

Era a época das formações marxistas, dos debates organizacionais e da fundação de partidos. Aquele não era o nosso mundo. Conhecíamos bem nosso Reich, Fromm e Foucault, tentávamos introduzir estruturas igualitárias no nosso dia a dia, bem como nas próprias moradias compartilhadas. Sabíamos demais sobre o efeito mútuo de sentimentos marcadamente capitalistas, sobre os padrões de comportamento, sobre consciência e ação política e não nos sentíamos atraídos por organizações partidárias marxistas-leninistas ou maoístas em vias de constituição. Nunca acreditei que, ao final de uma formação e análise, alguém pudesse sair imediatamente agindo conforme o que havia lido nos grupos de trabalho. Será que, nesse caminho, se desenvolve uma subjetividade fora da relação marxista de mercadoria e de troca? Duvido. Eu estava em busca de um grupo de esquerda que oferecesse a possibilidade de ação política na interface entre o comportamento político e o individual – e não era só eu. Era algo novo, o que buscávamos.

Nos meses de sua fundação, o SPK conseguiu formular o seu mote:

> Um sintoma da doença é o protesto do organismo contra condições insalubres de vida e de trabalho, mas simultaneamente freia o protesto ao se voltar contra o próprio organismo. O objetivo é libertar o protesto e dirigi-lo contra as condições que geram as doenças. Fazer da doença uma arma.

Carência de Coletivos de Pacientes Socialistas

Era evidente que o SPK exercia uma grande atração. Muitos, principalmente estudantes, levaram a politização de 68 para o movimento. Outros vinham de situações de necessidade psíquica e social, muitas vezes advindas da ruptura entre gerações. Não eram poucos os que haviam passado por experiências nefastas com a psiquiatria dominante. Lembro que as salas viviam cheias. Pareciam pombais. A campainha tocava, a todo momento chegava gente, não havia um só minuto de calma. Sentado com algum paciente no chão do corredor, eu fazia uma sessão de agitação individual, de acordo com o jargão de então. Na sala de reuniões havia outros que discutiam a minuta do próximo boletim de pacientes, como chamávamos os panfletos que eram distribuídos. Debatíamos artigos de jornal ou ríamos com os filhos dos pacientes ouvindo o vinil de Willibald, *o motorista de trator antiautoritário*. No curto espaço de tempo em que o Coletivo conseguiu funcionar, cerca de quinhentos pacientes passaram pelo apartamento, por conversas e por atividades de agitação (outros textos do e sobre SPK mencionam duzentos e trinta pacientes). Logo surgiram outros coletivos de pacientes em outras cidades, como Berlim, Frankfurt, Göttingen, Konstanz, não lembro mais de todos. Mas não tardou e vieram também alunos, assistentes sociais, donas de casa, professores, operários, empregados, meninos de rua, velhos e moços. Lembro de M., mulher de um barqueiro do Rio Neckar, marcada com o rótulo de "esquizofrênica" pela psiquiatria tradicional dominante. Toda vez que o seu barco aportava em

Heidelberg, ela procurava o SPK. Lembro também de um jovem rapaz que vivia na rua, cuja agressividade costumava agitar o apartamento.

Organização autônoma de pacientes

Por que o Coletivo era tão atraente? Ora, qualquer um podia participar. O critério não eram habilidades recém-adquiridas em termos ideológicos, teóricos, analíticos, como na União Socialista dos Estudantes Alemães (SDS, *Sozialistischer Deutscher Studentenbund*) ou depois nos grupos marxistas-leninistas, o que tinha um efeito intimidador e pouco mobilizador para mim e muitos outros. Não, qualquer um(a) era bem-vindo(a), não importava o grau de complicação da disposição subjetiva e mental, não importava quão fragmentários eram os seus conhecimentos teóricos. Tudo o que cada paciente trazia era válido como ponto de partida para o trabalho comum. Os problemas durante o trabalho, o estudo ou o ato sexual valiam tanto quanto a capacidade de explicar um trecho de Hegel, Marx ou Espinosa. Da mesma forma, também tinha valor de uso tudo o que normalmente estava oculto, precisava ser escondido, ou que dava vergonha, como problemas psíquicos. Quem ia ao SPK não recebia tratamento. Podia agir, participar, podia - mas não era obrigado - ser incluído no que chamávamos de 'agitação de grupo' ou 'agitação individual', nos grupos de trabalho e, não por último, na organização do cotidiano do SPK.

O SPK era uma organização autônoma de pacientes. Isso significava eliminar a tradicional relação médico-paciente, em que o médico é o sujeito saudável e o paciente, o objeto doente. No lugar da conversa terapêutica entravam as sessões de agitação de grupo ou individual, como se dizia na época. Alguns pacientes, que faziam parte do grupo fundador inicial e já dispunham de experiência de terapia, desempenhavam um papel mais ativo nesse processo. Eram entre dez e doze grupos, cada um com uma dúzia de participantes. Lia-se Hegel, Marx, Reich, Rosa Luxemburgo, Foucault, Fanon, Mao, Espinosa, Lukács. O SPK funcionava de manhã cedinho até tarde da noite, sete dias por semana.

Lembro que do meu grupo participaram, além dos *Mannheimer*, a médica Dalia Michel e Sieglinde Hofmann, então assistente social. No grupo de conversação, do qual ocasionalmente participava o próprio Huber, falava-se sobre os nossos problemas de então. Vivíamos em um momento de transição. Não podíamos e nem queríamos nos orientar pelas condições ultrapassadas e existentes, mas o novo alfabeto ainda estava sendo gestado. Esta fase de transição em que nos encontrávamos naqueles anos, muitas vezes caótica e imatura, também se refletiu em nossos estados subjetivos e nas nossas dinâmicas. Para citar apenas um exemplo, havia vários pacientes com enormes dificuldades no trabalho ou em casa por causa de sua homossexualidade. Na época, era totalmente inconcebível que mulheres ou homens ficassem de mãos dadas em público, que dirá se beijarem. O "homossexualismo" enquanto crime em sua versão nazista foi apenas abrandado em 1969, não eliminado.

Coisas que não são ditas

O ponto de partida era sempre o não-dito, e que era relevante no plano individual e coletivo. Aquilo precisava ser expressado para poder ser manuseado. Abriu-se um outro olhar, mais ampliado, sobre cada um e sobre os outros. Passei a compreender como os outros me viam, o que gostavam em mim e o que os incomodava. Por outro lado, naquele espaço eu podia dizer aos demais membros do grupo como eu os percebia. Assim se aprende a forjar relações livres de medos com os outros, podendo vivenciar a capacidade do grupo, do coletivo, de desenvolver essa configuração reunindo forças e competências. Aquilo era libertador e apontava para a possibilidade de outras estruturas sociais, mais livres, nas quais o indivíduo é tão relevante quanto o coletivo. Quando eu falava dos meus problemas de relacionamento, era em meio a um grupo de pessoas que me escutavam. Suas perguntas me faziam falar e refletir sobre aspectos da minha personalidade que, normalmente, teria preferido não enxergar, reprimir ou omitir.

Era o exato contrário da coisificação do indivíduo nas seitas maoístas em que, por exemplo, companheiras grávidas se viam obrigadas a exercer autocrítica publicamente e a explicar na frente de todo mundo como podiam ter deixado acontecer aquilo, botar uma criança num mundo em frangalhos. Aquilo transgredia a disciplina do partido.

Também trabalhávamos na gênese do problema. Vivemos em uma sociedade capitalista baseada em desempenho e consumismo, cujas demandas nos adoecem e nos tornam psiquicamente aleijados. Hoje em dia, essa conclusão é quase óbvia, se bem que praticamente não teve consequências. O relatório de pobreza da Alemanha de 2016 concluiu que pessoas prósperas vivem em média dez anos mais do que os pobres. Isso não está apenas ligado ao fato de que a nossa medicina de duas classes garante melhor atendimento às pessoas com dinheiro, mas também ao fato de que pobres estão à mercê e condições de vida e de trabalho que os prósperos e ricos nem conhecem. Não por último, na nossa sociedade capitalista, a autoestima depende do consumo e da posse de mercadorias e bens. Um indivíduo passa a ser medido e valorizado não pelo que faz, mas pelo que tem.

A partir dos nossos protestos e das nossas manifestações, dos confrontos com a polícia, da nossa busca por novas formas de convivência nos relacionamentos e nas moradias coletivas produziu-se grande demanda de processamento de informações e conscientização. Os contornos dos nossos mundos, que eram fluidos, precisavam ser nomeados e tornados precisos. Isso não era possível na casca rígida e reacionária da medicina dominante.

No fundo, estávamos certos quando, em nossas agitações individuais ou de grupo, atribuíamos nossos problemas, sofrimentos e sintomas ao contexto de vida e de trabalho do capitalismo, mesmo que o raciocínio acontecesse de maneira esquemática e nem sempre suficientemente refletida.

A instituição da psiquiatria sob fogo cerrado em todo lugar

Naquela época, o olhar para a doença enquanto estado defeituoso individual e autoinfligido e a segregação dos pacientes em instituições fechadas já estava sofrendo de catarata. Além de Marx e Lukács, Eldrige Cleaver e Fanon, líamos *A loucura e a sociedade*, de Foucault, *A política da experiência*, de Ronald D. Laing, *Esquizofrenia e família*, de Gregory Bateson e *Dialética da libertação*, de David Cooper. Na Alemanha, o autor Frank Fischer chamou a atenção para as condições miseráveis nos hospitais psiquiátricos em 1969 com o livro *Irrenhäuser: Kranke klagen an [Manicômios: doentes acusam]*. Esses textos podiam ser encontrados tanto no salão comunitário do SPK quanto nas nossas moradias comunitárias, sendo lidos e discutidos. Numerosos outros títulos saíram pouco depois do desmantelamento do SPK. Na Itália, o psiquiatra Franco Basaglia[41] abriu as portas de sua instituição psiqui-

41 N. de E.: Franco Basaglia (1924-1980) foi referência na luta antimanicomial em todo o mundo, inclusive tendo importância central no Brasil, país que visitou várias vezes, o que lhe

átrica e deixou os pacientes irem para casa. Houve um verdadeiro *boom* de autores e livros que tratavam criticamente da instituição da psiquiatria e do conceito de loucura.

Em 1971, ano em que o SPK foi desmantelado, o Parlamento alemão incumbiu uma comissão de especialistas de fazer um relatório sobre o estado da psiquiatria na República Federal da Alemanha. Este relatório, apresentado em 1975, constatou que "um número muito grande de doentes psíquicos e de pessoas com deficiência nas instituições é obrigado a viver em condições miseráveis, em parte desumanas". A reivindicação mais importante da comissão de especialistas eram "medidas urgentes para atender às necessidades humanas básicas". Entre outras coisas, o relatório propôs o fomento a grupos de autoajuda de pacientes.

Heidelberg, fortaleza rebelde

A literatura e a teoria estimularam a nossa ruptura. A era de 68 não apenas acreditava em teorias, mas também estava convicta da possibilidade e da necessidade da ação concreta e direta. Na província, em Heidelberg, a revolta só começou mesmo quando em outros lugares o movimento de 68 já se esfacelava. Enquanto, em nível nacional, a União Socialista dos Estudantes Alemães (SDS) já estava dissolvida desde o início de 1970, a SDS de Heidelberg ainda continuou ativa por mais alguns meses. Heidelberg era um foco dos rebeldes. O governador de Baden-Württemberg e ex-nazista Hans Filbinger falava de um "estado revolucionário". Realizaram-se inúmeros debates, resoluções, *teach-ins, go-ins* militantes, ações de bloqueio. Palestras foram interrompidas, vidraças quebradas. Para enfatizar a reivindicação de abertura democrática da universidade, estudantes roubaram o portão principal da reitoria e o jogaram no rio Neckar. Os assuntos eram a Guerra do Vietnã, as leis de exceção, a miséria no Terceiro Mundo, a grande coalizão no governo alemão, a ditadura grega, a libertação sexual, capitalismo, exploração, luta de classes e, não por último, a democratização da universidade. Entre junho de 1970 e julho de 1971, nós, membros do SPK, distribuímos três dúzias de "Informativos para pacientes" no restaurante universitário e no centro da cidade. No primeiro informativo lê-se: *Não pode haver ato*

permitiu ter conhecimento empírico sobre a tragédia das instituições psiquiátricas nacionais.

terapêutico que não tenha sido apresentado antes clara e inequivocamente enquanto ato revolucionário. No dia dezenove de novembro de 1970, mais de mil pessoas participaram de um *teach in* do SPK no auditório treze superlotado. As brigas foram ruidosas, principalmente com os marxistas-leninistas. Convencidos da correção e da relevância do nosso trabalho revolucionário, desenvolvemos um 'eu' coletivo hipertrofiado, cada vez menos permeável a opiniões e argumentos divergentes.

Em junho de 1970, o então ministro para Cooperação Econômica, Erhard Eppler, convidara para uma Conferência sobre Políticas de Cooperação Técnica Internacional, da qual participaria também o chefe do Banco Mundial, Robert McNamara, que pouco antes, no cargo de ministro da Defesa dos Estados Unidos, mandara jogar napalm no Vietnã. *Como aqueles de quem está se falando na conferência não estão presentes, vamos preparar uma recepção adequada para esses senhores. Vamos mostrar nossa solidariedade para com os povos do Terceiro Mundo*, dizia um dos panfletos da SDS distribuídos na conferência. O protesto também se dirigia contra a participação de cinco empreiteiras alemãs na construção da represa de Cabora-Bassa em Moçambique e que servia à estabilização do governo colonialista português. A manifestação, convocada durante semanas de mobilização, virou uma batalha nas ruas da cidade. Poucos dias depois, o governo estadual proibiu a União Socialista dos Estudantes de Heidelberg. Seguiu-se a maior manifestação jamais vista naquela cidade. Eu próprio não participei da maior parte desses eventos, mas me lembro das lutas de rua durante a manifestação contra McNamara e participei de uma manifestação contra a guerra no Vietnã em que vidraças foram apedrejadas na Casa da América em Heidelberg.

Depois da proibição à SDS, o desmantelamento do SPK

Para o então Secretário da Cultura do Estado de Baden-Württemberg, Wilhelm Hahn, o SPK eram "ervas daninhas". E ele tinha toda razão. Em nossa curta marcha através da instituição da psiquiatria, não tivemos outra escolha senão romper com as condições reinantes e crescer de forma selvagem, desordenada, polêmica, enquanto organização autônoma de pacientes – muitas vezes, rumo ao desconhecido. Mas para um Hahn, cujo chefe de gabinete se chamava Hans Filbinger, um ex-juiz da Marinha nazista, as "ervas daninhas" precisavam ser arrancadas.

Em setembro de 1970, Wilhelm Hahn proibiu que o reitor liberal Rendtorff continuasse apoiando o SPK e exigiu que o espaço cedido na Rohrbacher Strasse fosse desocupado. Aquilo equivalia a uma declaração de guerra. A resposta no informativo dos pacientes foi: *O Coletivo não se submeterá sem resistir a todas as tentativas de acabar com a instituição*. Um clima de fim de festa começou a se espraiar no SPK.

À sombra do fechamento iminente, o SPK continuou funcionando num misto entre trabalho terapêutico pioneiro e seita política. Gradualmente, as contribuições para uma sociedade mais humana obtidos com muita luta na fase inicial do Coletivo de Pacientes foram se esfacelando. Esse período em que o SPK foi perseguido, organizou uma resistência e finalmente foi descartado durou meses e meses. Naqueles meses de confronto, as pedrinhas do mosaico da libertação, conseguidas na teoria e na prática à custa de muita luta, transformaram-se em uma retórica revolucionária que se acirrou cada vez mais. Os informativos que redigíamos geralmente eram recheados de ódio. Uma hostilidade generalizada foi sendo construída. Todos eram adversários – o secretário da Cultura, o reitor, os grêmios das universidades, o Comitê Geral de Estudantes (AStA). Não acreditávamos na política de alianças. Finalmente, falava-se sem meias palavras da luta armada nos informativos distribuídos na universidade e pelas ruas de Heidelberg.

Vitória para a guerra de resistência do povo

Uma afirmação típica em um dos últimos panfletos do SPK tratava criticamente da maneira com que o lema "Vitória para a guerra de resistência do povo", originário do Vietnã e da China, foi propagado por companheir@s marxistas-leninistas de Heidelberg durante uma manifestação contra a Guerra do Vietnã:

> Vitória para a guerra de resistência do povo!
> Que guerra de resistência é essa?
> Ela só existe no Vietnã ou em outros países distantes? Não temos nada a ver com ela?
> Uma guerra para a qual formamos comitês de solidariedade e organizamos protestos, esperando se ela será ganha ou não.

> Nós reformamos as instituições, procuramos os operários, chocamos os burgueses e torcemos pelos vietnamitas lá longe.
> Vitória para a guerra de resistência do povo!
> Mas não na Alemanha! Talvez mais tarde, caso os do Terceiro Mundo tenham sido vitoriosos!
> Vocês acreditam que os vietcongs podem vencer se aqui não lutarmos pela mesma causa, em vez de apenas falar?

O SPK não estava só na esquerda pós-68 ao defender tal ponto de vista. Para nós, era óbvio que a luta anti-imperialista não deveria ocorrer só no Terceiro Mundo, mas que deveria encontrar causas equivalentes nas metrópoles. Todo o resto era visto por nós como traição aos que, nos países em desenvolvimento, eram obrigados a sofrer com a violência física e estrutural do colonialismo e do imperialismo havia muitas gerações e muitos séculos.

Essa convicção, também nos países do centro, aparentemente "a salvo" do imperialismo, de ter que ir à luta já se cristalizara nas discussões estratégicas da SDS, como no Congresso sobre o Vietnã em fevereiro de 1968, em Berlim. Na época, Rudi Dutschke enfatizou e advertiu:

> No Vietnã também nós somos destruídos diariamente, e esta não é nenhuma imagem, nenhuma frase bonita... Abriu-se, para nós, uma possibilidade histórica. Em primeira linha, depende da nossa vontade como vai terminar esse período na História. Se o vietcong não se fizer acompanhar por outros 'congs' americanos, europeus, asiáticos, a revolução vietnamita fracassará da mesma maneira que outras antes. Um Estado de funcionários públicos, hierárquico, colherá os frutos que ele não semeou.

Tanto o SPK quanto os maoístas de Heidelberg estavam convencidos de que eram atores do fim iminente do capitalismo – um mandato que parecia nos conferir uma procuração especial, até mesmo uma missão, sobre a qual não quebrávamos muito a cabeça e que parecia nos libertar de determinados princípios éticos, os quais ninguém que luta por uma sociedade humana pode ignorar.

Duas tendências conviviam naquela fase final do SPK. De um lado, havia a tentativa de garantir a sobrevivência do SPK com meios legais e isentos de violência, por outro lado havia aqueles que se preparavam para a luta armada, que também era propagada publicamente. Face ao cinismo com que as instâncias decisórias haviam encurralado o SPK durante meses a fio, essa postura me parecia quase que obrigatória do ponto de vista lógico. Aquilo nos empurrou para um sentimento e um pensamento coletivos cada vez mais inabaláveis e irreconciliáveis. As minhas experiências e lembranças do SPK aqui registradas quase todas são na primeira pessoa do plural. O mundo coletivo já fazia parte da minha, da nossa cultura cotidiana. Mas na fase final do SPK aquilo se tornou um "nós" hermeticamente cerrado em que o indivíduo não tinha vez com sua identidade singular e relativa.

Quinhentas licenças de porte de armas

Na época eu acreditava firmemente na nossa convicção. Premidos por uma aparente lógica, corríamos para nenhum lugar. Alguns entre nós colavam fotos de Mao Tsé-Tung em sua carteira de identidade, uma espécie de profissão de fé na revolução. Nos panfletos então distribuídos, às vezes ficava pouco claro se eram sérios ou surreais. *Queremos quinhentas licenças de porte de armas para pacientes!* Se bem me lembro, nem eu acreditei nisso na época. Um ex-membro do SPK a quem pedi para lançar um olhar crítico sobre esse capítulo escreveu:

> A ideia nasceu numa cozinha na Sandgasse na manhã seguinte às primeiras prisões em meados de 1971. Alguns de nós foram presos, acusados de portarem armas, documentos falsos, perucas. Mas se nós todos nos armarmos, arrumarmos documentos falsos e usarmos perucas, então, segundo a lógica deles, deveriam prender todos ou soltar os presos. Aquilo não deve ser visto como tentativa séria de estabelecer a guerrilha em Heidelberg, e sim como tentativa de levar às raias do absurdo toda a perseguição contra o SPK. É difícil imaginar hoje a terrível pressão que havia contra nós em Heidelberg naquela época. Por toda parte – ao redor do Coletivo, nas cercanias das nossas casas – havia policiais, uniformizados ou em trajes civis que nos perseguiam onde quer que fôssemos. Somado à campanha difamatória nos jornais da editora Springer, todos os dias, tudo isso só podia ser suportado se levássemos tudo às raias do absurdo. Enfrentamos a pressão divertindo-nos, como aconteceu no Ano-Novo de 1970. A sede da polícia de Heidelberg ficava bem em frente ao SPK. Na noite do Réveillon, colocamos nossas caixas de

> som no volume máximo, com as janelas abertas, tocando: *"Macht kaputt, was euch kaputt macht!"* [Quebrem o que está quebrando vocês!].

Os êxitos que o SPK obteve e o desmantelamento que se seguiu nos uniram – não necessariamente para sempre, nem todos nós, mas a maioria. Esses êxitos nos deram a certeza de estarmos trilhando o caminho certo. Podíamos confiar na repressão estatal. E não íamos entregar os pontos sem resistir.

Um dos aspectos disso na fase final do SPK era um grupo que se preparava para ações armadas. Parece que houve quatro grupos de trabalho: transmissão via rádio, explosivos, fototécnica e karatê. Não participei daquilo, nunca falei com ninguém sobre aquilo, e por isso não posso dizer se aquelas atividades tinham o caráter de uma pseudorradicalidade, como ter uma fotografia de Mao no documento de identidade, ou se, na época, já estavam mais próximas da luta armada.

Num dia de julho de 1971 viajei para a Rohrbacher Strasse com outros três ou quatro membros do SPK. Para nossa surpresa, o acesso para as salas encontrava-se fechado. Diante da entrada, membros do SPK distribuíam uma filipeta. A manchete era tão breve quanto inequívoca. Ao lado da abreviatura SPK, riscada, estava escrito: RAF.

O que havia acontecido? Depois de um tiroteio em Wiesenbach, próximo da casa de Huber, no final de junho de 1971, em que um policial levou um tiro, dois membros do SPK foram presos e libertados logo em seguida, porque a procuradoria não conseguiu provar a suspeita de "traição à pátria" ou de "ligação com o bando Baader-Meinhof", como a *Fração do Exército Vermelho* costumava ser chamada pelos políticos e pela mídia. Em seguida, um membro do SPK foi até a polícia e prestou um longo depoimento. Isso gerou novas buscas domiciliares e a prisão de sete outros membros do SPK. Um contingente policial de trezentos homens colocou o centro de Heidelberg em estado de exceção e a mídia ajudou a criar o clima de histeria adequado. Entre 1972 e 1979 dez membros do SPK foram condenados a longas penas de prisão em quatro processos no total.

A 'campanha Staffelberg' em Frankfurt

Poucos dias antes, Gudrun Ensslin, Astrid Proll e Andreas Baader, que pouco depois iniciariam as ações armadas da RAF, engajaram-se em Frankfurt numa causa que dizia respeito a outra instituição: os reformatórios para adolescentes de suposta difícil socialização. O Instituto de Pedagogia Especial de Marburg relatou as condições reinantes: "Há ali um rígido e severo código de punições. Jovens que já sofreram influências negativas em seu ambiente são dessocializados".

Em abril de 1968, Andreas Baader, Gudrun Ensslin, Thorwald Proll e Horst Söhnlein armaram dois dispositivos com explosivos em uma loja de departamentos em uma das ruas de pedestres mais frequentadas do centro de Frankfurt, a Zeil. No processo, realizado em outubro de 1968, declararam que sua intenção era arrasar as lojas de departamentos a fim de protestar contra a indiferença da sociedade em relação aos assassinatos no Vietnã. Por esta ação – a primeira no estilo da guerrilha – os acusados foram condenados a três anos de prisão cada um, mas foram libertados depois de uma revisão e se lançaram na campanha contra os reformatórios em Frankfurt. Nos reformatórios, adolescentes de suposta difícil socialização ficavam presos num regime que se assemelhava muito ao de um campo de concentração. Os jovens eram torturados, havia simulações de execuções, eram surrados, atiçados uns contra os outros, empurrados para o suicídio, abusados sexualmente e explorados. O premiado filme *Freistatt*, de Marc Brummund (2015) retrata de maneira impressionante o horror desses reformatórios de jovens na Alemanha, em que os maus tratos seguiram até os anos 1970. "Trata-se de uma injustiça gritante", comentou o jornal conservador *Frankfurter Allgemeine Zeitung* quando o filme foi passado no canal *Arte* em vinte de janeiro de 2017. Ali, jovens eram sistematicamente lesados. A resistência contra a guerra no Vietnã e a marcha através das instituições desumanas na Alemanha também eram temas muito próximos entre os futuros fundadores da *Fração do Exército Vermelho* (RAF).

Em junho de 1969, cerca de duzentos e cinquenta militantes de grupos da oposição extraparlamentar dirigiram-se até o reformatório de Staffelberg próximo de Fulda, em Hessen, onde, sob a supervisão de oitenta policiais, debateram com os internos e a direção. Ainda no mesmo dia os primeiros internos fugiram para Frankfurt.

Com a campanha contra o reformatório de Staffelberg começou uma fase da rebelião contra as condições nos reformatórios de jovens, freiras que aplicavam surras e celas onde jovens eram arrestados. Participaram da campanha

Gudrun Ensslin e Andreas Baader. Uma fotografia feita por Astrid Proll mostra uma mesa grande em que estão sentados os internos, Gudrun Ensslin, Andreas Baader e um representante do Juizado de Menores de Frankfurt. Mais tarde, este escreverá cartas para membros do governo pedindo clemência para os autores do atentado contra a loja de departamento, lembrando a contribuição decisiva dos "incendiários" para o trabalho dos aprendizes. Internos do reformatório fugiram e encontraram abrigo em repúblicas de estudantes de Frankfurt. Naquele tempo, Ulrike Meinhof também produziu *Bambule*, um filme sobre meninas rebeladas em um reformatório de jovens. Um ano depois de sua fundação, a RAF lembrou a campanha dos reformatórios: *Os jovens proletários dos reformatórios (...) certamente haverão de compreender as ações da RAF.* Ao mesmo tempo, advertiu as autoridades de aumentar as represálias. *A guerrilha não deixará impunes aqueles que aterrorizam a juventude proletária com os reformatórios.*

Ulrike Meinhof, que já redigira uma coluna sobre o processo contra os incendiários da loja de departamentos, escreveu um texto sobre o envolvimento dos três que ela própria nunca publicou:

> Entre os estudantes, respectivamente os mentores intelectuais da campanha entre meados de junho a meados de novembro Gudrun Ensslin, Andreas Baader e Thorwald Proll ainda não estavam exaustos, embora estivessem doentes e precisassem de repouso. (...) Depois de passarem um ano e dois meses em prisão preventiva (...) mostraram que, apesar desses 14 meses no xadrez, estavam milhas à frente de todos os outros críticos intelectuais da educação nos reformatórios da Alemanha, fossem eles professores, jornalistas ou pedagogos. (...) Sabiam que não adiantava escrever livros, artigos de jornal e outros textos se não fossem acompanhados de ações concretas.

Sim, ações. As ordens de prisão para os incendiários voltaram a entrar em vigor e eles desaparecem. A próxima foto foi feita em Paris. Mostra Gudrun Ensslin e Andreas Baader de excelente humor em uma mesa de bistrô. Entre eles, um cinzeiro Ricard. Haviam conseguido fugir.

Em abril de 1970 Andreas Baader é preso em Berlim. Cinco semanas depois, é libertado durante uma ida acompanhada ao Instituto Central Alemão para Questões Sociais (*Deutsches Zentralinstitut für Soziale Fragen*). Ulrike Meinhof, que estava no conluio, pula da janela com ele e vai participar da fundação da *Fração do Exército Vermelho* (RAF). Durante a ação, um tiro acerta um funcionário do instituto, desarmado. A ação passou a ser criticada pela esquerda.

Epílogo de 2017

Para exemplificar a dimensão do desprezo humano que reinava então tanto nas instalações corretivas psiquiátricas quanto nos reformatórios, lembro que recentemente - ou seja, meio século depois - o governo federal, os estados e a igreja criaram fundos para pagar indenizações tanto para as vítimas dos reformatórios como de tratamentos psiquiátricos da época. Estima-se que existam pelo menos 1,3 milhão de vítimas de reformatórios, mas que apenas dois a quatro por cento dos atingidos receberão a indenização mínima. Para manter restrita a soma das indenizações, os prazos de solicitação foram extremamente breves. O trabalho infantil que resultou em lucros milionários não foi indenizado. No que se refere às vítimas de tratamentos psiquiátricos, a fundação estima que existem duzentos e cinquenta mil pessoas com direito em toda a Alemanha.

CAPÍTULO 4
Estágios Intermediários

Era preciso ter coragem e arrojo para enfrentar os bastiões trancados e repressores em uma sociedade soldada pela propaganda de incitação anticomunista e por aquelas típicas virtudes secundárias germânicas como submissão, obediência e pressão do grupo social, que também tinham deixado suas marcas em nós, encontrando eco em sentimentos conflitantes. Não era sempre tão óbvio levantar e dizer em voz alta o que se pensava ou desejava. Apesar dos meus medos, das minhas reservas e das ameaças repressivas, muitas vezes eu enfrentei a minha própria natureza, desenvolvendo uma disposição para o risco e determinação.

O movimento pós-68 chegara a um ponto em que, para muitos, surgia a questão: e agora? Ou melhor: o que fazer (com ênfase no verbo)? Durante anos a fio houve debates intermináveis em torno de inúmeras questões, mas agora se tratava do seguinte: não queríamos apenas falar e discutir. Precisávamos agir. Como tanta outra gente, eu tinha certeza de que não podíamos continuar com panfletos, eventos com debates, uma transgressão limitada às regras, manifestações e bloqueios. Era preciso desenvolver novas formas de luta.

Volta e meia, ao longo da vida, conheci pessoas que me disseram que também estiveram no limiar de dar o passo para a luta armada. Estava no ar. Era gente que acabou percorrendo uma carreira profissional, também no campo das políticas de cooperação técnica internacional. Para compreender o que se passava dentro de nós não importa tanto quão seriamente essas pessoas de fato se defrontaram com esse questionamento. O que importa é que eram bem mais numerosos do que jamais pude imaginar. Com alguns aconteceu o mesmo que ocorreu comigo: um pequeno passo para a ilegalidade, mas, ao mesmo tempo, um grande salto. Queríamos agir, de forma nítida e radical como, segundo acreditávamos, correspondia à situação vivida – e não apenas falar de reformas no setor da psiquiatria e dos reformatórios. Em última análise, ser coerente com o que eu achava e dizia não era uma questão de estratégia revolucionária, e sim a expressão da minha convicção. Para mim, era essencial que houvesse uma concordância entre pensar e agir.

Houve estágios intermediários. Houve muitas conjecturas sobre se deveríamos ou não dar guarida a pessoas na clandestinidade, mesmo entre os que, com sua orientação marxista-leninista, repeliam o conceito da luta armada. E aquilo não acontecia apenas em grupos marginais da sociedade, mas também em setores acadêmicos da classe média, perpassando famílias e casamentos.

Quando fui abordado por pessoas na clandestinidade que, em 1972, quiseram reestruturar a *Fração do Exército Vermelho* (RAF) já esfacelada, não hesitei. Precisavam de documentos e de automóveis. Quase todos os amigos e conhecidos que eu abordei e a quem sugeri colocar seus documentos à disposição dos clandestinos mostraram-se dispostos a correr esse risco para apoiá-los, mesmo que não pertencessem ao grupo mais íntimo de amigos.

Ações armadas na Alemanha

Com referência às ações da RAF ocorridas naquele primeiro ciclo até maio de 1972 e que culminou na chamada "ofensiva de maio", falávamos principalmente sobre o ataque ao QG da Força Aérea americana em Heidelberg, a partir do qual eram coordenadas as operações no Vietnã. As declarações sobre os ataques às instalações da *US Army* davam conta de que a República Federal da Alemanha já não era mais terreno seguro para se conduzir as operações de guerra dos americanos no Vietnã. Apesar dos dois GIs mortos durante a ação, não tive dúvidas de que a ação foi acertada, tendo em vista os inúmeros civis assassinados no Vietnã.

Antes daquilo houvera meia dúzia de ataques a instalações do exército americano em Frankfurt, a um juiz federal em Karlsruhe que tratava de questões carcerárias relacionadas com presos da RAF, a instalações da polícia em Augsburg e Munique e à sede da editora Springer (jornal *Bild*) em Hamburg. De ambos os lados houvera mortos e feridos. O ataque ao prédio da editora Springer, em que também foram feridos trabalhadores, foi então criticamente questionado no seio da própria RAF e em amplos setores da esquerda.

Muita gente abandonou os estudos universitários para ir trabalhar nas fábricas, sentir os problemas da classe operária e agitá-la. Fundavam partidos marxistas-leninistas e maoístas. Também houve os que esbarraram nas proibições profissionais para esquerdistas e não puderam seguir em suas carreiras, por exemplo no magistério, e que se perguntavam como poderiam contribuir para a revolução. Da minha parte, eu achava absurda e hipócrita a ideia de explicar aos operários das fábricas qual seria o caminho da revolução. Na luta revolucionária, cada um e cada uma precisava dar o exemplo. Tratava-se de agir. Desde o existencialismo sartreano eu achava bem convincente esse primado da prática. Sobretudo os ataques da RAF eram um exemplo convincente. Em suas ações, que revelavam coragem, determinação e tino, eu acreditava reconhecer algo que me parecia ser convincente e que eram as Panteras Negras (*Black Panthers*), os vietcongs e os grupos guerrilheiros na América Latina. Em suas primeiras declarações a RAF também se referia ao "povo", ao proletariado. Achava que suas ações desencadeariam alguma coisa entre a população. Depois da detenção de nove membros da RAF, em junho de 1972, aquela crença se dissipou. Nos anos seguintes a única questão era a libertação dos presos. Eu também cheguei à RAF através da luta em prol dos seus presos e contra o regime de isolamento, uma tortura "branca".

Na cadeia

Depois da dissolução do SPK praticamente não conseguíamos mais ter contato com a maioria dos pacientes. Uma parte sumiu, outros foram presos, estavam no xadrez, foram condenados, outros caíram na clandestinidade. Outros, como eu, fundaram o Centro de Informações Universidade Popular Vermelha (IZRU, *Informationszentrum Rote Volksuniversität*). Impossível deixar de notar a abordagem maoísta como também o eco de um outro cenário das lutas de 68: reforma educativa, acesso à universidade, também para filhos de trabalhadores. No IZRU havia dois eixos paralelos de atividade. O que havíamos desenvolvido e organizado no âmbito do SPK encontrou expressão no livro *Aus der Krankheit eine Waffe machen [Transformar a doença numa arma]*, para o qual Sartre escreveu o prefácio.

Em colaboração com o grupo de base Medicina de Giessen também editamos uma publicação em dois volumes: *Dokumentation zum Sozialistischen Patientenkollektiv (SPK) Heidelberg [Documentação sobre o Coletivo de Pacientes Socialistas de Heidelberg].* Walter Boehlich, ex-redator da editora Suhrkamp, escreveu em janeiro de 1972 no semanário *Der Spiegel*: "Os volumes não podem ser adquiridos no comércio livreiro. Nem por isso são irrisórios, e sim muito mais importantes, do ponto de vista do valor material, do que a maior parte daquilo que chama a atenção da crítica profissional ou decora as listas de *best-sellers*. Por esclarecerem como são tratadas as minorias dissidentes neste país e como essas minorias se transformam diante desse tratamento. (...) Ao impedir ao SPK as condições mínimas de um trabalho sem percalços, o Coletivo acabou indo para onde se queria. Foi forçado a ir para a clandestinidade, para a retórica revolucionária, para a agressão verbal que, esperava-se, desembocaria na agressão criminosa. Onde ela não existia, era fingida, como no uso de grandes contingentes policiais em Wiesenbach, que deveria provar o elo entre o SPK e o grupo Baader-Meinhof, mas nunca conseguiu".

Antes de mais nada, o IZRU ajudava a organização *Schwarze Hilfe*, de apoio a presos políticos e comuns. A luta deveria prosseguir também na cadeia, não só de e para presos políticos. No fundo, a situação dos presos sociais não se distinguia da dos internos dos reformatórios. As três primeiras greves de fome coletivas dos presos da RAF e do SPK entre janeiro de 1973 e fevereiro de 1975 contra o regime de isolamento tinham por meta integrar os presos políticos na prisão comum, até para trabalhar junto com os detentos ali. O cumprimento da pena era tão catastrófico quanto a educação nos reformatórios ou as instituições psiquiátricas. A ruptura política de 68 deixara seus rastros emancipatórios até mesmo nas prisões. Presos comuns participariam das greves de fome dos anos que se seguiram.

Eu deixara Mannheim em 1972. A comunidade de pessoas no apartamento estava se dissolvendo, as atividades políticas tinham-se evaporado. Já acendiam o primeiro baseado de maconha no café da manhã. Eu não conseguia me ver naquele tipo de cotidiano. De uma hora para a outra deixei tudo para trás, inclusive a namorada, e me mudei para Heidelberg. Vi na internet que minha ex-namorada hoje mora no Canadá como fotógrafa. Espero que ela tenha uma vida boa. Sua mãe, escritora conhecida, escreveu um romance sobre meninos de rua que vagam por aí. Esses jovens que fugiram de casa também eram um tema para nós. Os jovens moradores de rua vinham para o SPK, assim como para as repúblicas dos egressos dos reformatórios em Frankfurt, com quem trabalhavam Gudrun Ensslin, Astrid Proll e Andreas Baader.

Em Heidelberg fui morar numa república em que já estavam quatro ou cinco ex-participantes do SPK que agora trabalhavam no *Centro de Informações Universidade Popular Vermelha* (IZRU). A república ficava na praça da universidade, na Grabengasse. Em frente à nossa república ficava o prédio geral da universidade com o auditório 13, onde aconteciam os grandes debates. Também do outro lado da rua, em diagonal, ficavam as salas da reitoria que nós, do antigo SPK, havíamos ocupado em julho de 1970 a fim de chamar a atenção para a ameaça de desocupação. No prédio ao lado ficava a sede do Comitê Geral de Estudantes, administrado pelo pessoal da futura Liga Comunista da Alemanha (KBW). O Comitê Geral de Estudantes havia cedido uma sala para as atividades da IZRU. Bem próximo ficavam o restaurante universitário e a livraria de esquerda de Jörg Burkhard, um camarada simpático, nada dogmático, que pelo jeito continuou fiel às suas posições de então. Era lá que, em tempos de SPK, esparramávamos os nossos informativos. Acima de tudo, bem no canto da praça da universidade, havia uma república do Grupo Universitário Comunista (*Kommunistische Hochschulgruppe*) que mais tarde daria origem à Aliança Comunista da Alemanha Ocidental (*Kommunistischer Bund Westdeutschland*). De lá, os camaradas maoístas, entre eles Antje e Joscha Schmierer, futuro conselheiro do ministro "verde" Joschka Fischer, tinha uma boa visão dos acontecimentos que se desenrolavam em uma pequena área de no máximo um quilômetro quadrado.

Quando cheguei à república na Grabengasse, ali já moravam Sieglinde Hofmann e Hanna Krabbe. Esta última depois também participaria do ataque à embaixada alemã em Estocolmo. Depois veio Ulrich Wessel de Hamburgo, que morreu durante o ataque à embaixada. Hanna e Uli se mudaram para o quartinho ao lado do meu. Não convivíamos tanto e nem havia desvios hedonistas na república. Era impensável ficar sentado na cozinha preparando um baseado. Eu estava em meio a pessoas ativas, e aquilo me fazia bem. A vida estava voltada para a luta política. Alguns seguiam atividades que não compartilhavam nas conversas com os outros habitantes da república. Sieglinde trabalhava no escritório dos advogados de Heidelberg que defendiam os presos do SPK e da RAF. Minha namorada Elisabeth von Dyck trabalhava como assistente técnica médica na firma Boehringer Mannheim, mas tinha um apartamento próprio no centro de Heidelberg, onde passei a ficar mais e mais em meados de 1973, depois que quase não nos víamos mais na Grabengasse. Uma cena ficou gravada na minha memória com precisão fotográfica: o golpe no Chile.

Golpe no Chile

A data foi onze de setembro – não de 2001, e sim de 1973. Até hoje, vejo a imagem televisiva de um caça descendo em rasante rumo ao palácio em Santiago, sede do governo do Presidente Salvador Allende, eleito democraticamente. O golpe deixou claro para todos nós de maneira inequívoca que em lugar algum deste mundo haverá um caminho pacífico para uma sociedade mais justa e mais humana. Não sou o único que se lembra nitidamente daquelas imagens. Conversando com outras pessoas da minha geração no contexto do meu trabalho biográfico descobri que em sua memória há reminiscências igualmente dolorosas do golpe.

Salvador Allende fora eleito Presidente do Chile em 1970. O governo da aliança de esquerda chamada *Unidad Popular* promoveu reformas sociais básicas que favoreceram principalmente as camadas mais pobres da população. Allende apostara no caminho parlamentar, mas tanto dentro quanto fora da *Unidad Popular* havia tendências revolucionárias que consideravam aquele caminho equivocado. Era com eles que tínhamos simpatia e solidariedade. Havia enormes quantidade de literatura, análises, textos, ações de solidariedade. Para nós, o fato de o Chile trilhar um caminho de esquerda era um sinal de muita esperança. Em face de numerosos golpes em países latino-americanos conduzidos pelos americanos, percebíamos a guinada do Chile para a esquerda como um empreendimento corajoso e audacioso que merecia toda a nossa solidariedade. Embora a milhares de quilômetros de distância, aqueles combatentes eram nossos vizinhos. O tempo de governo de Allende foi tudo menos pacífico e pobre em conflitos. Houve grandes greves e ações violentas da direita e da esquerda com mortos e feridos. Um movimento de base forte e radical ultrapassou o governo de Allende pela esquerda.

Liderado pelo general Augusto Pinochet e apoiado pelo Secretário de Estado norte-americano, Henry Kissinger, o golpe do Exército chileno ocorreu em setembro de 1973. Ao embaixador chileno da época em Washington, Orlando Letelier, Henry Kissinger anunciou o golpe com as seguintes palavras:

> O Chile não tem o menor valor estratégico. Podemos comprar o nosso cobre no Peru, na Zâmbia, no Canadá. Vocês não têm nada de importante. Mas se esse projeto de socialismo à la Allende se impuser, teremos sérios problemas na França e na Itália, onde os socialistas e os comunistas estão rachados entre eles, mas poderão se unir, seguindo o exemplo desse projeto. E isso tangeria na substância os interesses dos Estados Unidos. Não permitiremos que seja exitoso. Tome conhecimento disso.

Três anos depois do golpe, Letelier foi assassinado no exílio americano pela polícia secreta chilena DINA. Segundo a Anistia Internacional, até três mil opositores foram eliminados durante a ditadura de Pinochet.

Um vizinho meu em Santa Teresa, bairro em que morei no Rio de Janeiro, era um jovem militante em Santiago na época do golpe e ficou preso no famigerado Estádio Nacional junto com milhares de companheiros e companheiras. À época do golpe havia muitos brasileiros no Chile refugiados da ditadura brasileira. Ele me contou sobre as terríveis crueldades que aconteceram ali. Ainda na segunda metade dos anos 1970, a ditadura militar brasileira não quis deixar escapar aqueles militantes fugidos para o Chile. Sob o Presidente *de transição* Ernesto Geisel[42], recebido com todas as honras pelo governo do chanceler Schmidt em Bonn, a repressão sangrenta voltou a aumentar. Já não havia mais resistência armada havia muito tempo, mas *os órgãos de segurança* voltaram a atemorizar a população que, em grande parte, foi para a miséria durante a ditadura. O regime brasileiro forneceu ao exército chileno armas cuja origem foi apagada e que se destinavam explicitamente ao uso em espaços urbanos. Essas armas eram produzidas pela

---

42 N. de E.: Ernesto Beckmann Geisel (1907-1996), foi ditador brasileiro entre 1974 e 1979, sendo o quarto dos cinco presidentes da Ditadura Militar Brasileira (1964-1985). Embora apontado por alguns como figura moderada e peça central na reabertura, e consequente redemocratização do país, recentes arquivos liberados pela CIA comprovam que ele não apenas sabia como, ainda por cima, teve participação direta na política de tortura e assassinatos contra os dissidentes do regime. Geisel, de origem germânica e de tradição familiar luterana, fez uma política de aproximação intensa com a antiga Alemanha Ocidental, tendo estranhamente boa relação com Schmidt, um político situado à esquerda do espectro político alemão ocidental da época – o que apenas reforça o caráter dúbio da esquerda alemã, e da democracia alemã do pós-guerra, face ao autoritarismo.

firma alemã Heckler & Koch, que, durante a ditadura, havia recebido uma licença de produção e exportação pelo governo do chanceler Schmidt. Meu vizinho teve sorte e conseguiu escapar para Paris. Hoje em dia é um conhecido cartunista.

Assim como a União Soviética não quis tolerar um socialismo democrático em sua área de influência, os Estados Unidos não aceitaram o mesmo em seu quintal latino-americano.

Incitando contra a prisão

Os meus anos seguintes foram preenchidos com inúmeras atividades de apoio aos presos políticos e comuns. Organizávamos eventos, manifestações, *sit-ins* em frente às prisões, um concerto de solidariedade, escrevíamos panfletos contra a prisão, o regime de isolamento e a *Ala Morta* (*Toter Trakt*), como era conhecida a ala de segurança máxima e de isolamento. No centro velho de Heidelberg existe uma pequena prisão em que desde julho de 1971 estavam dois presos do SPK. Tinha o nome quase bucólico de *Fauler Pelz*, que significa "preguiçoso". O velho castelo estava a anos-luz de distância das futuras prisões de alta segurança. Nós agitamos naquela prisão. Surrupiamos escadas de uma obra em frente para colocar nos muros, um de nós subiu com um megafone e fez discurso. Na segunda vez veio uma patrulha. Quem sabe, era uma novidade que alguém encostasse uma escada pelo lado de fora dos muros da prisão em vez de por dentro. Seja como for, fomos acusados de perturbar a ordem pública.

Lembro das minhas primeiras visitas a uma prisão que eu fizera em 1971 no presídio feminino de Gotteszell em Schwäbisch Gmünd. Era bastante irreal estar sentado frente a frente com Dalia, minha amiga do SPK, tendo uma funcionária presenciando toda a conversa. Era proibido falar dos temas que nos moviam. Mas naquela meia hora também houve uma comunicação não-verbal entre nós, sinais de força, consenso e autoestima que fluíam pela sala apertada. E era o mais importante.

No final de 1972 começou o primeiro processo contra membros do SPK que terminou com penas de prisão contra Ursula e Wolfgang Huber, bem como Siegfried Hausner. Saí do prédio do tribunal com uma comoção cerebral que devo a uma disputa com a polícia no salão do tribunal.

A 'Ala Morta'

Depois de serem detidos, os presos políticos – tanto os da RAF como os do SPK – eram submetidos a regras especiais cuja finalidade era isolá-los de todos os demais presos, bem como evitar a comunicação para fora. Entre as poucas pessoas que tinham contato com os presos estavam os advogados. No início, eles não entendiam o que acontecia com os presos. Estes relatavam limitações de saúde, emocionais e intelectuais que os advogados inicialmente não conseguiam interpretar. O relato mais conhecido daquilo que acontece com os presos na chamada Ala Morta (Toter Trakt), de segurança máxima, é de Ulrike Meinhof:

> *sensação de cabeça explodindo*
> *(a sensação de que o crânio arrebenta, vai aos ares)*
> *sensação de que a medula é empurrada até o cérebro,*
> *sensação de que o cérebro encolhe como uma fruta seca*
> *sensação de estar o tempo todo ligado na tomada,*
> *de ser teleguiado –*
> *sensação de que as sensações fogem –*
> *sensação de estar mijando a alma para fora do corpo, como quando não se consegue mais segurar –*
> *sensação de que a cela está andando. Acordo, abro os olhos: a cela está andando; à tarde, quando o sol brilha, ela para de repente. Não dá para controlar a sensação de movimento. Não dá para esclarecer se trememos de febre ou de frio, não dá para esclarecer por que trememos –*
> *sentimos frio.*

Sou capaz de reconhecer a experiência que tive depois na prisão em regime de isolamento. No ponto mais baixo eu já não sabia mais a minha idade. Já não tinha clareza se, na contagem dos anos de vida, o ano do nascimento era o ano zero ou o ano um. Passava o dia inteiro correndo de um lado para o outro na cela, fazendo contas com os dedos das mãos. As lembranças humanas não ficam arquivadas estaticamente como num computador. Vivem e se transmudam em determinadas áreas do sistema nervoso central. A consciência depende da quantidade e da qualidade do input em estímulos do meio ambiente. Input em excesso leva a doenças causadas por estresse.

Input de menos causa privação sensorial e a "sensação de que o cérebro está encolhendo aos poucos (...) e que as associações fogem". É uma ameaça existencial experimentar que você já não pode mais confiar no jogo estruturante e dinâmico entre pensar, sentir e perceber – o instrumental para apreender e dominar a realidade, e isso na situação da prisão, em que você depende integralmente do funcionamento confiável das suas faculdades mentais.

Voltei a citar trechos da carta de Ulrike porque ela, como poucos outros testemunhos da época, revela o tipo de situação que estava se acirrando. Por parte do estado e da Justiça, com a prisão em regime de isolamento, com leis especiais para os presos da RAF e uma série de atividades ilegais, como a explosão com dinamite na prisão de Celle (*Celler Loch*, buraco de Celle, manobra promovida pelos próprios agentes de segurança para simular um atentado e tentar introduzir um informante na RAF), regime de incomunicabilidade, sem acesso aos defensores, e a escuta durante a visita de advogados de defesa; por parte dos presos que resistiam, principalmente com greves de fome. E naturalmente fizeram de tudo para mobilizar politicamente do lado de fora. Que outro remédio havia? Afinal, todos os meios legais haviam se revelado ineficazes. *Os meios legais não ajudam contra a tortura!* Não foi uma propaganda para esconder a realidade. Por trás havia intermináveis atividades de advogados, aqui e acolá vozes de alerta de médicos do xadrez, mas tudo isso era esmagado pelo crescimento de um aparato entre a Procuradoria-Geral e a Polícia Federal, que tomara as rédeas gradualmente e passou a funcionar apenas de acordo com opções operacionais técnicas. Aos presos só importava defender a sua identidade e a sua capacidade de pensar, de sentir e de agir enquanto seres políticos. Enquanto presos da RAF, da esquerda radical, não se tratava, para eles, de sobreviver, e sim de combater um sistema que havia introduzido a prisão em regime de isolamento.

Prisão em regime de isolamento

Astrid Proll foi presa em maio de 1971 e Katharina Hammerschmidt, em junho de 1972. Astrid Proll foi a primeira a ficar isolada na 'Ala Morta' da prisão JVA Köln-Ossendorf, a mesma de onde depois viria a já mencionada carta de Ulrike Meinhof. Em 1974 ela foi libertada como inapta para a prisão e para poder participar do processo penal e se refugiou na Inglaterra, onde voltou a ser detida anos mais tarde. Três anos depois de sua prisão, Katharina

Hammerschmidt morreu em consequência de um tumor que os médicos da prisão em Berlim ignoraram até ser tarde demais. O governo de Berlim foi acusado por um tribunal de violar o dever de supervisão e vigilância dos presos e condenado a indenizar os familiares.

Esses ataques à vida, à saúde e à identidade dos presos nos alarmaram. Até então, para nós, militantes do IZRU e dos comitês contra a tortura, a prisão era um setor em que poderíamos nos apoiar e tornar públicos os protestos de presos, tanto políticos quanto comuns. Onde quer que fosse possível cuidávamos para que os maus-tratos por trás dos muros das prisões viessem para a opinião pública. Mas agora vivíamos um sistema de repressão que se voltava contra os prisioneiros políticos. Não se tratava apenas de Katharina Hammerschmidt, em prol de quem houvera várias atividades públicas. Mas logo depois vieram a prisão em regime de isolamento e a 'Ala Morta' para os próximos presos. Nós, que estávamos do lado de fora naturalmente apoiávamos os presos. Lutávamos com panfletos e eventos informativos, muitas vezes também com ações provocativas, a fim de atingir atenção na mídia. O SPK e sua história ou o IZRU foram se tornando cada vez menos importantes nesse processo.

A ordem de detenção de Holger Meins, em 1973, diz, entre outras coisas:

> *– O preso Meins, em prisão preventiva, será mantido em rígido regime de detenção solitária no Departamento 2, cela 51.*
> *– As celas contíguas, à direita e à esquerda, as celas acima e abaixo da cela do preso Meins não podem ser ocupados com outros presos.*
> *– A entrega das refeições, a troca de roupa, a entrega de material de limpeza e outros devem ser feitas exclusivamente por funcionários da instituição, sem a presença de outros presos.*
> *– O funcionário encarregado do Departamento 2 deve vigiar constantemente a cela do preso. No momento em que outro preso (por exemplo, limpeza dos corredores) estiver ocupado próximo à cela do preso em prisão preventiva, o funcionário deve estar junto.*
> *– Passeio individual, supervisionado por dois funcionários. Um deles deve estar armado. (...)*
> *– O preso sob investigação permanecerá algemado a partir do momento em que sai da cela e até seu regresso.*

– Exclusão de todas as atividades comunitárias, inclusive ida à igreja.
– Controles diários da cela na ausência do preso e revista física.

Para os demais presos da RAF e do SPK valiam as mesmas regras no que diz respeito à prisão em regime de isolamento, acrescidas de observação repetida durante a noite, ocasionalmente associada à rápida iluminação da cela, o que significa privação do sono. A maioria dos presos ficava com as mãos amarradas às costas ao passeio no pátio. Se tropeçassem, invariavelmente caíam de cara no chão, porque não podiam usar as mãos para se apoiar.

Alguns autores designariam depois tais condições prisionais como "privilegiadas". Tal lenda se refere ao isolamento em pequenos grupos, mais tarde, no sétimo andar da prisão de Stammheim em Stuttgart, mais generosa em termos espaciais e apresentada como melhor em relação à situação de todos os presos políticos, sem exceção em rígido regime de isolamento. O ex-procurador Pflieger, que também esteve envolvido em processos da RAF, constatou em uma entrevista ao semanário *Der Spiegel*, em janeiro de 2014: *Estávamos no melhor caminho de nos tornar precisamente aquele Estado policialesco que a RAF criticava e pretendia combater.*

Klaus Jünschke, que migrara do SPK para a RAF em 1971, tendo sido preso em 1972 e condenado a uma pena de prisão perpétua, reivindicando o fim da luta armada em carta aberta à RAF de 1988, descreveu da seguinte maneira os efeitos dessas "condições privilegiadas" na prisão em uma conversa do rádio de dois de julho de 2007, pouco depois de sua libertação:

> Então o corpo começa a produzir, ele próprio, os estímulos que já não recebe mais de seu ambiente natural. Eu sentia cheiro de gás na cela. (...) A cela recendia, não era mais ar normal. Tive paranoias e passei semanas andando de um lado para o outro, tentando manter minha razão fazendo contas de tabuada. (...) de manhã até de noite. Depois, a exaustão foi tal que passei semanas deitado na cama, como se estivesse em transe. (...) Não sei como sobrevivi àquela prisão. Havia noites em que não sabia se eu ia aguentar até o fim, noites em que vinham pensamentos do tipo: dá um ponto final, para que tudo isso acabe logo.

Os casos de Katharina Hammerschmidt e Astrid Proll obviamente lançaram uma luz negativa sobre o governo e a Justiça da Alemanha. A opinião pública alemã-ocidental temia que tudo pudesse começar do zero no "modelo Alemanha". Essa questão era medida também pelo tratamento dispensado aos presos. Para que os processos não fracassassem com a incapacidade dos acusados de permanecer na prisão e de responder ao processo penal, mais tarde, quando eram acusados coletivamente, os presos da RAF eram colocados juntos na prisão antes do início do processo, passando horas a fio juntos. Foi o que aconteceu no sétimo andar em Stammheim, foi o que aconteceu em Köln-Ossendorf, antes do processo de Estocolmo. Era tanto mais duro depois, quando os faróis da mídia pararam de lançar o foco. Voltarei a isso mais adiante.

Solidariedade com presos em greve de fome

Depois que, no verão de 1972, a maioria dos membros do RAF já se encontrava – todos, sem exceção – em prisão em regime de isolamento, quarenta prisioneiros iniciaram a primeira greve de fome coletiva em janeiro de 1973. Tinham uma única reivindicação: queriam as mesmas condições dos outros presos. A Justiça reagiu, retirando-lhes a água potável, sob o argumento de que "a absorção de água pode prejudicar a saúde de quem passa fome".

Fomos até Karlsruhe. Diante do Tribunal Federal houve um protesto de sete advogados de presos do SPK e do RAF que, usando suas togas, haviam iniciado uma greve de fome de solidariedade entre os dias nove e doze de fevereiro. A Associação Alemã de Advogados pediu que seus direitos fossem cassados. Foi a primeira ação midiática contra a prisão em regime de isolamento. Também chegou um grupo de jovens militantes de uma república em um subúrbio de Karlsruhe, Grünwinkel, onde estavam engajados na Rote Hilfe, organização de apoio aos presos. Ali, em frente ao Tribunal Federal, encontramos pela primeira vez Günter Sonnenberg, Christian Klar, Heidi Schulz e outros.

Knut Folkerts também estava lá. O contato estava feito. Depois, de vez em quando vinham para Heidelberg, para o IZRU e a Schwarze Hilfe, organização semelhante à Rote Hilfe. Outros ainda vieram participar da greve de fome solidária diante do Tribunal Federal de Justiça. Fritz Teufel fez um de seus discursos de comediante diante da rampa de acesso. Quem participou também foi Helmut Palmer, o rebelde da região de Remstal no estado de Filbinger. Lutador solitário incansável, muitas vezes provocador, contra o arbítrio das autoridades e contra o antissemitismo, enfrentara inúmeros processos e conhecia a prisão por dentro. Chegou a se candidatar algumas vezes nas eleições parlamentares, atingindo resultados consideráveis. Seu filho, hoje, é o prefeito "verde" da cidade de Tübingen e assume posições de direita na questão dos refugiados.

Não foi só na Alemanha que os presos políticos lutavam. Na Irlanda do Norte, presos do IRA faziam greve de fome e morriam. Na Espanha, eram os presos do ETA[43]. As primeiras greves de fome na Alemanha e em Berlim Ocidental, além dos presos políticos e seus apoiadores, como já mencionei, também incluíram os presos comuns.

Depois de quatro semanas e meia, os prisioneiros interromperam sua primeira greve de fome. Ela teve um êxito limitado, porém relevante: Ulrike Meinhof foi transferida da 'Ala Morta'. Mas afora isso nada mudou no regime de prisão em regime de isolamento. Em vez disso, o procurador federal Ludwig Martin lançou uma ofensiva de propaganda. Parte da mídia só reagiu anos mais tarde:

> As reivindicações dos presos visam as condições na prisão. Especialistas independentes também as consideram inaceitáveis do ponto de vista médico e humanamente degradantes. Práticas que ganharam terreno atrás dos muros – em parte, conjuradas pelos próprios criminosos – não se coadunam mais com as exigências de um moderno estado de direito. (*Der Spiegel*, dezembro de 1981).

Prisão e greve de fome

Presos precisam se defender, e obviamente presos que agiram por convicção e motivação políticas se defendem de maneira política. Farão de tudo para tentar construir pressão a seu favor. Quem hoje lê os chamamentos e as declarações de solidariedade pelo fim da prisão em regime de isolamento e em favor dos presos, principalmente os nomes que assinam essas declarações,

---

43 N. de E.: O IRA (sigla em inglês para Exército Republicano Irlandês) e o ETA (sigla em basco para Pátria Basca e Liberdade) eram poderosas organizações separatistas da Irlanda do Norte (em relação ao Reino Unido) e do País Basco (em relação à Espanha), as quais recorriam à luta armada e eram, em resposta, duramente reprimidas.

provavelmente esfregará os olhos, incrédulo. Entre as fileiras dos intelectuais havia, então, uma consciência de sua responsabilidade social. A necessidade de transformação e a disposição para a solidariedade ainda estavam vivas. O apoio para os presos também vinha de fora do país.

Em 1972-73, as simpatias iniciais na esquerda radical – e além dela – com as ações armadas da RAF já declinaram visivelmente, e as críticas eram nítidas. Muitos não conseguiam coadunar a violência das ações da RAF com a sua visão de mundo humanitária, outros anteviam nas reações do governo o germe do desenvolvimento de um estado autoritário e responsabilizaram a RAF por aquilo. Outros ainda diziam não, porque, para eles, o poder revolucionário só podia surgir na classe trabalhadora sob a liderança de um partido marxista-leninista. Ao mesmo tempo crescia a solidariedade com os presos.

Comitês contra a tortura da detenção em isolamento e solidariedade internacional

Em abril de 1973, em várias cidades foram criados comitês contra a tortura de presos políticos. O apelo foi assinado por 16 personalidades conhecidas da cultura, da economia e da filosofia, bem como uma deputada federal socialdemocrata, um conselheiro municipal de Stuttgart e um membro dirigente do sindicato dos metalúrgicos (IG Metall). Foram formados comitês em Berlim, Frankfurt, Hamburgo, Heidelberg, Kassel, Köln, Munique, Münster, Stuttgart e Tübingen. Os comitês de Hamburgo e de Heidelberg eram os mais ativos.

Nossa primeira atividade mais relevante de comitês aconteceu em Frankfurt, no início de maio de 1974, pouco depois do início da segunda greve de fome coletiva, da qual participaram 80 presos. O Estado e a Justiça voltaram a reagir, privando os presos de água. Três dias sem comida ou bebida causam o mesmo grau de enfraquecimento como quatro semanas de greve de fome.

Gostei de escutar o que um dos palestrantes, o etnólogo Christian Sigrist, relatou sobre a sua estadia com o movimento de independência PAIGC (Partido Africano para a Independência da Guiné e Cabo Verde) e sobre as reações de combatentes africanos sobre a ofensiva de maio da *Fração do Exército Vermelho*:

> Quando ouvimos a notícia dos ataques a bomba da RAF aos quartéis-generais americanos em Frankfurt e Heidelberg, saltamos da cadeira, movidos por uma alegria espontânea. Finalmente acontecia algo também na Alemanha, algo contra as bases do imperialismo.

Não se trata de reações verbais de uma seita pequeno-burguesa, e sim frases do relato de um membro do movimento de libertação antiportuguês que escutou a notícia junto com outros combatentes em uma base guerrilheira. Depois de terem conhecido a Alemanha Federal como um dos piores inimigos dos povos africanos enquanto fornecedor direto de armas para o poder colonial português, pela primeira vez houve algo na Alemanha que os guerrilheiros reconheceram como efetiva resistência anti-imperialista. À minha afirmativa de que essa avaliação das ações da Fração do Exército Vermelho diverge da avaliação da Alemanha também de grupos marxistas o companheiro africano comentou: *Em situação de luta nossa percepção é diferente.*

Não era segredo para ninguém que as armas do exército colonial português vinham da Alemanha, principalmente o fuzil de assalto dos soldados coloniais, o HK G3 da firma Heckler & Koch de Oberndorf no rio Neckar, que eu próprio carregara no meu tempo de recruta no serviço militar. Nunca soube de qualquer pedido de desculpas do governo alemão junto aos familiares das vítimas, que dirá pagamento de indenizações, pelo apoio prestado à ditadura portuguesa em suas guerras coloniais em Angola, Guiné-Bissau e Moçambique.

Se a Fração do Exército Vermelho se viu dentro de uma frente ampla mundial contra o imperialismo, aquilo não foi maluquice de alguns. Volta e meia tropecei com aquele modo de encarar a Alemanha de então e a Fração do Exército Vermelha a partir do sul global, não só na PAIGC como entre os tupamaros do Uruguai que nos visitaram no xadrez, na base da Frente Sandinista de Libertação Nacional, como relataram internacionalistas alemães ocidentais da Nicarágua, entre pessoas que resistiram contra a ditadura militar brasileira e em 2012 na pessoa de um palestrante sobre a Primavera Árabe em Berlim. Na outra mão, não apenas os meus colegas de diretoria do Serviço pela Paz Mundial que naqueles anos trabalhavam na cooperação técnica internacional na Argélia, em Moçambique e na Guiné-Bissau colocavam grandes esperanças nos movimentos de libertação do sul global.

Voltando à segunda greve de fome em 1973: não apenas os comitês desenvolveram um amplo trabalho de divulgação. Familiares, advogados, muitos outros grupos, organizações e instituições também protestaram. Houve greves de fome de solidariedade em frente às prisões e aos juizados, inúmeras rodas de discussão, ações de distribuição e de colagem de panfletos. De Heidelberg fomos até Bühl-Baden e Rastatt, onde antigos membros do SPK, presos, estavam em greve de fome, e fazíamos greves de fome de três dias em solidariedade, diante das prisões. Ficávamos ali, algo perdidos, sob os olhares espantados dos burgueses da província de Baden. Mal ou bem, tínhamos a sensação de estar fazendo algo, mas a sensação tinha um certo travo amargo, cada vez mais forte. Mesmo com aquela greve de fome de quase sete semanas os prisioneiros mal conseguiam alguma coisa.

Durante a primeira metade do ano, nos ocupamos organizando ações – com eficácia midiática – de apoio ao prisioneiro Ronald Augustin, da RAF, que desde a sua prisão, em julho de 1973, fora transferido para uma ala com isolamento acústico da prisão de Hanover, pouco depois que Ulrike Meinhof e Astrid Proll haviam sido levados da 'Ala Morta' para a prisão de Köln-Ossendorf. Durante a cerimônia de posse do governo recém-eleito do Estado da Baixa Saxônia na Assembleia, no dia dez de julho de 1973, nós desenrolamos uma faixa de protesto que dizia: *A Ala Morta de Hanover é um instrumento de tortura. O responsável é o secretário da Justiça, Schäfer*. No início de agosto, quarenta médicos e psicólogos, vestidos de jalecos brancos, protestaram diante da prisão de Hanover contra a prisão em regime de isolamento.

A morte de Holger Meins

No final de agosto de 1974 começou a terceira greve de fome coletiva que só terminaria no dia dois de fevereiro de 1975. Os presos da RAF publicaram um texto de várias páginas com o título *Programa provisório para a luta pelos direitos políticos dos trabalhadores presos (Provisorisches Kampfprogramm für den Kampf um die politischen Rechte der gefangenen Arbeiter)*. A primeira reivindicação era a "livre auto-organização dos presos". Depois de oito semanas, no dia nove de novembro de 1974, Holger Meins morreu de desnutrição induzida. A revista *Der Spiegel* relatou a visita do advogado Siegfried Haag que, visivelmente abalado, vira o seu cliente pela última vez poucas horas antes de sua morte, dizendo que *o ex-cameraman Meins estava tão enfra-*

quecido que funcionários da Justiça tiveram de transportá-lo de maca até o parlatório. "Só era capaz de sussurrar". Segundo a revista, na alimentação forçada, o médico da prisão durante algum tempo só administrara um terço da quantidade de calorias necessária para sobreviver, *despedindo-se para o fim de semana prolongado* (*Der Spiegel*, oito de novembro de 2007). Na realidade, era apenas um quarto da quantidade mínima de calorias, quatrocentas calorias das mil e seiscentas necessárias. Era evidente que a morte fora propositalmente acelerada por parte do governo por meio de uma alimentação muito inferior ao mínimo necessário. O cadáver de Holger Meins parecia um prisioneiro de campo de concentração. A aceleração de sua morte foi uma mensagem para todos nós. "Aniquilar toda a cambada", essa foi a impressão do pai de Holger, Wilhelm Meins, depois de chegar ao local do crime em Wittlich.

Não bastava que os membros do RAF fossem presos. Precisavam ir para a Ala Morta. Não bastava que os presos do RAF precisassem lutar pelos seus direitos humanos na prisão com greves de fome. A intenção era quebrar sua resistência com todos os meios. Primeiro, tentaram tirar a água potável. Quando isso esbarrou na resistência também dos médicos da prisão, tentou-se privar os presos da quantidade adequada de calorias. O Estado reagiu à luta dos presos como a um ataque armado. O objetivo era quebrar a vontade de resistir dos presos. Para isso, qualquer meio servia.

Poucos dias antes da morte de Holger Meins, entramos sorrateiramente na Igreja de São Paulo, em Frankfurt, vestidos de trajes de gala. Ali, o fundador e prior da comunidade ecumênica de Taizé, Roger Schutz, receberia o Prêmio da Paz do Comércio Livreiro Alemão. No pódio, desenrolamos uma faixa para chamar a atenção para a condição frágil de vida dos presos. Para mim, a luta contra a prisão em solitária era uma forma de resistência para a qual não havia alternativa. Durante anos lutamos para organizar apoio público e mobilização em prol dos presos, construir pressão política, apoiar a luta dos presos com ações militantes. Esbarramos com a 'lógica da escalada'. O governo e a Justiça tinham ultrapassado uma linha vermelha. Não poderíamos permitir aquilo.

O chanceler Helmut Schmidt fez um discurso no Parlamento no qual enfatizou que "presos do grupo Baader-Meinhof sob investigação não deveriam ser levados para um spa".

À noite nos reunimos na república de estudantes *Collegium Academicum* (CA). Éramos seis ou oito pessoas do comitê de Heidelberger. Mal conseguimos trocar palavras. Quem chegou a dizer qualquer coisa sentiu que não era a saída. Mas uma outra opção já se afigurava. Acho que todos já sabiam ou intuíam, mas ninguém falou sobre aquilo.

CAPÍTULO 5
Estocolmo

Holger Meins

Em algum momento, muitos anos mais tarde, designei a RAF como uma espécie de resistência em busca do tempo perdido, como se para reparar a falta de uma resistência na Alemanha, a exemplo da que houve na França durante a Segunda Guerra Mundial, por exemplo. Em 1974 eu ainda não tinha esse conceito – hoje, questionável. Mas achava que era corresponsável se permanecesse inativo em face dos acontecimentos no contexto da Guerra do Vietnã, das leis de exceção e da permanência dos prisioneiros políticos em regime de isolamento. Não podia continuar sendo mero espectador se, como me parecia à época, ficassem claros os primeiros sinais de um desenvolvimento político sobre o qual a História recente ensinara que não devemos permanecer passivos, e sim sufocar o germe no nascedouro.

Nós, que nos anos anteriores já havíamos apoiado de todas as maneiras imagináveis os prisioneiros em sua luta por condições dignas, intuímos que, mais cedo ou mais tarde, tudo terminaria com alguns presos mortos, e que a insistência no regime de isolamento, por parte do governo, era um prenúncio de futuras repressões. Intuí que um *status quo* em voga tinha sido anulado. Um ciclo parecia ter terminado. Os prisioneiros haviam dado tudo de si, esbarrando na lógica bélica e na busca de novas escaladas de violência.

A morte de Holger Meins marcou uma cesura profunda. Não foi preciso debater longamente para sabermos que a iniciativa agora estava nas nossas mãos – nós, os militantes do lado de fora da prisão. Para nós, a única conclusão possível era que os presos precisavam ser libertados. Por dentro, comecei a me despedir da minha vida dos anos anteriores. Senti uma determinação fria, bem como medo e insegurança diante dessa resolução, pois ela poderia significar o meu próprio fim ou então anos intermináveis na prisão. Eu precisava imaginar a possibilidade de, mais tarde, ter que carregar uma culpa pesada. Mas havia outro cenário deprimente, o temor de seguir fazendo greves de fome simbólicas ou vigílias de alerta diante de prisões, com a sensação de estar nutrindo o próprio desamparo fazendo alguma coisa.

A morte tão próxima de nós era uma novidade. Já haviam acontecido mortes antes, como a de Petra Schelm, membro da RAF, fuzilada em Hamburgo em 1971, ou a dos dois soldados americanos mortos durante o ataque ao QG americano de Heidelberg. Mas agora a morte acontecia muito próximo de uma luta conjunta, de vários anos, do lado de dentro e de fora dos muros da prisão. Era outra coisa. A intransigência com que os prisioneiros lutavam me era familiar. Tinha se tornado natural. Parecia ter algo de libertador. Diante disso, a possibilidade de morrer se tornou uma questão secundária.

Não me lembro de termos tido discussões mais profundas sobre questões de vida e de morte, tanto a dos outros quanto a própria, pelo menos não no grupo chamado Comando Holger Meins e que agora estava se unindo para alguns meses depois invadir a embaixada alemã em Estocolmo. Sempre tivemos grande respeito pelos vietcongs, os palestinos, Che Guevara e os tupamaros e sua disposição de dar tudo de si na luta, até mesmo a própria vida. Não enxergávamos a distinção. 'Homem ou porco', escrevera Holger Meins em sua última carta. Eu não estranhava aquela ilusão irrefletida de pureza em sua última carta, ligada à disposição de dar a própria vida. Quando, muitos anos depois, vi-me à beira da morte depois de oito semanas de greve de fome, senti-me livre e inatingível. Parecia claro que iríamos transformar o mundo. Estávamos imbuídos dessa certeza do futuro. Não nos tangiam as ameaças provindas do mundo em que vivíamos, como repressão policial ou jurídica. Era como se aquilo fizesse parte do passado, de uma era antiga.

Fomos até Hamburgo para participar do enterro de Holger Meins. Milhares de pessoas se espremiam por entre os túmulos. Ao lado do jazigo, Rudi Dutschke brandiu o lema: "Holger, a luta continua!"

Comando Holger Meins

Éramos seis: Karl-Heinz Dellwo, Siegfried Hausner, Hanna Krabbe, Bernd Rössner, Ulrich Wessel e eu. O Comando Holger Meins. Siegfried fora condenado a um ano de prisão no primeiro processo contra o SPK, sendo libertado em 1974. Quatro anos antes, Hanna e eu participáramos ativamente do SPK e do Comitê Contra a Tortura de Heidelberg. Karl-Heinz e Bernd haviam participado em 1973 da ocupação de uma casa na Ekhofstrasse em Hamburgo, que terminou com um ano de prisão para Karl-Heinz. Depois, ambos haviam sido membros ativos do Comitê Contra a Tortura de Hamburgo. Ulrich Wessel, filho de um rico comerciante que morava em uma mansão à margem do Alster, era do grupo da esquerda radical de Hamburgo. Pelo que me lembro, chegou a Heidelberg para ajudar no Comitê Contra a Tortura.

Os comitês de Heidelberg e de Hamburgo estavam entre os mais ativos e com mais militantes. Os membros de Hamburgo vinham para Heidelberg e vice-versa. De vez em quando, nós nos encontrávamos na metade do caminho, em um centro para jovens na Kornstrasse de Hanover. Quando formamos o Comando Holger Meins, já nos conhecíamos havia muitos anos, tendo trabalhado no planejamento e na execução de inúmeras ações de protesto, ocupação de sedes de partidos, eventos públicos, redação e distribuição de panfletos e jornais, palavras de ordens pichadas nos muros à noite, conflitos com a polícia e muito mais. Nós nos conhecíamos bem e sabíamos que podíamos confiar uns nos outros. Tínhamos pressa.

No dia quatro de fevereiro de 1974, nove meses antes da morte de Holger Meins, a polícia estourou dois apartamentos que serviam de aparelho em Frankfurt e em Hamburgo e prendeu o grupo de Margrit Schiller e Helmut Pohl. Eles tinham demorado demais na tentativa de reconstruir a RAF depois da prisão da "primeira geração", ocorrida no verão de 1972. Eu me encontrava com eles aqui e acolá para prestar ajuda logística, assim como faziam outros. Quando o grupo foi detido, houve um vácuo. Em um escritório de advocacia eu folheei as pastas com o inventário dos objetos confiscados nos dois apartamentos. Era muita coisa. Os dois apartamentos estavam lotados de objetos, alguns deles incomuns, como uma vara de pescar, mas outros nem tão raros. Seja como for, o pequeno grupo deve ter levado muito tempo para juntar tudo. Qual era a intenção do que apontava para um plano perfeccionista? Libertar presos? Na primavera de 1975 – ou seja, um ano depois da prisão do grupo em torno de Margrit Schiller e Helmut Pohl – começaria o processo contra Andreas Baader, Gudrun Ensslin, Holger Meins, Ulrike Meinhof e Jan-Carl Raspe em Stuttgart-Stammheim. Calculávamos que, com o início do processo, uma possível libertação ficaria ainda mais difícil. Se quiséssemos preparar e executar uma ação, tínhamos apenas uma pequena janela de tempo.

Pelo que me lembro, nunca nos reunimos todos de uma vez na fase da preparação, até por uma questão de segurança. Tínhamos dois aparelhos, um em Colônia, outro em Frankfurt. O apartamento de Frankfurt ficava próximo do rio Meno. Duas ou três semanas depois da assinatura do contrato de aluguel, vi dois homens perambulando pela rua. Era evidente que estávamos sendo observados. Saímos do apartamento e nunca mais voltamos para lá. Dois ou três meses depois, já preso, li no noticiário local do jornal *Frankfurter Rundschau* uma matéria que saltou aos meus olhos. No dia anterior, um inferninho iugoslavo de jogos ilegais fora evacuado pela polícia numa casa vizinha ao nosso antigo apartamento.

Quando, no final de fevereiro de 1975, eu estava investigando possíveis passagens sem guardas na fronteira entre a Alemanha e a Dinamarca, escutei no rádio do carro a notícia do sequestro de Peter Lorenz, líder do CDU, pelo Movimento 2 de Junho, em Berlim. A reivindicação era a libertação de seis presos. Escutei a notícia com sentimentos mistos. O governo da República Federal da Alemanha cederia pela segunda vez?

Bernd e eu havíamos assumido a tarefa de preparar a ação em Estocolmo. Não me lembro mais como nos comunicávamos no grupo. Ainda não existiam celulares ou e-mail. Os presos do dia quatro de fevereiro entre outras coisas foram pegos por causa dos telefonemas.

Fui à embaixada alemã usando um pretexto e um funcionário do departamento consular já mais velho me levou ao terceiro andar. Fiquei surpreso com a facilidade do acesso. Aquele funcionário seria um dos reféns do ataque, semanas depois. Quando ele prestou depoimento no processo de Estocolmo, todos perceberam como ainda estava muito traumatizado, um ano e meio depois do evento.

Tínhamos pressa. Nada de atividades supérfluas e que exigiam tempo, estávamos pressionados pelo tempo e com pouca experiência com atividades na clandestinidade. Havíamos alugado um apartamento em Huddinge, uma cidade vizinha a Estocolmo. O combinado era eu ir até Göteborg para buscar duas bolsas com tudo o que iríamos precisar para o ataque, entre outros, explosivos. Voltando para Estocolmo, percorri quase 500 quilômetros de florestas à noite. Eu já dormira pouco na véspera. Cochilei ao volante e fui parar num buraco ao lado do acostamento. Em segundos fiz o balanço da minha vida, pois achava que tudo iria pelos ares. Mas nada aconteceu. Desfiz as duas bolsas de viagem e as escondi na mata. Mal estava de volta ao carro chegou uma patrulha. Na Alemanha, na época, ainda não existia a obrigatoriedade do cinto de segurança, mas na Suécia, sim. Pretextei que o cinto estranho me atrapalhara. Um reboque foi chamado e o carro foi tirado do buraco. Mas agora os policiais queriam examinar se o carro estava apto a circular. Entraram na patrulha e eu fui obrigado a dar partida no carro para não levantar suspeita. Tentei marcar o lugar e voltei para buscar as bolsas depois de percorrer vários quilômetros e depois que a patrulha havia ido para outra direção. As bolsas ainda estavam lá.

Pouco antes de Norrköping o carro começou a ratear. Achei que não iria conseguir chegar a Estocolmo sem parar mais uma vez na estrada. Devolvi o carro na locadora e peguei um trem para Estocolmo. No "nosso" apartamento acho que foi a primeira vez que todos os seis nos encontramos.

Não poderia dizer que, sob aquelas condições, teríamos tido tempo, espaço e comunicação suficiente entre nós para poder debater, avaliar e pormenorizar a ação que depois levamos a cabo. Não me lembro. Depois de quatro décadas, o esquecimento é normal. Mas provavelmente as brechas na minha memória não se devem somente ao esquecimento, e sim à repressão de lembranças dolorosas. A concepção era tudo ou nada. Tínhamos todos entendido que poderíamos morrer durante a operação. Falamos que ameaçaríamos executar funcionários da embaixada caso nossa reivindicação de soltar vinte e seis presos não fosse atendida e que, em última consequência, teríamos que matar os reféns.

A reflexão sobre um outro cenário, nas nossas cabeças, ficou para "depois". A continuação da luta armada ainda tinha sentido na Alemanha e em Berlim Ocidental? Caso sim, como? Onde estavam as principais abordagens de alternativas à sociedade de 68, que tinham sido a principal característica daquele movimento e uma resposta ao fascismo e ao imperialismo? A Guerra do Vietnã havia terminado, em grande parte devido ao movimento de protestos nos Estados Unidos, e as negociações de paz de Paris tinham sido conquistadas ao cabo de um movimento mundial. O movimento de 68, que gerou a RAF, já tinha terminado havia muito tempo. Outro movimento grande, o antinuclear, estava nascendo.

A nossa ameaça de executar reféns caso os presos políticos não fossem libertados nos obrigou à ação, sem deixar alternativas. As Brigadas Vermelhas italianas se meteram em uma enrascada parecida quando, em 1978, fizeram refém o primeiro-ministro italiano Aldo Moro e, ao final, tiveram que optar entre matá-lo ou aceitar uma derrota estratégica. Mario Moretti, um dos fundadores das Brigadas Vermelhas, fez sua autocrítica em uma entrevista com Rossana Rossanda e Carla Mosca (*Brigate Rosse. Uma história italiana)*.

Deixamos todas essas questões de lado. Elas não nos preocupavam. Os nossos ideais políticos estavam concentrados e limitados na libertação dos presos, com os quais queríamos esclarecer todo o resto. Mas não era um conceito de como confrontar forças fracas com forças vigorosas. A situação formada depois da morte de Holger Meins parecia inequívoca e demandava capacidade de ação e um vigor sem compromissos. Assim se colocou o primado do aspecto militar que caracterizou as ações da RAF até 1998.

Na Suécia, o primeiro-ministro Olof Palme, mais tarde assassinado, participou de manifestação contra o Vietnã em frente à embaixada americana de Estocolmo. Parecia-nos que naquele país seria menos provável que o governo mandaria invadir a embaixada – um perigoso equívoco.

Nós nos dividimos em três grupos e, ao meio-dia do dia vinte e quatro de abril de 1975, forçamos por meio do uso de armas o acesso ao terceiro andar da embaixada, normalmente proibido. Mal havíamos nos entrincheirado com onze reféns no terceiro andar, a polícia sueca invadiu o prédio e subiu a escadaria. Reivindicamos a imediata retirada da polícia. Caso contrário, mataríamos o adido militar, Andreas von Mirbach. Ameaçado de morte, ele foi obrigado a negociar com a polícia em sueco. Depois de quatro ultimatos, foi ferido mortalmente por tiros, morrendo pouco após no hospital.

A polícia sueca se retirou do prédio em seguida, mas depois daquele refém morto a operação de libertação já estava fracassada. A morte do adido militar foi uma das razões pelas quais o governo da Alemanha se recusou a libertar os vinte e seis presos políticos.

Por volta de vinte e uma horas, o ministro sueco da Justiça, Lennart Geijer, informou por telefone que o governo alemão não libertaria nenhum preso. O que restou para nós foi prosseguir cegamente com um planejamento feito nas semanas anteriores. Com a nossa ameaça de matar um refém a cada hora que passasse depois do ultimato, nós nos vimos obrigados a agir.

Só depois de matar o adido Heinz Hillegaart chegamos a um acordo de não matar outros reféns. Nós nos preparamos para o fim. Às 23h, eu liguei para o comando da operação policial para anunciar a libertação das três mulheres reféns, funcionárias da embaixada. Contávamos com a invasão do terceiro andar a qualquer momento. Uli estava com uma das duas granadas de mão que estavam conosco. Puxou o pino de segurança e ficou com ela no punho cerrado. No momento em que a deixasse cair ou que ela fosse arrancada de sua mão, iria explodir. Por volta da meia-noite, a dinamite que havíamos levado e instalado na embaixada explodiu. Imagino que a granada de mão que explodiu pouco depois causou os ferimentos mortais de Uli. A força da detonação me fez voar dois metros pelos ares, mas só tive ferimentos leves.

Até hoje só posso supor quais foram os motivos da explosão. Bernd ficou de tal modo ferido pelos estilhaços que Siegfried e eu o carregamos para fora do prédio em chamas. Siegfried usava uma camiseta cinza-claro listradinha. Nas costas, havia um buraco do tamanho de uma mão com as margens ainda queimando. Dizem que ele morreu poucos dias depois devido às consequências dessas queimaduras no ambulatório da prisão de Stuttgart-Stammheim. Na época, o jornal sueco *Expressen* citou um especialista em queimaduras que qualificou a transferência do preso de "sentença de morte". Na Alemanha, Siegfried foi levado primeiro para um hospital em Colônia, para ser transferido dali a uma clínica especializada em queimaduras em Ludwigshafen. A Procuradoria-Geral ignorou isso e mandou que ele fosse transferido para o ambulatório da prisão de Stammheim, onde não recebeu tratamento adequado. A revista alemã *Der Spiegel* citou um médico que disse: "O que fizeram com aquele homem foi um crime". No entanto, é bom ficar claro que nós, integrantes do Comando Holger Meins, fomos corresponsáveis pelas mortes de Siegfried Hausner e de Ulrich Wessel.

Estocolmo, assunto "dissociado"

Demorou muito tempo até eu me permitir a constatar, tanto no nível da razão quanto no da emoção, que a morte cruel de dois reféns, pela qual fui corresponsável, é um crime injustificável. Isso também se deve ao fato de que a esquerda sempre considerou o ato de libertar presos das próprias fileiras uma espécie de imperativo moral, ação exemplar da guerrilha. Foi assim quando, em abril de 1928, Olga Benário, membro do Partido Comunista

Alemão, libertou da prisão em Berlim o seu companheiro de vida e de luta Otto Braun. Foi assim entre os tupamaros no Uruguai que, no início dos anos 1970, conseguiram escapar às centenas das prisões da ditadura militar, com ajuda externa. Foi assim também entre organizações brasileiras que resistiram à ditadura. E há ainda inúmeros outros exemplos.

Achávamos que éramos soberanos. Arriscamos nossas vidas, destruímos a vida de duas pessoas, infligindo grave e vitalício sofrimento aos seus familiares. Durante muito tempo eu me recusei a pensar em como aqueles que perderam marido ou pai poderiam seguir sua vida. Como fomos capazes de, em nome da defesa de companheiros e companheiras na prisão, fuzilar outros presos reféns?

O assassinato de reféns prejudica de maneira irreparável a esperança de um mundo mais humano que era ou parecia ser – com todos os equívocos – um dos anseios fundamentais do movimento de 68, bem como dos movimentos de libertação nacional no sul global. *O assassinato de reféns sempre estará aquém de qualquer esperança sociorrevolucionária*, disse Karl Heinz Roth depois do assassinato do líder empresarial (e ex-membro da SS) Hanns Martin Schleyer em 1977. Nossa ação não era sustentada por um sentido político, então que perspectiva poderia se abrir? Anos mais tarde invocamos a Convenção de Genebra. Acontece que esse acordo impõe um veto absoluto contra a matança de presos. Não havia nada na nossa ação que lembrasse a luta por um mundo mais justo e humano.

Acreditávamos soberanamente que poderíamos levantar uma questão de poder – e a perdemos. Militantes que lutam por uma sociedade mais humana podem colocar tudo em questão, até mesmo princípios éticos, sem os quais sequer se imagina uma sociedade mais humana livre de exploração e de opressão? O que a violação de princípios éticos faz com aqueles que os violam? Frantz Fanon também escreveu sobre isso. A partir da certeza de estarmos vivendo um final dos tempos, o capitalismo tardio cujo fim já parecia visível com as lutas anticolonialistas e anticapitalistas globais, havíamos transposto fronteiras que jamais poderíamos ter transgredido. Não fui especialmente coerente quando precisei lidar com a minha responsabilidade pela morte de quatro pessoas. Durante muito tempo, acreditei que a nossa ação fosse moralmente justificável. Nosso objetivo era o de libertar presos de condições prisionais destruidoras. Portanto, parecia ser legítimo também destruir em último caso. Mas os reféns assassinados não eram nossos adversários. Os adversários eram os tomadores de decisões da República Federal da Alemanha. Achávamos que diplomatas eram apenas representantes do Estado e os seus familiares eram uma abstração para nós. Ao longo das últimas quatro décadas nunca houve uma reflexão conjunta, uma conversa, uma discussão ou uma briga sobre Estocolmo e as vítimas entre nós, os quatro sobreviventes do Comando Holger Meins, ou no âmbito do grupo de debates Balint. Eu próprio nunca empreendi esforços nessa direção. Essa é uma informação sobre aquilo que se passou dentro de nós durante todos esses anos: algo indizível.

Embora eu criticasse o sequestro do avião da Lufthansa em Maiorca durante o chamado *Outono Alemão* e, em 1985, o assassinato do soldado americano Edward Pimental, o ponto final na questão da RAF só se deu para mim de meados a final dos anos 1980. Em primeiro lugar, para mim, não estava a questão do emprego da violência, e sim a incompetência dos clandestinos e do seu meio anti-imperialista com a discussão crítica – salvo exceções – com outras correntes que haviam surgido no seio da esquerda desde meados dos anos 1970.

Ainda em 1981, em uma carta, qualifiquei a invasão da embaixada alemã em Estocolmo como *derrota em termos militares e vitória em termos políticos*. Mas, no fundo, eu havia me "dissociado" do assunto Estocolmo. Encerrei muita coisa que deveria ter-se tornado concreto em pensamentos e emoções atrás das muralhas das abstrações políticas. Mas a lembrança sempre ressurge – não como um acontecimento detalhado, analisado ou a ser analisado, e sim como advertência, algo que me deixa paralisado por alguns segundos. Um campo negro indelével na história da minha vida.

Durante o tempo que passei no Brasil, frequentei sessões semanais com Edda, uma psicanalista alemã. Precisava de alguém para conversar sobre o meu trabalho, que nem sempre era fácil. Na época, eu me via ocasionalmente em um conflito de papéis. Por um lado, eu tinha uma clara responsabilidade em relação ao Serviço pela Paz Mundial em Berlim. Por outro, meu trabalho diário na ONG brasileira Campo e a minha convivência com colegas em várias favelas fizeram brotar responsabilidades, esperanças, amizades. Muitas vezes, isso gerava conflitos. Eu estava em outro meio cultural, principalmente na favela. A Alemanha e, com isso, também a RAF, relativizaram-se para mim. Tornaram-se mais distantes, não estavam mais no cerne da vida que moldou a minha identidade.

Assim mesmo o tema Estocolmo e cadeia surgia de vez em quando nas sessões com Edda, sem querer desaparecer. Surgia no fundo. Não conseguimos "resolver". Nem tinha como... Não me lembro se jamais falamos sobre as vítimas e seus familiares. Não os conhecia. Só depois da minha volta para a Alemanha li o que publicaram, o que disseram na TV sobre suas perdas, sua dor, e como encontraram forças para lidar com aquilo e continuar vivendo. Foi uma leitura pesada.

Quando fui libertado, em 1995, vim para um meio político-social que me prestou muita ajuda solidária para conseguir me encontrar em um mundo totalmente transformado, mas também era um meio em que havia, para mim, um "bônus RAF", respectivamente, um "bônus de prisioneiro da RAF". Uma das razões pelas quais, poucos anos depois, fui para o Brasil, era a aversão contra esse bônus. Eu havia ficado vinte anos na cadeia, uma sanção por Estocolmo, uma punição que eu aceito, ainda não com a rigidez das condições carcerárias. Mas ter cumprido a pena de vinte anos não foi um mérito, ainda que, na prisão, eu resistia às condições do regime prisional. Às vezes eu achava que aquele bônus poderia ser uma postura irrefletida e pouco crítica em relação ao meu passado no Comando Holger Meins. Eu próprio ainda não havia formulado uma autocrítica clara, mas o reconhecimento e a simpatia que eu percebi, salvo algumas exceções, provocavam em mim sentimentos ambíguos.

No Brasil, tive outra vivência. As amizades, o reconhecimento, as mostras de simpatia que fiz ali foram claramente o reconhecimento do meu trabalho na favela e da minha postura em relação às pessoas. Aquilo era genuíno, convincente, aceitável. Eu conseguia viver bem com aquilo. Trabalhei muitos anos com as "massas anti-imperialistas". Que eram tudo – menos anti-imperialistas. Devido a uma escolaridade muito deficiente nem sabem o que é imperialismo e anti-imperialismo. E certamente não quereriam saber nada de ações violentas. Existe muita arma na favela. Se é que estão fartos de alguma coisa, é da violência, seja por parte da polícia, seja por parte do tráfico e da milícia.

Foram os melhores anos da minha vida. Só depois de voltar daquele mundo tão diferente consegui escrever algo autocrítico, mesmo em relação a Estocolmo. Na revista Kompass, do Serviço Mundial da Paz, que sai periodicamente, escrevi em 2013 um texto intitulado *Da clandestinidade para a vida na comunidade: Na RAF, a radicalidade social de 68 transformou-se em radicalidade militar*. Também comentei em algumas breves frases o assassinato dos dois reféns. Pensei menos nos familiares das nossas vítimas. O que fariam com aquelas duas ou três frases? Por outro lado: não importa quantas e que palavras eu escrevo, serão sempre insuficientes.

Apesar de estar há alguns anos no conselho do Serviço Mundial pela Paz, não sou totalmente pacifista até hoje. Os argelinos, os vietnamitas e a população de muitos outros países não teriam alcançado sua independência somente com ações de desobediência civil. Não importa o que veio depois das lutas de libertação anticolonialista, elas sempre foram legítimas. Mas hoje não vejo em parte alguma uma situação local, regional ou global - embora hoje tudo pareça bem mais dramático e pior do que nas últimas décadas do século 20 – em que a violência revolucionária possa se tornar portadora de um mundo mais humano e justo. Mas a violência revolucionária sempre precisa ser portadora de esperança, ou seja: a restrição precisa ser imanente a ela. Em sua caligrafia muito própria precisa ser possível ler uma promessa para o futuro, a promessa de não apenas querer algo diferente, mas já ser diferente hoje em relação às condições e circunstâncias que combatemos. E essa diferença precisa ser visível à primeira vista na ação revolucionária, mesmo a violenta.

CAPÍTULO 6
Cadeia I: Como Aprendi a me Afirmar

Zweibrücken

Voltemos ao ano de 1975, fins de abril. Depois que fomos presos, o governo sueco quis se ver livre de nós o mais rápido possível. Nem liguei muito quando a porta da cela foi fechada atrás de mim na cadeia de Zweibrücken, poucos dias depois da invasão da embaixada. Ainda estava aturdido.

Minha cela era um cômodo pequeno e apertado. Cama estreita, sanitário, mesa, cadeira, janela com uma placa para tapar a visão. Estava surpreso de ainda estar vivo. Não que desejasse o contrário. Estava feliz por estar vivo, mesmo que nossa ação em Estocolmo tivesse sido um desastre. Mas ainda era incapaz de abarcar com pensamentos e sentimentos o que tinha acontecido. Nos primeiros dias, semanas, anos não consegui fazer com que aquilo tudo chegasse mais próximo de mim. Estava sozinho, isolado, porém consciente de que existiam vínculos em que eu podia confiar. Aquilo dava força – existiam vínculos que ajudavam, embora às vezes fossem difíceis. Havíamos perdido dois companheiros e eu, um bom amigo, Ulrich Wessel. Em uma carta que escrevi em fins de 1984 encontro algumas linhas sobre Uli: *Ele era coerente quando percebia que havia novidade no ar. Não era nenhum herói nato, era sincero consigo e com os outros.*

Num primeiro momento, estar encarcerado não foi surpreendente para mim. Conhecia aquela situação de inúmeras descrições. Uma outra vida estava começando. Em algum momento escutei uma voz chamando o meu nome no corredor. Vinha de outra cela, mais distante. Lembrei da voz, era de Klaus Jünschke, a quem conhecera alguns anos antes no grupo de base Psicologia Política de Mannheim, de onde fomos ao SPK de Heidelberg. A comunicação se limitou a duas ou três frases gritadas. Além dele havia em

Zweibrücken outros dois presos da RAF. Mais tarde consegui enxergar através de uma fresta quando faziam seus passeios no pátio.

No começo eu passava o dia inteiro na cela vazia. Tentava me concentrar. Os reflexos políticos exercitados funcionaram e tudo acontecia numa espécie de automatismo: nada de conversa com os guardas, mandar embora o procurador federal que apareceu por um breve momento à porta da minha cela. O dia transcorria como se eu estivesse num filme de ficção científica. Permitiram que eu passasse meia hora por dia dando voltas no pátio. Eu era conduzido pelos corredores através de um silêncio mortal e alas de celas infindáveis. Incontáveis portões gradeados eram abertos e fechados, não se via nenhum outro prisioneiro, era como uma cena de um filme surrealista de Buñuel sobre um prisioneiro sozinho em um imenso complexo penitenciário.

Chegou o advogado. Era um advogado de esquerda de Frankfurt. Ele acabara de conhecer a Revolução dos Cravos em Portugal e ficara entusiasmado – em contraste à nossa ação em Estocolmo. Alguns meses mais tarde, o primeiro ato do Presidente do tribunal no processo de Estocolmo consistiu na leitura de uma carta do tal advogado informando ao tribunal que não iria mais me defender. Devo enfatizar, no entanto, que ele constituiu uma exceção. A maioria dos defensores nos apoiou de maneira engajada e solidária, até quando tinham uma postura crítica – e até a expressavam – em relação à ação de Estocolmo e à própria RAF. Esse apoio foi importante para a nossa sobrevivência.

Cadeia – o fim?

Eu estava de costas para a parede e precisava inventar qualquer coisa para não sucumbir. Não havia boias de salvamento. Resistir era a única maneira, sem alternativas, para a minha integridade mental. A solidariedade no seio do grupo dos prisioneiros da RAF era um importante pilar. Acontece que nunca fui um guerreiro heroico. Para mim, tal tipo de projeção, principalmente em relação à minha pessoa, sempre era algo extremamente questionável, para não dizer, constrangedor. Geralmente, o objetivo de tais projeções era criar distância, destacar a pessoa da esfera e dos parâmetros humanos normais. Nem sempre, mas quase sempre, decidi trilhar o caminho da resistência – sozinho ou junto com os outros presos da RAF. Eu tinha lá os meus lados fracos, mas jamais pensei em apontar para outros a fim de *comprar* uma vantagem. Em última análise, só podia confiar em mim mesmo na cadeia. Nem sempre o grupo dá força. Acontece que você, isolado, precisa ser forte sozinho. Isso me marcou. Mais tarde, quando trabalhei em favelas no Brasil, precisei me reeducar. Na cooperação técnica internacional, a figura do guerreiro solitário, na melhor das hipóteses, é alguém estranho. Também aqui se trata de descolonizar mentes e corações.

Precisava me virar, adaptar o meu organismo a um meio hostil, zelar pela integridade das minhas ideias e dos meus sentimentos – significando – , por assim dizer, uma evolução acelerada. Também precisava ficar atento às minhas dúvidas. Não desejava ser um daqueles que, por princípio, acreditavam na RAF acima de qualquer crítica e para quem qualquer pensamento divergente era traição. Mas tampouco queria ser um dos vira-casacas que, com um gesto triunfal, arrasam tudo, chegando ao ponto de entregar outros companheiros.

Depois de meio ano comecei a perceber que só me lembrava de maneira difusa dos argumentos que eu próprio havia trabalhado na véspera do processo. Foi uma sensação nova. Senti que algo estava mudando em mim. Fui tateando de pensamento em pensamento e descobri que estes não estavam mais totalmente integrados em um tecido. Comecei a desenvolver, por escrito, esquemas de memorização para evitar que tanta coisa, nítida durante o dia anterior, se perdesse na manhã seguinte na névoa das frestas da memória. Quando a porta da cela se abria, eu precisava me concentrar para reagir de acordo coma situação. Como ficaria isso durante o processo?

Quando, semanas depois, recebi o primeiro livro, foi uma redenção – pelo menos temporariamente.

A dois

Poucas semanas antes do processo fui transferido para a cadeia de Essen, onde eu podia encontrar diariamente, por duas horas, Karl-Heinz Dellwo – na cela dele ou na minha. Foi um imenso alívio. Era a oportunidade de conversar com outra pessoa, uma pessoa amiga. Nós também tínhamos atritos. Até hoje, nossa relação nem sempre é fácil. Mas preferimos que seja assim, ainda estamos em busca, ainda não chegamos, há concordâncias e diferenças. Creio que é até ameaçador quando existe uma harmonia baseada em fórmulas políticas. Com as sobras das nossas rações de leite, fazíamos uma espécie de queijo cottage que tornava a comida monótona da cadeia um pouco mais variada. Dividíamos o produto fraternalmente. O mesmo já não acontecia quando se tratava da redação de uma declaração para o processo por causa de diferenças entre nós.

O início do processo se aproximou. Um dia, as portas das nossas celas se abriram e apareceu um assistente do avaliador psicológico, um tal professor de Boor. O que ele queria? Havíamos recusado qualquer avaliação psiquiátrica. Por que não nos levaram, como era o costume, à sala de visitação? Não me lembro o que esse assistente disse. Troquei algumas palavras com ele. Depois de dois minutos, ele foi embora.

No dia nove de maio de 1976 ouvimos no rádio a notícia da morte de Ulrike Meinhof. Foi um golpe de marreta na cabeça. Envolvida no ataque a bomba à sede da editora Springer em Hamburgo, em que trabalhadores foram feridos, ela redigira o texto - muito polêmico - sobre o "setembro negro", o ataque à equipe olímpica israelense em Munique, em 1972. Apesar disso, era ela que, na RAF, como mais ninguém personificava a continuidade da resistência antifascista e anti-imperialista e uma consciência histórica. Ela se tornara membro da RAF por sofrer com a passividade do seu ambiente esquerdista. Queria agir, agir e agir! Um grande vácuo se abriu. Nos primeiros dois minutos ficamos em silêncio na cela. As informações do rádio eram transmitidas através de um alto-falante na parede. Estávamos certos de que ela fora assassinada.

Sociopata

Minhas lembranças do processo ficaram distantes. Tentamos justificar e legitimar o que não podia ser justificado nem legitimado. Vou poupar a mim e aos leitores e não vou citar as declarações do processo. Os reféns sobreviventes falaram, alguns deles estavam visivelmente traumatizados.

Nossos advogados de confiança nos defenderam de modo competente e engajado. O especialista forense precisou ser substituído. Enquanto seu assistente estava no processo, ele se escondia atrás das portas das celas para escutar. Fez seus laudos a partir das poucas palavras que conseguiu fisgar. Eu fui diagnosticado como "sociopata". Traduzindo literalmente, isso significa alguém que sofre com as condições da sociedade, o que nem está tão errado assim. As raízes ideológicas desse diagnóstico de "sociopata" ficaram esclarecidas depois, quando os advogados mostraram a sua tese de doutorado e ele não pôde se esquivar de admitir a autoria. A tese tratava de experiências feitas com pacientes esquizofrênicas na Noruega ocupada pelos nazistas, procurando as origens da doença na medula do esterno que ele costumava furar sem anestesia. Era o biologismo ariano. Pelo jeito, o então doutorando não sofria nem um pouco com as condições sociais reinantes na Alemanha nazista. Diante da presença de correspondentes internacionais no tribunal, esse tipo de especialista não era muito adequado. Foi demitido.

Nos dias em que não havia sessão permitiam que ficássemos juntos por duas ou três horas em uma cela ou no pátio. A justiça não queria correr novamente o risco de ter que libertar prisioneiros com base em um laudo que os declarava incapazes de participar do processo ou de permanecer na prisão, como aconteceu com Astrid Proll. De noite, as luzes ficavam acesas nas nossas celas. Em espaços irregulares havia controles, sendo que o guarda dava um tranco forte na proteção de alumínio que cobria o olho mágico, fazendo-a girar ruidosamente. É o que se chama de privação do sono.

Uma dúzia de greves de fome

Em abril de 1977, nós, o grupo dos presos da RAF, iniciamos uma greve de fome coletiva. Para mim, foi a primeira. Uma dúzia de outras haveriam de se seguir até 1989 – geralmente greves coletivas de fome, mas outras vezes também individuais. Na época, eu registrei:

> Abril de 1977: primeira greve coletiva de fome. Alimentação forçada. Como resultado da greve de fome, nós quatro na prisão de Colônia-Ossendorf ganhamos a permissão de estarmos juntos todos os dias por algumas horas. Mas foram poucos dias. Depois que o grupo de Stammheim – que conseguira se reunir graças à greve – voltou a ser separado, retomamos a greve de fome. Alimentação forçada, não para conservar a vida do preso, e sim para submetê-lo à força através de uma tortura brutal. Tenho escoriações, extremidades torcidas, uma paralisia na mão esquerda, hematomas.

Os objetivos da greve tinham mudado. Já estava mais do que claro que os presos do grupo jamais seriam integrados nas mesmas condições dos demais prisioneiros, como foi reivindicado durante as primeiras greves de fome, as quais tinham terminado com a morte por fome de Holger Meins, forçada pelas autoridades. A alternativa para a obtenção das mesmas condições, negadas, foi concretizar a meta de juntar os prisioneiros em grupos aptos a interagir. Os grupos, segundo um especialista, deveriam ser compostos por cerca de quinze pessoas a fim de permitir um certo equilíbrio social e emocional.

Nós, da ação de Estocolmo, fazíamos parte de um grupo que, apesar de todos os imensos e violentos esforços de ser espalhado entre Lübeck e Straubing, Colônia e Berlim Ocidental, sempre lutava junto: *Hoje às seis da manhã, oitenta presos do bando Baader-Meinhof iniciaram uma greve de fome coletiva em dezessete instituições penitenciárias na Alemanha Federal e em Berlim Ocidental.* Durante todos aqueles anos, volta e meia o noticiário matutino dava esse tipo de informe. Mas nós éramos seres humanos com falhas e fraquezas, produtos da sociedade de consumo capitalista, pessoas que tinham suas manias, que poderiam ter vivido de outra forma em um ambiente social diferenciado e equilibrado e poderiam ter interagido de maneira diversa do que naquele isolamento em pequenos grupos.

Para o poder judicial especializado em defender o Estado, as nossas greves de fome eram atividades de uma agremiação terrorista. Quem nos apoiasse teria de contar com drásticas represálias por fomentar uma agremiação terrorista, que chegavam a penas de prisão. Pelo simples fato de ter distribuído um panfleto para divulgar e apoiar a luta pela nossa reunião em grupos Jonas Thimme pegou dezoito meses de cadeia.

No começo, foi difícil passar fome. Mas acabei aprendendo. É sabido que a sensação de fome desaparece depois de alguns dias – não totalmente, mas já não é mais tão aguda. Mesmo assim, não foi fácil cortar totalmente a relação com a comida. Depois de alguns dias, consegui um naco de pão, uma iguaria para papilas gustativas esfomeadas. Mas rapidamente eu percebi que aquilo não dava alívio algum. Mudar o metabolismo de fome para normal e vice-versa custava mais energia do que o benefício ganho com aquele pedacinho de pão. A partir daí, nunca mais comi durante uma greve. O que pesava mais durante a greve foi o crescente enfraquecimento físico. Eu me movimentava mais devagar. Conseguia ler e escrever, mas não com a perseverança normal. Quando saía da posição deitada para ficar em pé, não enxergava mais nada e tive medo de cair. Aprendi a levantar em etapas curtas e controladas. Tomava bastante água, café e chá, tudo sem açúcar. Embora a situação fosse tudo menos engraçada, cheguei a me divertir ao observar a transformação das minhas fantasias de comida à noite, já quase adormecendo. Na primeira fase, em que o corpo consome as próprias reservas de gordura, sonhei com bifes imensos e enormes salsichas que pingavam gordura. Na segunda fase, em que o corpo ataca as reservas de carboidratos, eu via tortas da Floresta Negra com creme chantilly e pratos fumegantes de espaguete. Depois de quatro ou cinco semanas começa a próxima fase, em que o corpo consome suas proteínas, inclusive as escleroproteínas. Eu estava fisicamente enfraquecido, mas me sentia cada vez mais forte, quanto mais durava a greve.

Alimentação forçada

Quando vinham me buscar, eu resistia e esperneava. Me amarravam a uma grande cadeira de madeira. Em seguida, forçavam a minha boca aberta com um utensílio duro, empurrando goela abaixo uma sonda da espessura de um polegar e que primeiro ia parar na traqueia. Eu resfolegava, tentava buscar ar, em pânico, achava que ia sufocar – provavelmente era como no afogamento simulado, forma de tortura em que a pessoa é deitada de costas e imobilizada e a água é jogada sobre a face e para dentro das vias respiratórias. A sonda era reposicionada e agora direcionada para o esôfago, onde era despejada a alimentação líquida. Mais tarde, começaram a usar uma sonda pelo nariz, um pouco mais grossa do que uma agulha de tricô, normalmente utilizada na alimentação artificial. A intenção da sonda que ia para o estômago era provocar dor, desencadear o medo de sufocamento. Num determinado momento, capitulei e interrompi a greve.

Em Ossendorf recebi a visita dos meus pais. Já antes da ação de Estocolmo eles haviam percebido que algo estava acontecendo. Poucas semanas depois do meu sumiço a Polícia Federal tocou a campainha para saber onde eu estava. Na época, os serviços da Alemanha se esforçavam por manter os controles e as verificações de paradeiro – afinal, éramos da esquerda, e não da direita. A ação de Estocolmo e a minha detenção foram um duro golpe para os meus pais. Na época, já existia o grupo de familiares – mães, pais, irmãos dos presos que se mantinham encontros regulares, ajudavam-se uns aos outros, acima de tudo, apoiavam solidariamente os presos em sua luta durante muitos anos. Essa experiência foi uma grande ajuda para nós.

A minha mãe morreu em 1978. Trabalhou a vida inteira, levou um casamento nem sempre feliz, perdeu um filho, passou por fascismo e guerra – e morreu pouco depois de se aposentar. Espero que pelo menos os primeiros anos com o meu pai tenham sido tão felizes quanto o expressam as fotografias descritas no início deste livro. Em face da sua morte iminente, ela ligou para a procuradoria federal e pediu que eu fosse levado para a casa dos meus pais para poder me ver pela última vez e se despedir de mim. Isso aconteceu em vinte e oito de dezembro de 1978 em uma ação-relâmpago, sem anúncio prévio aos meus pais. O conjunto de casas geminadas em que moravam os meus pais foi transformado em um cenário de guerra civil. Antes de eu chegar, de helicóptero, a polícia havia invadido a creche ao lado com cachorros, deixando as crianças traumatizadas e gritando de medo. Arrasaram os canteiros dos quintais atrás das casas. Uma parente que nem tinha como saber nada da minha súbita vinda foi observada por um policial de motocicleta em um bairro da periferia de Karlsruhe. Quando finalmente cheguei à sala na casa dos meus pais onde minha mãe estava no leito de morte, dois policiais em trajes civis com metralhadoras nos joelhos se postaram entre nós, sentados. Aquela mulher simples nunca, em sua vida inteira, vira de perto uma arma de fogo. Sentiu muito medo, sofreu um colapso nervoso, chorava sem parar, foi impossível ter a última conversa. Eu estava proibido de abraçá-la ou mesmo de segurar a sua mão. Quando, anos mais tarde, foi a vez do meu pai, ele suplicou ao telefone: *Por favor, não quero tudo aquilo de novo.*

O processo terminou em meados de 1977, no chamado "Outono Alemão", com uma dupla sentença de prisão perpétua.

Outono Alemão

Em cinco de setembro de 1977 a RAF sequestrou o presidente do sindicato dos empregadores, Hanns Martin Schleyer. Nazista ardente e antissemita da primeira hora, membro da SS, Schleyer fora responsável pela *arianização* da economia tcheca, leia-se, a desapropriação de judeus. A sistemática exclusão e a privação dos direitos civis dos judeus foi um passo rumo ao Holocausto. Depois de expropriados, os judeus também perderam o direito à vida. Não quero legitimar o assassinato de Schleyer pela RAF, mas em nome da informação completa não devo deixar de mencioná-lo.

O governo federal criou instâncias decisórias que não estavam previstas na Constituição: o pequeno e o grande grêmio de crise. Além de representantes de todos os partidos no Parlamento participava também o então procurador-geral federal Kurt Rebmann. Quando o chanceler federal Helmut Schmid convidou, no dia oito de setembro, a "pensar o impensável", Rebmann fez a seguinte proposta:

> O Parlamento muda imediatamente o artigo 102 da Constituição, que aboliu a pena de morte. Com essa alteração poderão ser fuziladas aquelas pessoas que os terroristas querem libertar ao tomar reféns e fazer chantagem. A sentença de morte será dada pelo tribunal mais elevado. Sem possibilidade de recurso.

Durante a ditadura militar no Uruguai (1973–1985) os militares jogaram no cárcere nove presos das fileiras da organização guerrilheira MLN tupamaros, declarando-os reféns e ameaçando executá-los caso houvesse novas ações armadas de resistência do MLN. Um deles me visitou na cadeia depois de ser libertado durante meus últimos anos na cadeia.

Incomunicabilidade total

Foi nesse ambiente que se instituiu a incomunicabilidade total, embora a lei que a instituiu só fosse votada posteriormente. De acordo com essa lei, a incomunicabilidade total pode ser aplicada aos presos condenados segundo o parágrafo 129a (organização terrorista). Foi uma das numerosas leis especiais introduzidas no contexto da RAF. Quando nós quatro, do grupo de Estocolmo, fomos acusados, ainda não existia esse parágrafo. Por isso, não fomos condenados de acordo com essa lei. Mesmo assim a incomunicabilidade foi aplicada a nós. Foram seis semanas em um jazigo de concreto. Eu não sabia o que acontecia além das paredes da minha cela. Os guardas eram ostensivamente hostis e agressivos. Até hoje lembro com nitidez de algumas das cenas vividas. Eu contava com a possibilidade de virem me atacar a qualquer momento. Qualquer contato com o mundo exterior estava cortado: visitas (mesmo de defensores), qualquer forma de correspondência escrita, mesmo com os advogados, o rádio da cela ficava desligado, jornais não eram entregues. Enquanto eu dava o meu passeio no pátio, minha cela era inspecionada até os últimos detalhes, o que incluía o vaso sanitário. Quando eu voltava, invariavelmente havia uma poça de urina no chão. À noite, a luz permanecia acesa na cela. Eram feitas barulhentas inspeções através do olho mágico. Privação do sono.

O clima estava acirrado e agressivo. Durante esse período de total incomunicabilidade, um comando palestino, evidentemente alinhado com a RAF, sequestrou um avião da Lufthansa com turistas da ilha de Maiorca. Na lista dos presos cuja libertação era reivindicada havia os nomes de Hanna, Bernd e Karl-Heinz do grupo da ação de Estocolmo. Mas o meu nome faltava. Eu interrompera uma greve de fome porque não suportara mais os guardas chutando a porta da cela à noite e sendo arrastando para a alimentação forçada. Não fui tomado por sentimentos de decepção por ter sido "excluído" quando tive a notícia no fim do período de incomunicabilidade. Fiquei até mais aliviado. Os que estavam no avião de turistas, temendo pela sua vida, eram pessoas como os meus vizinhos atuais ou os colegas com quem trabalho no Serviço pela Paz Mundial. Como poderia querer ser trocado com eles? Com aquela ação, qualquer relação com a sociedade da Alemanha Federal e as raízes com lutas sociais como o Coletivo de Pacientes SPK, a campanha Staffelberg (manifestações contra os reformatórios) ou as ocupações de casas estavam definitivamente rompidas, extinguindo, assim, qualquer pensamento em desenvolvimentos de alternativas à sociedade estabelecida.

Quando me deixaram ficar alguns minutos no pátio na manhã do dia dezenove de outubro de 1977, ainda incomunicável, outros presos seguraram cartazes nas janelas de suas celas, informando com letras garrafais a morte dos três presos de Stammheim. Eu me esforcei por não transparecer a minha consternação. Haviam sido assassinados ou tinham decidido pôr um fim à sua vida?

Assassinato ou suicídio?

Uma das imagens que continuam presentes foi nossa primeira ida conjunta ao pátio depois de seis semanas de incomunicabilidade total, em fins de outubro. Cedinho, ainda no escuro, demos as nossas voltas, iluminados por um holofote. Aquele cenário por si já era fantasmagórico. Era impossível identificar o que se passava por trás daquela luz ofuscante. Algo se movia? Uma escalada de quase um ano, movida com a mesma determinação pelo lado do governo como pelo nosso, havia acabado com um estouro. Será que havia terminado mesmo? Tentamos compreender a situação dramaticamente modificada com isenção e sem emoção. Sobre o que falamos? Sobre a morte dos presos da cadeia de Stammheim, naturalmente. Os fundadores da RAF estavam mortos. Foram assassinados na 'terra de ninguém' da incomunicabilidade total? O Estado tinha acabado com tantas regras básicas, por que também não com o direito à vida? O sentimento de solidariedade incondicional com os presos assassinados, que tomou conta de nós, num primeiro momento impediu qualquer olhar crítico ou mesmo apenas questionador sobre o que havia ocorrido. Foi um golpe cujas consequências não entendemos em sua plenitude naquele momento. Algo havia acabado.

Assassinato ou suicídio? Nos anos seguintes, eu nunca me defini nessa questão que se tornaria tão importante, até porque não era a questão central para mim, mas foi intencionalmente rotulada de tal – uma expressão de nossa despolitização ou de nossa falta de rumo político. Naturalmente era preciso fazer tudo para esclarecer a questão sobre se o Estado matara os três presos da prisão de Stammheim no decorrer do período de incomunicabilidade total. Isso era de interesse geral, bem além da esquerda. Durante o chamado "Outono Alemão", o governo e as autoridades de defesa haviam instituído um estado de emergência. Censura da imprensa, manipulação de notícias em relação à mídia e à opinião pública, escuta dos presos em isolamento, privação do sono durante semanas, escuta das conversas com os defensores dos presos, exclusão de defensores, entrega sigilosa de documentos do processo aos meios de comunicação da editora Springer através de um dos juízes investigativos como base para uma campanha e, finalmente, o regime de detenção em isolamento – proscrito pelas Nações Unidas – se emaranhavam numa teia cada vez mais densa de um poder paralelo. Quem sabe, esse poder paralelo decidiu se livrar definitivamente dos presos ao final do regime de incomunicabilidade? Com o assassinato de presos teria acontecido algo de duradouro para a Alemanha Federal, para além do estado de exceção. Por isso o esclarecimento dessa questão era de importância decisiva. Que país era aquele?

No contexto da RAF esperava-se uma profissão de fé inequívoca nessa questão. Chamávamos aquilo de "chegar a uma avaliação". Há indícios para um assassinato, mas também para o suicídio – sob supervisão do Estado. Que futuro os presos de Stammheim podiam esperar? O Estado e a Justiça haviam erigido um cenário de permanente estado de exceção à sua volta, de modo que a mera ideia de uma futura redução da escalada era proibitiva. Eu próprio passei dezessete anos sem gastar um único pensamento com a possibilidade de que, em algum momento, pudéssemos ser libertados. Face à situação extrema em que nos encontrávamos, tal ideia, tal pensamento teria soado como uma perda da realidade. A fim de manter sob controle as consequências do isolamento, eu não me permiti nenhuma excursão para o reino dos sonhos e da fantasia. Essa restrição certamente gerou desenvolvimentos equivocados. Se uma situação exigia raciocinar e buscar com criatividade, era a nossa. E se, em alguma situação, o fato de raciocinar ou procurar com criatividade era percebido como um risco, era a nossa também. Em situações difíceis, tendemos a confiar em padrões de comportamento e raciocínio mais antigos, conhecidos e "seguros", mesmo que a situação exija criatividade e a disposição de ultrapassar fronteiras com coragem, como nos ensinaram a época de 68 e todos os revolucionários no mundo inteiro.

E agora?

A nós, prisioneiros sobreviventes do "Outono Alemão", bem como aos outros que nos haviam apoiado solidariamente do lado de fora, sobretudo durante as greves de fome, essa importante pergunta ajudou a não enfrentar outra questão, bem decisiva: e agora? Como estava a situação depois de 1977, depois de sete anos da *Fração do Exército Vermelho*? Como tudo iria continuar? Uma avaliação efetiva teria que começar com uma análise de Estocolmo, pois com a rigidez daquela ação tínhamos dado sinais equivocados, que, nos anos seguintes, tornar-se-iam um padrão triste. Uma discussão certamente teria sido difícil, considerando as condições externas, mas não era impossível – e, de todas as maneiras, necessária. Não por último, o próprio papel dos presos precisava ser redefinido. Nós, os prisioneiros e a RAF, havíamos feito de tudo entre 1975 e 1977 para acirrar a situação com todos os meios possíveis, com um só objetivo: a libertação dos presos. Jogamos tudo em uma batalha decisiva e a perdemos. Isso condizia com os métodos da guerrilha? Em seu isolamento, os presos tinham a competência política para poder julgar a situação com a cabeça fria? A RAF nascera enquanto fração, ou seja: de uma determinada relação com a própria ruptura de 68. As ações da RAF na primeira fase eram voltadas contra instituições e tendências que estavam no foco do movimento de 68: os ataques a dinamite contra instalações da US *Army* em Heidelberg e Frankfurt se referiam ao genocídio no Vietnã. O ataque questionável – contra a sede da editora Springer se referia à campanha anti-Springer. E os ataques contra instalações da política e do aparato repressivo tinham raízes na campanha contra as leis de exceção, o Estado controlador e a repressão policial. Não que tivesse havido discussões ou votações com o movimento de 68, já em declínio. Mas havia essas referências em termos de conteúdo, como também ficou registrado em parte nos primeiros textos da RAF. Isso tudo faz parte dos primórdios da RAF.

Mas a RAF ainda era fração depois que já estava praticamente dissolvida aquela esquerda da ruptura de 68 à qual a organização se referia em seu entendimento de fração, da mesma forma que se referiu à frente mundial contra o imperialismo americano, cuja relevância decrescera com o fim da Guerra do Vietnã e a descolonização na África e na Ásia. Em vez disso, havia em curso novos movimentos e novas formas de luta, alguns dos quais já existiam havia alguns anos em 1977, como o movimento antinuclear que lidava de maneira aberta e crítica com a questão do poder – uma abordagem que era tabu entre nós.

No outono de 1977, um comando palestino, em cooperação com a RAF, sequestrou um avião com turistas alemães que fazia a rota Maiorca-Frankfurt. Os sequestradores reivindicaram a libertação de onze prisioneiros da RAF e de dois prisioneiros palestinos encarcerados na Turquia.

Aquela ação contra pessoas normais da massa do povo teria sido um equívoco único ou um novo direcionamento? Em maio de 1972, quando trabalhadores foram feridos durante o ataque ao prédio da editora Springer, houvera discussões aguerridas. E agora, não haveria necessidade de rediscutir e esclarecer?

Sociedade ou gueto?

Karl-Heinz e eu fomos os primeiros presos da RAF a romper um tabu. Pressupunha-se que prestássemos solidariedade incondicional aos companheiros na clandestinidade. Criticá-los significava traição. Em cartas, passamos a criticar o sequestro do Boeing da Lufthansa. Karl-Heinz escreveu:

> Ninguém pode ser ingênuo a ponto de acreditar que aquela massa representada no avião venha a ficar do lado da resistência no momento em que é

> transformada em objeto. Naturalmente isso só aumenta a solidariedade com o Estado etc. O desprezo das contradições nas metrópoles é um erro. Pois até mesmo os movimentos de libertação no Terceiro Mundo precisam de apoio das metrópoles.

Escrevi que os companheiros na clandestinidade deveriam lidar com os novos movimentos e se posicionar em relação a eles, ou então cessar a luta armada. Eu esperava que a RAF voltasse a zonas sociais a partir das quais se tenta conquistar uma sociedade oposta e emancipadora e, dessa forma, as questões de formas e dimensões de violência são debatidas com mais controvérsia. Não era possível querer apostar em uma escalada militar em lugar de metas e conceitos políticos. Não era possível que um grupo, a partir de si mesmo e independentemente de tudo o que ainda existia em termos de resistência emancipatória e oposição contra as condições capitalistas, executasse ações com consequências tão profundas e duradouras quanto as ações armadas da RAF. O sequestro de turistas em férias em Maiorca contrastava fundamentalmente com tudo o que eu tinha aprendido na minha socialização pré-política e política. Não precisou haver debates mais profundos entre nós para sabermos que ações como o sequestro da máquina da Lufthansa estavam fora de questão. Estava claríssimo. Essa clareza, no entanto, era mais relativa na medida em que nunca falamos sobre a nossa própria ação, em que matamos dois reféns e nos entregamos a esse militarismo. Foi uma expressão de grande fraqueza.

Demorou mais dez anos até eu ter certeza de que a RAF havia mesmo acabado. Foi um longo caminho recheado de ambiguidades e coisas não pensadas até o fim. No entanto, havia uma continuidade, dada pelo auto-empoderamento, pela descoberta das próprias habilidades e possibilidades dentro do confronto e através dele. Em um artigo em duas partes, publicado em 1994 na revista *ak (analyse & kritik = análise & crítica)*, intitulado *Sociedade ou isolamento*, eu escrevi o seguinte sobre o sequestro do avião da Lufthansa pelo comando palestino:

> Em 1977, nós criticamos o sequestro do avião de turistas do ponto de vista majoritariamente moral. No entanto, sem ter ainda uma ideia real das profundas transformações que ocorriam atrás das nossas costas em todos os níveis, um certo constrangimento surgira em relação ao quadro político de até então.

> Começara uma estagnação. (...) A rebelião mundial contra o imperialismo americano, o colonialismo e o capitalismo tardio, supostamente deslegitimado – em quase todo país latino-americano havia pelo menos um grupo guerrilheiro – foi uma onda que foi se formando ao longo de várias décadas, de tal ímpeto que esse equívoco, o de conseguir derrubar o sistema imperialista em uma frente conjunta, tinha que ser trilhado de qualquer jeito. (...)

Em 1975 a Guerra do Vietnã terminara com a queda de Saigon e, com ela, o efeito-turbinador que essa guerra de libertação teve na esquerda nos Estados Unidos e na Europa Ocidental. A maioria das colônias inglesas, francesas, belgas e portuguesas – pela via pacífica ou pela luta armada – também haviam conseguido um status que foi precipitada e eufemisticamente designado por "independência". Agora, as últimas esperanças revolucionárias, aliadas a uma solidariedade ativa, estavam voltadas para os países centro-americanos. Em 1980, a campanha *armas para El Salvador* do jornal *Taz* conseguiu coletar 4,7 milhões de marcos alemães. Milhares de *Internacionalistas* foram para a Nicarágua sandinista para trabalhar na lavoura e na infraestrutura do país, e a rebelião da população indígena de Chiapas, no México, também ganhou apoio.

Mais um trecho do meu retrospecto de 1994:

> Termina a época do keynesianismo e, com ela, a possibilidade de se referir ao Estado enquanto ator político, nomeadamente no campo da economia; começa a era do neoliberalismo, o reino do caos, e, com ela, aquela militância que parte do pressuposto do seu direito natural para existir aquém das normas de rentabilidade para a vida ditadas pelo mercado mundial.

Os novos movimentos só foram entrando no meu campo visual pouco a pouco. Eu esperava uma *re-politização:* efeitos corretivos obtidos pelo desafio de ter que lidar com a situação modificada, com outros pontos de vista, com contradições e, com isso, uma superação da autorreferência militarista. Só muitos anos depois, na greve de fome de 1989, a reivindicação por uma "discussão com todos os grupos sociais" entraria para a agenda.

Depois de passarem pela censura da cadeia, as cartas dos presos ganhavam vida própria. Do lado de fora da prisão, eram copiadas e distribuídas. O que os presos diziam valia muito – desde que estivesse de acordo com o *mainstream* do contexto da RAF da época. O que Karl-Heinz e eu dizíamos já não estava de acordo. Ideias críticas não eram bem-vindas. Sobretudo, como era natural, se essas críticas visassem a luta armada e os clandestinos. Naturalmente, existiam outras pessoas fora da prisão que tampouco consideravam aquele sequestro do avião em Maiorca como um ato revolucionário. Alguns deles nos apoiaram. Acima de tudo lembro de Theo, que teve a coragem de me apoiar em minha posição crítica. Ali nasceu uma amizade para a vida inteira. Na época, ele trabalhava em uma livraria de Marburg, um coletivo de esquerda, e atuava de uma forma política não-dogmática. Ajudava muito ler as suas cartas, caracterizadas por ideias próprias e independentes.

Schwalmstadt

Em algum momento em março de 1978, depois do passeio no pátio, fui levado para uma área livre na instituição penitenciária de Colônia-Ossendorf, onde já estava à espera um helicóptero com o motor ligado. Fui empurrado para dentro, as portas da cabine se fecharam com força e o helicóptero levantou voo. Verifiquei, pela posição do sol, que estávamos voando para leste. Eu não tinha a menor ideia do que estava acontecendo. Horas mais tarde já me encontrava em outra cadeia, novamente em uma cela isolada. Fui informado de que, agora, estava no Estado de Hessen, no presídio de Schwalmstadt, e que a minha cela em isolamento fora apelidada de *gaiola Baader* pelos outros presos, pois o próprio Andreas Baader também ficara isolado ali. Seja como for, uma basculante dava visão para o pátio, onde os presos andavam em círculos. No fim da tarde a porta se abriu. Era o carrinho com o jantar. Como sempre, quando eu saía da cela, todas as portas das demais celas na ala estavam cerradas. Só em três celas vis-à-vis da minha havia três presos mais idosos em seus uniformes listrados, em pé como soldadinhos de chumbo, olhando fixamente para mim. O que era aquilo? Achei tudo muito estranho, em um primeiro momento não sabia como reagir, já que, nos últimos três anos, nunca tivera contato com outros presos, nem sequer contato visual. Acenei com a cabeça, mas eles não reagiram, olhando para mim sem mexer um músculo. Dois guardas viram a cena e riram. O que acontecia? Eu não conseguia entender a situação.

Abrandamento da pena: TV com a SS

No dia seguinte me deixaram ir a uma cela no mesmo corredor para buscar água quente. Li os nomes afixados nas portas das celas: Kaduk, Klehr, Erber. Conhecia estes nomes. Tinha acabado de topar com eles na peça *O interrogatório*, de Peter Weiss, que lera pouco antes. O *oratório em onze cantos* mostra o caminho das vítimas da rampa em Auschwitz até o forno crematório. No caso dos três presos, tratava-se de condenados do processo sobre Auschwitz, em Frankfurt, que o procurador Fritz Bauer conseguiu levar a cabo entre 1963 e 1965, apesar de todas as fortes resistências de políticos e da Polícia Federal. Aqui, em Schwalmstadt, os três tinham sido colocados juntos em um grupo. O quarto – Wilhelm Boger, inventor do "balanço Boger", uma espécie de pau-de-arara para interrogatório e tortura em que a vítima é pendurada em uma haste de cabeça para baixo – morrera um ano antes. Josef Klehr se ocupara no campo de concentração em matar detentos com injeções no coração, Oswald Kaduk fizera o seu serviço na rampa. Matava crianças com a sua bengala jogando-as no chão, colocando as bengalas por cima do seu pescoço e pisando nela à esquerda e à direita até morrerem. No Memorial para a Resistência Alemã em Berlim (*Gedenkstätte Deutscher Widerstand*) a cena da rampa com Kaduk pode ser vista em uma fotografia do tamanho de uma parede. Em meus escritos dos tempos de cadeia encontro uma carta ao meu advogado:

> Existe uma regra de que todos os presos da minha ala precisam ficar em suas celas quando vou buscar comida ou água. Quando a minha porta é aberta, os guardas saltam – literalmente – até as três celas dos nazistas e as abrem para que eu necessariamente encontre com eles. Erber, responsável pela área (onde há água quente) e que maneja a torneira da mesma forma diligente com que manejava o gás em Auschwitz, me controla então, no lugar do guarda, quando estou sozinho naquela área. Sob o riso maroto dos guardas, Kaduk diz então, de vez em quando: *Corta a cabeça dele!* Para suavizar o regime de isolamento me deram a opção de assistir TV junto com esses três nazistas em uma sala minúscula ou de permanecer isolado!

Essa experiência me tirou do sério. Para mim Auschwitz e o Holocausto foram uma experiência-chave elementar, como só existiu uma vez naquela época no mundo inteiro para a geração do pós-guerra crítica e rebelde. "Não se fala com a geração de Auschwitz", formulara Gudrun Ensslin. E agora o Estado de Hessen me oferecia, como abrandamento da detenção, assistir TV junto com a SS de Auschwitz. Em Guantánamo tenta-se quebrar a identidade de presos muçulmanos servindo-lhes carne de porco como único alimento. Para mim, servem essa encenação infame como única saída de anos e anos de regime de isolamento. Eu passava a noite correndo de um lado para a outra na minha cela, o meu coração saía pela boca, fantasias selvagens passavam pela minha cabeça. Procurei uma possibilidade de afiar a faca na minha cela em alguma superfície menos lisa para que eu pudesse golpear alguém. Felizmente isso não funcionou. Mas entendi imediatamente a mensagem daquela encenação: querem acabar comigo. Agora que, com o fim do processo, imaginavam que suas selvagerias não chegariam mais à opinião pública, pintavam e bordavam.

Kaduk era alto, forte, de aparência robusta. Quando o juiz se dirigia a ele no processo, ele saltava do banco e ficava em posição de sentido. O clássico súdito: submisso para cima, dando chutes para baixo. Na cadeia fazia chicanas com presos que não entravam na linha, como ocorreu quando o velho Günter Hanisch iniciou uma greve de fome de três ou quatro dias para protestar contra uma injustiça. Sob as risadas dos guardas ele o empurrou tanto até que o velho não teve mais coragem de ir para o pátio. Kaduk não desaprendera o seu ofício... Tive a impressão com um ou outro dos guardas que Kaduk, para eles, era um colega que simplesmente tinha ido um pouco longe demais. Tal atitude tolerante parecia existir também em relação a outro preso, condenado por estupro, o melhor amigo de Kaduk. Mal saía por alguns dias da prisão ele já atacava a próxima mulher. Naquela época a TV estava mostrando uma série americana sobre o Holocausto. Os três homens da SS também assistiram a essa série, junto com outros presos da nossa ala. Escutei como, no fim da série, a porta da sala de TV se abriu e logo se escutou a voz e Kaduk imitando uma metralhadora; rá-tá-tá-tá-tá, provocando altas risadas de Kaduk e dos guardas.

Fisicamente, Klehr era o oposto de Kaduk: um homenzinho insignificante. Eu tinha a sensação de que ele desejava se isolar um pouco de Kaduk, aquele bruto sempre ruidoso. Um dia, no pátio, escutei ele conversando com os presos da cela vizinha. Será que eu via mesmo no seu rosto um traço de orgulho e de autossuficiência? Contou que, na biblioteca da cadeia – à qual eu nunca tive acesso durante todos aqueles anos – , encontrara um livro em que era mencionado várias vezes. Curioso, meu vizinho de cela quis saber o nome do livro para lê-lo também. Era *Der SS-Staat (O Estado da SS, uma das poucas descrições do regime da SS, publicada em 1946),* de Eugen Kogon.

"Cumprimento comum da pena"

Depois de algumas semanas, no entanto, permitiram que eu participasse do passeio no pátio com os outros presos. Mas com isso iniciou-se uma nova série de acontecimentos. As medidas de segurança foram acirradas, mulheres choravam ao visitar seus maridos por causa dos repentinos controles, havia presos furiosos porque eram feitas razias em suas celas depois que tiveram contato comigo. Em meus cadernos da cadeia encontro a seguinte anotação:

> Depois de algumas semanas de isolamento permitem que eu passe uma hora por dia no pátio junto com outros presos. Logo tenho bons contatos com alguns deles, mas com a mesma rapidez entendo o que acontece com essa "normalização": presos que entram em contato comigo de forma normal, quer dizer, mais do que um contato fugidio, recebem alertas e punições, suas saídas temporárias e visitas são cortadas, são chamados individualmente para a direção do presídio. Viram de ponta-cabeça uma cela com oito presos curdos em busca de um pedaço de papel que eu dera a um deles no pátio – ele me pedira para redigir um pedido para ele. Eu próprio, de vez em quando, era caçado e preso como um animal selvagem depois do passeio no pátio e obrigado a tirar toda a roupa, suspeito de ter recebido alguma coisa de outrem. Depois de alguns meses sou informado de que alguns presos – normalmente bastante submissos – se juntaram para declarar que me arrebentariam se eu não fosse transferido para outra prisão. O ultimato era de presos apelidados de "elite da cadeia", geralmente cafetões dos bordéis em torno da estação central de Frankfurt. A atitude dos guardas e da direção de atiçar os presos e tentando direcionar para mim a raiva dos presos sobre as regras mais severas rendeu frutos. Não se podia falar, portanto, de uma normalização das condições carcerárias, como o porta-voz do Ministério da Justiça anunciava para o público externo. Ao contrário. Logo, logo eu voltei a ficar sozinho em um pátio normalmente recheado de presos.

Os presos entenderam que manter contato comigo poderia piorar a sua já difícil situação, bem como a de seus familiares.

Verão de 1979, greve de fome de cinco semanas do grupo de prisioneiros da RAF. O objetivo da greve era fazer com que os presos da RAF fossem reunidos em grupos capazes de interagir. Eu não quis mais ser o motivo para piorar a vida de dúzias de presos e para o possível cancelamento de libertações por bom comportamento. Também já havia informações de câmaras de execução penal em que a recusa de um pedido de férias feita por um preso era explicada com a justificativa de que ele mantinha muitos contatos comigo. Na época, a Justiça acabara de criar o conceito de "culpa por contatos". Muitas vezes, famílias com dificuldades esperavam pelos presos. Eu não quis mais participar deste tipo de situação e ser motivo de prejuízo para as perspectivas já precárias nas cadeias alemãs de outros presos e reivindiquei passeios individuais no pátio até que os grupos fossem reunidos.

Tentativa de suicídio

Foi um erro. Durante um ano não saí mais da cela. Eu tinha um pequeno aparelho de rádio. Em um determinado momento, foi em maio de 1979, escutei a notícia de que Elisabeth von Dyck, minha namorada da época de Heidelberg, fora executada a tiros pela polícia em Nuremberg – de costas, ela estava sem arma na mão. Dois policiais haviam esperado atrás da porta de sua casa, sua vinda fora anunciada por um outro policial via rádio. Quando abriu a porta, foi simplesmente fuzilada.

Pouco tempo depois comecei a achar que estava enlouquecendo. Havia ruídos na minha cela e eu não conseguia encontrar a causa. Só descobri mais tarde. A alça da minha xícara de café tinha um defeito de fabricação, um buraquinho mínimo, invisível à primeira vista. Bastava eu colocar água quente para fazer um Nescafé para escutar um ruído como se estivesse escapando o ar de um pneu.

De manhã, depois de acordar, eu tinha a sensação de ter isopor sob a calota craniana, em vez de massa encefálica. Eu me sentia fraco, desamparado e vulnerável. Já via que iria parar na psiquiatria da cadeia. Curiosamente não senti dor alguma ao tentar cortar os pulsos. Às cinco da manhã a janelinha da porta se abriu. Os guardas viram os rios de sangue escorrendo e voltaram a fechar a janelinha. Às seis e trinta finalmente abriram a porta. Provavelmente esperavam que eu tivesse morrido até lá.

Quando, quatro horas depois, voltei do hospital, a cela já tinha sido limpa, mas o procurador federal que veio de Karlsruhe estava à minha espera. Queria saber se eu tinha algo a dizer. O que queria ali, na hora mais vulnerável da minha vida? Apesar de ter perdido tanto sangue eu ainda conseguia somar dois mais dois e mandei ele embora.

Felizmente não é tão fácil se matar. Eu me perguntei se queria continuar vivendo. Sim. Mas de outro jeito. Eu queria descobrir o que queria de verdade. Escrevia cartas, me questionava, tentava limpar o meu cérebro de coisas pré-concebidas. Nos primeiros meses depois da tentativa de suicídio chegava a durar uma semana até eu conseguir confirmar o que eu escrevera, reconhecendo incondicionalmente as minhas convicções.

Escrever, uma tábua de salvação

Escrever, para mim, foi uma tábua de salvação. O homem é um *zoon politikon*[44], um ser político. E a língua é a instância de mediação entre o fora e o dentro, entre indivíduos e grupos. Ordenar e compreender a realidade na prisão em isolamento é diferente de estar em um meio social vivo. As imagens na cabeça são incompletas e fugidias, é preciso ter energia e força para abrir o caminho até elas e reuni-las em um todo que faz sentido. Mas existia a possibilidade de registrar as imagens, os pensamentos e os sentimentos através das cartas. Quando começou o processo para a "libertação antes do tempo" em 1995, depois de vinte anos de cadeia, o diretor da prisão anotou: *Taufer escreveu tantas cartas que a censura da penitenciária não foi capaz de acompanhar.*

Quando, outros vinte anos mais tarde, pela primeira vez vasculhei os meus pertences da cadeia, encontrei dúzias de fichários e de cadernos com cartas que havia recebido, bem como as cópias-carbono das minhas respostas. Impossível ler todas ou mesmo contar as páginas. Eu coloquei a caixa na

44 N. de E.: *O Homem é um animal político*, na tradução mais evidente dessa famosa passagem de Aristóteles em sua *Política*, mediante a qual o filósofo macedônico sublinhava o ímpeto a atuar coletivamente como *inerência* do gênero humano – nem é preciso falar de todos as possibilidades que se pode desenvolver a partir daí.

balança do meu banheiro: quinze quilos. Esqueci muitos nomes de pessoas que trocaram cartas comigo. Geralmente colocava o nome à mão, o que falta na cópia. Por isso, já não sei mais a quem se destinaram muitas das cartas. Nos fichários encontro cartas afetivas e amorosas, como de Anja, de Hamburgo. Ou de Martin, que hoje trabalha em uma ONG na cidade curda de Kobane. Ou do amigo Theo, que agora acompanha o meu trabalho neste livro. Felizmente, ele também guardou nossa correspondência, pois o meu arquivo de cartas só começa em maio de 1982, depois da minha transferência para Celle. Onde ficou a correspondência dos sete anos anteriores? Onde está a carta que escrevi depois do sequestro do avião da Lufthansa? Não sei. Possivelmente a cadeia de Schwalmstadt simplesmente as reteve quando fui transferido para Celle, depois de eu ter sofrido graves maus-tratos – acontecimentos sobre os quais falava nas minhas cartas para fora. Em muitas das cartas a partir de 1982 ainda se vê o caminho que percorreram com a abreviaturas riscadas A, K, KH; no nosso grupo de Celle a correspondência que entrava ou saía era circulada.

Quando folheio hoje essa pasta de cartas, sinto um enorme sentimento de gratidão em relação a todos aqueles que me escreveram e também me visitaram. Eles ajudaram a mim e aos outros a sobreviver enquanto ser humano. Muitas vezes minhas cartas continham dez ou mais páginas. Isso ainda existe hoje, na era das micronotícias?

Escrevemos muita besteira nessas cartas, produzimos análises questionáveis, Comissão Trilateral para frente e para trás, mas eu também descubro muita coisa e às vezes, ao ler tudo aquilo anos depois, penso: não era tão ruim assim o que colocamos no papel. A correspondência foi um elemento central dos anos passados na prisão, e por isso me permito citar um ou outro trecho.

No começo de 1981 seguiu-se uma nova greve de fome coletiva. Cito um trecho dos meus cadernos da cadeia:

> Enquanto corre a greve sou transferido para o hospital penitenciário de Kassel. Antes disso, alimentação forçada, golpes no meu rosto, joelhos no meu pescoço, enforcamento com luvas de borracha, minhas extremidades são torcidas, sou amarrado a uma maca, me pesam à força enquanto um enfermeiro gordo pisa na minha barriga, alimentação forçada duas vezes por dia. Relatos

> dessa tortura em um jornal de Kassel fazem com que o redator seja condenado judicialmente.

Sigurd Debus morreu no dia dezesseis de abril de 1981 depois de oito semanas de greve de fome. Ele fora detido em fevereiro de 1974 depois de tentar montar um grupo de guerrilha em Hamburgo. Aderira à greve de fome a fim de conseguir a reunião com outros presos políticos. Para quebrar a sua vontade, também foi brutalmente alimentado à força.

Depois de sua condenação Sigurd fora transferido para a penitenciária de Celle. Depois da explosão que resultou em um buraco no muro da penitenciária e depois que se "encontraram" ferramentas em sua cela ele foi transferido para a penitenciária de Fuhlsbüttel, em Hamburgo, "por razões de segurança", onde ficou preso em severo regime de isolamento. Mais tarde se soube que o ataque a bomba fora uma ação do serviço secreto interno do governo da Baixa-Saxônia, aprovada pelo governador do Estado, Ernst Albrecht, e com conhecimento do governo federal. O plano era fingir uma tentativa de libertação para introduzir um espião da polícia na RAF. O "buraco de Celle" (*Celler Loch*) é uma de diversas ações ilegais cometidas pelo Estado e pela Justiça que, assim, puderam clamar por mais segurança e planejar e construir sete alas de segurança máxima.

Cito mais um trecho das minhas anotações do cárcere sobre o fim da greve de fome:

> Depois de negociações entre os nossos advogados e o Ministro da Justiça Schmude a greve termina com a confirmação de que todos os presos serão reunidos em grupos de quatro a seis. Depois, a promessa não se realiza, só em casos isolados. Em nenhum lugar se forma um grupo de seis presos. Eu próprio ainda preciso lutar um ano inteiro para ser reunido a outros presos da RAF. Antes disso, tentam de tudo com métodos de terror para me demover de me reunir a outros presos.

O Ministro Federal da Justiça, Jürgen Schmude, confirmara publicamente que seis presos em regime de isolamento seriam juntados a outros presos. Eu era um deles, deveria ser levado para Celle, onde estavam Karl-Heinz Dellwo, Knut Folkerts, Heinz Herlitz e Andreas Vogel. Embora fosse uma ala de segurança máxima, seríamos um grupo de cinco presos. Eu vi a luz no fim do túnel. Quando o ministro confirmou, a greve de fome foi interrompida. Eu fui levado para outra seção, afora isso nada aconteceu, durante um ano inteiro.

Luta para conseguir a reunião com outros presos

Afora fazer greves de fome, um preso não tem muitas opções para se defender. Eu não quis iniciar outra greve de fome. Decidi apostar todas as fichas em embaralhar o dia a dia na cadeia. Todo dia, às seis da manhã, eu chutava a porta da minha cela. Outros presos, agradecidos, me imitaram e começou um barulho infernal. Veio um comando especial e me levou para uma cela de "tranquilização", onde passava algumas horas. Na manhã seguinte, o mesmo. Quando abriam a porta eu explicava que não ia parar de fazer barulho até ser transferido para Celle. A reação foi a de sempre: fui levado para o bunker. Mas mal regressava, voltava a fazer barulho. Isso apesar de já estar muito maltratado.

> A porta se abre, um bando de guardas entra na minha cela, alguns me seguram, o outro me golpeia com um cassetete na cabeça, outros me golpeiam no rosto com os punhos, chutes na genitália. Em seguida me levam para o bunker. Só quando a tortura se torna pública o meu advogado pode reivindicar um laudo por um médico legal da clínica universitária de Marburg.

Em uma carta de dezoito de abril de 1982 o meu advogado escreveu para o secretário de Justiça do Estado de Hessen:

> Como sabe, vi o meu cliente pouco depois dos acontecimentos na cadeia de Schwalmstadt e constatei, assustado, um hematoma azul-escuro em toda a região dos olhos. A metade direita do rosto estava inchada e verde, o nariz idem. Da mesma forma foi possível identificar uma ferida aberta, já tratada, na cabeça. Deve haver um mal-entendido quando o senhor afirma publicamente que *aparentemente não houve ferimentos.*

Uma resolução para juntar os presos, do 6º Congresso de Advogados de Defesa em 1981 em Berlim diz:

> A situação mais acirrada é a de Lutz Taufer, em regime de isolamento na cadeia de Schwalmstadt. A sua transferência para o grupo que já existe em Celle

> está sendo negada. Por isso, esteve em uma breve greve de fome em fevereiro desse ano. Depois de interrompida a greve, houve frequentes agressões com maus-tratos físicos por parte dos funcionários agora objeto de uma investigação. Há três semanas ele se encontra em rígido isolamento no bunker, a cela de tranquilização da penitenciária de Schwalmstadt.

Três semanas depois dos maus-tratos, a pedido do meu advogado, um professor Hilgermann do Instituto de Medicina Legal da Universidade de Marburg me examinou e constatou, entre outras coisas: *Cicatriz de um ferimento na cabeça, contusões na costela esquerda, hematomas,* etc., além de dizer: *O resto de um hematoma muito grande na região dos olhos deve ter tido como origem um golpe de punho.*

Mais um trecho das minhas anotações da cadeia:

> Depois do ataque me prendem durante quatro semanas em um bunker distante que já serviu de cárcere no século passado. Quatro semanas passo naquela caverna. Dez a quinze vezes por noite sou despertado com os guardas que abrem ruidosamente o espaço, às três ou quatro da madrugada, avisos para mim via alto-falante: enforque-se! Acabe com a sua vida!, e coisas do gênero. Quando, depois de duas semanas, peço por roupas novas e um chuveiro, eles recusam: vamos continuar até os bichos saírem do seu prepúcio. Em vez disso, jogam água no colchão. As refeições são jogadas para dentro da cela, pelo chão. Finalmente, me compreendem. Ao final da quarta semana, de repente recebo a visita do meu advogado que, num primeiro momento, acha que estou usando óculos. Na sala, um aparelho de telefone. Um vice-secretário de Justiça do Estado de Hessen informa que a minha transferência para Celle dentro de poucos dias está confirmada.

A Anistia Internacional intervém

Só fui informado sobre a minha transferência para Celle quando a Anistia Internacional de Londres escreveu uma carta para o então secretário de Justiça do Estado de Hessen, Herbert Günther (SPD). Não vou esconder que, alguns dias mais tarde, deixei a cadeia de Schwalmstadt andando ereto e de bom humor antes de entrar na carreata que me esperava. Durante a viagem de várias horas – acho que eram três ou quatro limusines – aconteceu algo imprevisto. Preciso ir ao banheiro. Claro que isso não era tão fácil assim. Não podíamos simplesmente parar no acostamento ou em um posto. O comboio de carros deixou a estrada, chegou a uma cidade, foi até uma caserna e parou em um pátio interno quadrado cercado por prédios de três andares. Em todas as janelas havia dúzias, centenas de funcionários ou trabalhadores. Nunca tantos funcionários públicos assistiram enquanto eu fazia xixi.

CAPÍTULO 7
Cadeia II: A Ala de Segurança Máxima em Celle

Depois de chegar à ala de segurança máxima em Celle, a porta da cela se abriu às 18h e finalmente pude me juntar a Andreas, Heinz, Karl-Heinz e Knut. As parcas quatro horas foram insuficientes para relatar tudo o que eu havia vivido em Schwalmstadt e tudo o que eles haviam passado na ala de segurança máxima em Celle, as lutas que tiveram que travar para sair do isolamento total e entrar nas condições prisionais atuais. Em meio àquilo, pela primeira vez em sete anos assisti ao noticiário na TV. O advogado Christian Ströbele[45] apareceu na tela e eu me assustei ao ler nas rugas do seu rosto quanto tempo havia transcorrido.

Quando cheguei a Celle em maio de 1982, a ala de segurança máxima já existia havia uns bons três anos. No final de 1977, os governadores haviam decidido distribuir estrategicamente os presos da RAF e do Movimento 2 de Junho por vários estados da federação. Usando, entre outros, o pretexto do ataque a bomba – perpetrado pelo próprio serviço de segurança interna da Baixa Saxônia contra as muralhas da penitenciária de Celle, o famoso "buraco de Celle" – sete alas de segurança máxima foram construídas em todo o território da Alemanha Federal, todas concebidas como "prisão dentro da prisão", o que significa isolamento hermético em relação ao restante das atividades presidiárias e aos demais presos. Não chegava a ser uma Guantánamo, mas durante todos aqueles anos sempre nos deram a entender que gostariam que fosse parecido com aquela penitenciária.

---

45 Cofundador do Coletivo Socialista de Advogados em Berlim, em 1969. Na década de 1970, atuou na defesa de alguns membros da RAF, entre eles Andreas Baader. Entrou na política mais tarde (Partido Verde alemão).

Em dezembro de 1978, a ala de segurança máxima de Celle estava ocupada por Karl-Heinz Dellwo, Heinz Herlitz e Harry Stürmer. Heinz Herlitz era do círculo de influência do Movimento 2 de Junho, tendo sido detido em maio de 1977 e condenado a cinco anos e meio de prisão. Harry Stürmer, acusado junto com Heinz Herlitz, já havia sido libertado quando cheguei a Celle. No outono de 1981 Knut Folkerts foi transferido para a ala. Por último, em fevereiro de 1982, antes de mim, chegou ainda Andreas Vogel, também egresso do Movimento 2 de Junho, dissolvido no verão de 1980.

Ala de segurança máxima: uma estação espacial extraterrestre

Para testar se o homem se adaptaria à vida em Marte, oito pessoas ficaram encerradas em uma biosfera artificial no âmbito de um experimento da ciência espacial norte-americana. A revista *Der Spiegel* relatou isso em sua edição de setembro de 2011, em uma matéria intitulada *Inferno na casa de vidro*:

> Em pouco tempo, a estação espacial no deserto do Arizona virou um pesadelo. *A cada momento fui tomada pelo medo de estar perdendo a razão*, diz Poynter. (...) Acima de tudo, no entanto, a inglesa sofreu com a crescente agressividade naquele minimundo autônomo. *Sabíamos que grupos pequenos, isolados do mundo externo, como na Antártica ou em naves espaciais, acabam brigando entre si. Nem havíamos cogitado a possibilidade de isso acontecer também entre nós*, disse ela. Mas a equipe se dividiu em duas frações profundamente hostis entre si, que mal falavam uma com a outra.

Acontece que não éramos candidatos a uma viagem espacial, tampouco éramos oito. Além de serem inicialmente os primeiros e únicos presos daquela ala, Harry, Heinz e Karl-Heinz ainda por cima estavam totalmente isolados, sem contato entre si ou com outros presos. Cada um podia passar meia ou uma hora por dia no pátio da ala. Era uma espécie de comprida caixa de concreto com muros altos onde, em vez de um teto, havia arame farpado, câmeras de segurança e holofotes. Antes e depois dessa volta ao ar livre os presos passavam por inspeções corporais. Como, ao ar livre, a pressão que se sente na cabeça dentro da caixa de concreto cedia um pouco, os pensamentos fluíam um pouco mais, mas também desapareciam com a mesma rapidez. Por isso, Heinz quis levar um pedacinho de papel e um lápis a fim de anotar um ou outro pensamento. Não obteve permissão para tal. Depois de uma longa luta deixaram que ele levasse um lápis, porém nenhum pedaço de papel.

Em dezembro de 1978, alguns dias depois de ser transferido para a ala, Karl-Heinz escreveu ao seu advogado:

> Na porta de cada cela existe uma portinhola quadrada para passar as coisas. As duas janelas não podem ser abertas. Isso é importante, porque nada reflete tão ostensivamente o isolamento total e o enclausuramento quanto aquela janela. Tampouco existe comunicação com o lado de fora via respiradouro. Ele também foi construído de forma a não deixar passar nenhum som. A cela é pintada de amarelo, há duas grandes lâmpadas de neon no teto, que ficam acesas das sete da manhã às onze da noite, além de uma pequena placa de lata cimentada no próprio muro para fazer as vezes de espelho. As portas da cela são hermeticamente isoladas. A cela é silenciosa. Ontem, por exemplo, choveu. Vê-se, mas não se escuta.

Enquanto escrevi minhas memórias, pedi a Heinz, que também mora em Berlim, que fizesse um relato da situação na ala antes da minha transferência para lá. Eis as suas reminiscências:

> De repente pediram que, de manhã, fôssemos para o café totalmente vestidos e de casaco abotoado. Só depois soubemos que nós três que estávamos em isolamento não teríamos que fazer aquilo. Certas coisas óbvias, sobre o que fazer ou não fazer, todos nós três sabíamos. Passamos os primeiros meses em isolamento total naquelas celas compridas, de duas fizeram uma porque tinham sido construídas com isolamento acústico, um espaço dentro do espaço não teria funcionado em uma cela única. (...) Aquilo foi duro. Antes, na prisão berlinense de Moabit, eu também ficara isolado, mas escutava ruídos e achava que aquilo não me afetaria – foi uma pancada. (...) Noite e dia sem ruídos, sem contato com outros, aquilo foi uma experiência nova para mim. Foi uma pancada ficar vinte e quatro horas por dia praticamente despido apenas comigo. Diante de todos os problemas, todas as dúvidas, eu só podia contar comigo mesmo. Nenhuma troca com ninguém. Foi o tempo mais duro que eu passei. Escutava um barulhão no ouvido, como se viessem trens dos dois lados que se chocariam na minha cabeça. Depois vieram uns zunidos, mas

> não eram ruídos reais, de alguma forma o organismo reagia e exigia sons, queria escutar alguma coisa. (...) Entramos em greve de fome no início de 1979, depois de duas semanas deixaram que Harry e eu fôssemos juntos ao pátio, e à noite deixaram que ficássemos duas horas juntos em uma cela coletiva. Com Dellwo, jamais!, disse o diretor da ala. Por isso, a greve continuou, nós reivindicamos a abertura das celas, a ida conjunta ao pátio e a eliminação de todas as restrições – para todos.

Depois de um relato detalhado das brutalidades da alimentação forçada: *Em algum momento determinou-se que nós três poderíamos ir ao pátio juntos e ficar juntos em uma cela coletiva das 18h às 21h45. Isso foi em abril de 1979.*

Aquilo foi uma vitória, um pequeno alívio, mas a nave espacial continuava ali. Como as concessões só iam sendo feitas pouco a pouco, Harry, Heinz e Karl-Heinz reiniciaram a greve de fome. Simultaneamente, em vinte de abril de 1979 começava a sétima greve de fome coletiva dos presos da RAF, reivindicando que fossem juntados em grupos aptos a interagirem.

Quando cheguei em Celle em maio de 1982, as condições não eram mais tão cruéis quanto alguns anos antes. Mesmo o isolamento em pequenos grupos ainda estava a milhas de distância de condições prisionais dignas. A cela era maior do que o normal. Havia duas portas com uma portinhola para passar as coisas, pia e vaso sanitário, duas janelas de vidro blindado e com isolamento acústico que não podiam ser abertas, respiradouros estreitos, mesa, cama, cadeira, estantes. No pátio, diante das janelas havia uma cerca alta de madeira, que não chegava até o chão. Quando os outros presos estavam no pátio eu conseguia ver os seus tênis. Esse detalhe – em condições normais, totalmente insignificante – ficou gravado na minha memória. Muito mais tarde, vinte anos depois a primeira greve de fome de presos da RAF para pedir – sem êxito – a integração em condições prisionais normais, os tênis e a pessoa que os calçava continuavam detidos, e eu acabei conhecendo o companheiro de prisão que já me parecia tão familiar por eu ter conhecido o seu calçado tantos anos atrás.

Ao todo, havia cinco dessas celas na ala, além de um banheiro. No final do "corredor" havia uma espécie de sala para os guardas. Sempre havia cinco ou seis deles sentados ali sem nada para fazer. Chegou a estourar uma pancadaria entre eles. Quem sabe, fossem incapazes de lidar com o seu isolamento parcial do resto da prisão e de seus colegas... Todo dia, às 18h, quando as celas eram abertas, uma grade era colocada entre nós e eles. Um cenário fantasmagórico.

Como você sobreviveu a isso?

Naquelas condições extremas cada um é obrigado a lutar por si, vencendo ou não. Ninguém pode ajudar. É um infinito processo de aprendizado. Ao longo de muitos anos, em muitos caminhos de tentativa e erro, coisas extremas – tanto no mundo interior quanto no exterior – tornam-se corriqueiras. Em primeira instância, cada um está só, mas sem o grupo de presos, sem a luta conjunta e sem tantas pessoas que nos apoiaram do lado e fora, de uma forma ou outra, não teríamos tido perspectivas no longo prazo.

No já mencionado artigo na revista *ak* de 1994 eu escrevi:

> Enquanto força normativa de criar fatos, os presos sempre avançaram, lutando juntos, mas em primeiro lugar sós, por conta própria, e nisso foram vanguarda, no melhor sentido da palavra. Ali então surgia a proximidade, ali experimentamos o surgimento de relações humanas que atravessavam centenas de quilômetros e nos davam coragem. O temor de uma situação aberta, pouco transparente, desaparecia no salto para a solidariedade. (...) Sim, pode ser que solidariedade seja algo ingênuo. Mas, no final das contas, nesta vergonha de tanta simplicidade se esconde uma necessidade de socialização de indivíduos que não sabem mais como fazer as coisas sozinhos.

O organismo humano responde a um determinado volume de estímulos do ambiente. Um excesso constante de estímulos gera estresse e doenças, um déficit de estímulos, idem. Um estímulo visual ou auditivo é recebido e identificado pelo organismo como uma determinada informação a ser decodificada, tanto em termos qualitativos quanto quantitativos. Quanto mais estímulos ambientais vindos de fora, maior precisa ser o nível de recepção e processamento do organismo. O volume dos estímulos que chegam comanda o grau de acuidade da consciência. Um *input* maior significa grande acuidade da consciência. Já a privação sensorial gera um embotamento da consciência, uma redução de todas as competências, como a capacidade de concentração, a memória e a capacidade de retenção, a habilidade de reagir, coordenação motora etc. É o cálculo que precisamos ter em mente quando falamos de isolamento.

Ali, naquele caminho pedregoso, fomos obrigados a desenvolver um repertório de técnicas e modos de comportamento – tanto no plano individual quanto coletivo – para não sucumbir. Aquelas frutas secas armazenadas sob a minha calota craniana precisavam ser diariamente reavivadas e reanimadas. Para compreender os efeitos do isolamento costumo usar uma comparação que se aproxima da prisão em isolamento total. Quem já passou uma noitada bebendo costuma ficar de ressaca no dia seguinte. O olhar normalmente transparente para o mundo fica embaçado, enevoado. Era o que acontecia comigo todas as manhãs enquanto fiquei preso em isolamento. Você começa a tentar combater aquilo durante dias, semanas, meses, anos. Um hamster girando na sua roda. Eu andava de um lado para o outro na cela tentando resolver problemas matemáticos de cabeça: 22,7 x 45,8 ou 17,2 x 35,9. Ajudava um pouco. Sentia a minha cabeça clareando aos poucos. Conseguia perceber nitidamente como, no crânio, algo se mexia levemente, veias sanguíneas se enchiam. Era o prenúncio de que a parede de neblina logo se dissiparia e eu voltaria a me sentir um sujeito humano capaz de determinar suas próprias ações.

Sieh jene Kraniche in großem Bogen!
Die Wolken, welche ihnen beigegeben
Zogen mit ihnen schon, als sie entflogen
Aus einem Leben in ein anderes Leben.[46]

Bertolt Brecht escreveu lindos poemas de amor. Decorei muitos deles, foi uma luta comigo mesmo, um claro 'não' à resignação da memória e das competências mentais. Aquilo também ajudou. Também tentava plantar bananeira por acreditar que melhoraria a irrigação do cérebro, mas o efeito não foi muito convincente.

Volta e meia me perguntam como consegui sobreviver àquilo. Cito um trecho de uma carta que, muitos anos depois, escrevi a um preso comum:

---

46 *Vê aquelas garças em sua grande trajetória / as nuvens, que lhes foram destinadas / as acompanham mesmo quando já voaram / de uma vida para outra vida.*

> Ao longo de todos aqueles anos eu tinha objetivos, pequenos e grandes: fazer um desenho ou escrever uma carta, passar uma hora estimulante no pátio com outro preso, manter uma discussão política com pessoas que estavam do lado de fora, correr na quadra (...). Quase sempre empreendi algo que me desse a sensação: este sou eu. E quando você sente isso, perceberá que pode sobreviver à cadeia, àquele deserto gelado, o que quer que aconteça. Você me contou experiências semelhantes. Creio não ser nenhum acaso você ter descrito o sucesso na prova do curso técnico como sua única alegria verdadeira. Ou o fato de ter conseguido sair daqui. Se estou relativamente bem, apesar dos vinte anos que passei aqui, apesar da dureza do isolamento total da ala de segurança máxima, isso está ligado ao fato de que, a todo momento, planejava alguma coisa e de perceber que, apesar dos superpoderes à minha volta, estou apto a trilhar o meu caminho – ou, no mínimo, de reencontrá-lo. Não que eu fosse heroico ou especialmente combativo, isso acontecia nos casos mais raros. No fundo, nada foi muito diferente do que se passou com você nos primeiros anos de cadeia. Muitas vezes quebrei a cara, fui obrigado a aprender, aprender, aprender. Nem sempre agi bem, às vezes me sentia um pouco infantil. E, nos primeiros anos, volta e meia me sentia mal. É o que acontece quando te jogam na água para aprender a nadar. Num primeiro momento, a gente não faz bonito. Mas isso é irrelevante. O que conta é apenas o fato de não afundar. O que importa é que eu não desistia. Pois sentia que me perderia se desistisse de ter iniciativas. Você é o que faz.

O mais importante, portanto, era que eu soubesse a cada manhã por que devia levantar da cama. Mesmo quando, às vezes, ainda estava deitado quando a porta da cela se abria às seis da manhã para a entrega do café. Quando, depois, solicitei a compra de um despertador com o meu dinheiro para acordar na hora certa, o alarme soou no serviço de segurança. O formulário em formato A5 em que anotei meu nome, o número da cela e a requisição da compra foi enviado para a Polícia Federal em Wiesbaden. Afinal, por que diabos aquele Taufer precisava de um despertador?

O que ajudou muito foi a solidariedade de várias livrarias de esquerda que nos mandavam livros. Como teria sido sem aquele acesso à literatura política e de ficção? A mídia volta e meia falava de "condições de hotelaria", apontando principalmente para o "privilégio" de termos tantos livros à disposição. O que ninguém conta é que jamais tivemos acesso à biblioteca da prisão, onde qualquer outro preso tinha à disposição uma centena de livros.

Lembro especialmente de um autor, de quem li tudo na cadeia: Lion Feuchtwanger. Seus livros tratam de assuntos históricos, são de fácil leitura e entretêm ao mesmo tempo. Sua obra de 1936, *Die Geschwister Oppermann (Os irmãos Oppermann)* contém descrições detalhadas do sistema dos campos de concentração que, mesmo uma década depois, muita gente jurava nunca ter visto ou não ter ouvido falar. Nos *pogroms* de novembro de 1938 milhares de judeus foram assassinados e mais de mil sinagogas e 7 mil lojas judaicas ficaram destruídas. Depois que os *pogroms* se tornaram públicos, houve manifestações em Nova York – só o povo alemão é que não sabia de nada.

Depois que voltei do Brasil para a Alemanha, volta e meia sou convidado a palestras e *workshops* em diversas cidades sobre temas de cooperação técnica internacional. Mais de uma vez me abordaram com a pergunta: *Lembra de mim? Costumávamos mandar livros para vocês!* Só podíamos ter vinte desses livros na cela.

Dúvidas no militarismo

Nas minhas cartas da cadeia volta e meia cito Marx e Lenin. Era uma tentativa de fundamentar minhas afirmações. Mas, ao invocar autoridades supostamente intocáveis, às vezes me defendo de reflexões próprias mais profundas, sem estar muito consciente disso. Tive dúvidas. Não tanto da nossa rebelião, mas sobre o nosso militarismo. Qual era o fundamento político daquilo? Como funciona uma revolução? Afinal, quem se limita a resistir acaba deixando o caminho livre aos poderosos para fazer o que bem entendem com a situação. Trata-se apenas de combater algo, mas não de defender. Essa negação, para mim, era demasiado simplória. Como acreditava em teorias, procurei nos livros. Na época, nem cogitava questões morais. Eu me protegia atrás das muralhas de abstrações. Procurei nas obras de Marx – resumi volumes grossos, *Elementos fundamentais para a crítica da economia política*, volumes do *Capital* e muito mais. Dos grupos de estudo de Hegel no SPK, ficaram na minha memória as frases sobre a dialética do senhor e do escravo. *A verdade da consciência autônoma é a verdade servil* que se desenvolve porque o servo – ao contrário do senhor – trabalha a matéria. O olhar de Hegel se volta para a Revolução Francesa de 1789. Em oposição ao senhor, que representa uma classe feudal decadente e preguiçosa, surge o servo, a nova classe, uma burguesia com autoestima, produtiva e inovadora, que nada tem a ver com os atuais dinossauros financeiros neofeudais. Portanto, passei a estudar a Revolução Francesa e a Comuna de Paris. Afinal, o proletariado industrial de Marx não seria a classe que substituiria a burguesia com base na competência adquirida no trabalho nas fábricas e com a luta de classe? Será que esse determinismo histórico não conduziria a uma atitude despreocupada e pouco atenta de querer estar *sempre* do lado certo, não importa o que se fizesse? Ou a negação do sistema gerava aquilo que Hegel chamou de dupla negação, a negação da negação, ou seja, o desenvolvimento de uma alternativa, de invenções econômicas, sociais e culturais mais convincentes e atraentes do que o capitalismo atual, tentando se impor, certamente não sem a dura resistência das velhas classes?

Em algum momento caiu em minhas mãos uma resenha de livro do jornal conservador *Frankfurter Allgemeine Zeitung*. O livro era de um autor inglês e se chamava *Lenin's Political Thought*. A resenha arrasou o livro, e isso me deixou curioso. Dentro do meu túmulo de concreto, traduzi-o. Traduzir ajudava a manter o cérebro em atividade. O autor descreve a história de uma revolução proletária em um país povoado por cento e vinte milhões de camponeses analfabetos e dois pequenos núcleos de trabalhadores na indústria em São Petersburgo e Moscou. A revolução desembocou na ditadura desenvolvimentista de Stalin, vendida como sendo a ditadura do proletariado. Marx não imaginara aquilo daquela maneira. Segundo o autor, Lenin tentou introduzir uma participação, ainda que rudimentar, de conselhos de operários e de camponeses – entre outras coisas, para frear ou corrigir Stalin. Seja como for, o princípio dos conselhos sempre me convenceu. Onde se trata de derrubar ou virar de ponta-cabeça um sistema tão poderoso como o capitalista ou o imperialista é preciso criar condições que permitam a cada um e a cada uma descobrir e desenvolver talentos e habilidades a fim de melhorá-los com a finalidade de melhorar a eficiência coletiva e participativa. Durante a greve de fome de 1985, imaginei ter achado uma base para tal padrão descentralizado e autônomo, que permite agir por iniciativa própria e com base em reflexão própria nas inúmeras ações militantes que, na época, vivenciávamos na República Federal da Alemanha.

As cartas antigas que encontrei nas minhas caixas da cadeia despertaram em mim sentimentos e pensamentos ambíguos. Certas questões e certos assuntos não me largaram mais. É fácil identificar o meu tema central – sociedade ou gueto. E na prisão se fortaleceu a minha convicção de que libertação, desenvolvimento e transformação rumo a um mundo mais humano não podem funcionar sem o empoderamento dos oprimidos e aviltados, sem dar chance a que seus talentos possam desabrochar. Aquilo não era uma simples constatação derivada da teoria, e sim algo vivido, conquistado. Enquanto presos, vivíamos esse empoderamento todos os dias, caso contrário não teríamos sobrevivido. Ao mesmo tempo, eu me movia em um universo que, em 1989, iria ruir definitivamente. No momento em que eu me propunha a uma ação mais autônoma e autodeterminada, recorria justo a Lenin, Mao e Daniel Ortega. Aquilo era uma contradição em si. Invocar aquelas autoridades que, na História, realmente não representam a superação do estranhamento, a coisificação e o empoderamento na base, era o oposto do pensamento e da ação autônomos.

Em cartas de 1986 escrevi sobre abrigos de imigrantes, sobre refugiados que conseguiram melhorar suas condições em Hanover através de greve de fome, sobre eventos organizados por visitantes e nos quais refugiados relatam sobre a situação em sua pátria. Para meu espanto, são temas que hoje, trinta anos mais tarde, discuto de maneira semelhante no Serviço Mundial pela Paz.

Para sobreviver, era importante ter uma meta por dia. Por mais importante que fosse ler e escrever, no entanto – e nós quatro, depois três, sempre trabalhávamos em alguma coisa – na ala de segurança máxima ajudava pouco, pois era fácil se perder escrevendo e teorizando. Podia ser uma terapia ocupacional auto-imposta para não perder o chão sob os pés. Nós conseguimos lidar com a situação porque resistimos – e isso, juntos. Através da nossa resistência tivemos a experiência libertadora de nos autodeterminar, poder viver e não apenas vegetar. Nossas lutas eram rotas de fuga de uma situação supostamente sem saída e determinada por estranhos – a ala de segurança máxima. Mas também conseguimos superar aquilo porque não nos fechamos a perspectivas críticas e autocríticas, a ideias e discussões, porque nos recusamos a entrar na marcha pia da unanimidade – um autoempoderamento no melhor sentido da palavra, que, anos mais tarde, levaria à cisão do grupo de presos. O rótulo "os presos de Celle" começou a ser usado, às vezes com um tom pejorativo, para evitar uma discussão mais profunda: há alguma coisa errada com eles.

Juntos somos fortes

Sobrevivemos porque havia muita gente nos apoiando. Em primeiro lugar, cito aqui nossas advogadas e nossos advogados que, com uma energia infinita, apoio e até recursos financeiros, sempre nos ajudaram e que, não raro, também eram perseguidos e pressionados. Experimentamos o acompanhamento e o apoio solidários por parte dos nossos familiares que formaram um grupo. Mães e pais que sempre levaram uma vida comum passaram pelas transformações mais surpreendentes.

Com as nossas greves de fome nunca conseguimos alcançar o que queríamos. Mas aqui e acolá houve algumas pequenas concessões, entre elas o fato de podermos receber mais visitas. Ainda que essas visitas estivessem associadas a todas as chicanas possíveis, como a proibição de abraço ou de tocar um no outro, sendo acompanhadas e protocoladas toda vez por dois funcionários da Polícia Criminal do estado da Baixa Saxônia, naquelas muralhas fechadas essas visitas sempre significavam uma pequena abertura. Theo, que revisou essas memórias, também me visitava desde 1976, até ser proibido de fazê-lo. Em uma das visitas – foi em Schwalmstadt, em 1980 – não respeitamos a proibição do contato físico. Houve a habitual luta corporal com os guardas e a Polícia. A visita foi interrompida depois de cinco minutos. Quando meu advogado fez queixa, o guarda de plantão disse: *Taufer foi retirado da sala de visitação. Adotou uma postura ameaçadora em relação a mim. Mas Taufer pensou melhor e me chamou de fascista.*

Depois da queda do muro também recebi a visita de um artista plástico de Berlim Oriental. Era um grande admirador do pintor inglês Francis Bacon. Citara uma frase de Ulrike Meinhof no prefácio de sua monografia, o que não caiu nada bem na Academia das Artes. Na época em que ele me visitou eu estava mergulhado no estudo da História da Arte. Durante sua visita, esse amigo artista passou um bom tempo discorrendo sobre o significado da posição do menino Jesus que, em algum momento – acho que na transição do século 14 para o século 15 – passou do braço esquerdo da Virgem Maria para o direito (ou terá sido o contrário?). Os dois homens da segurança lançaram suas canetas sobre a mesa, irritados. Muito difícil tirar alguma conclusão útil daquilo! Em seguida, falamos de arte contemporânea, Georg Baselitz, Jackson Pollock, Edward Hopper e a guerrilha de comunicação de maio de 68. As esferográficas voltaram a deslizar pelos blocos. É bem provável que os artistas mencionados tenham ido parar na lista de suspeitos da Polícia Federal da Alemanha.

Em Celle começamos a desenvolver uma certa rotina, como relatar a visita do dia ou a visita dos advogados. Cada um de nós assinava um ou dois jornais. À noite, levávamos as matérias e os artigos mais interessantes para a cela comunitária. Assim, tentamos montar um circuito máximo de fragmentos da realidade que chegavam a nós de fora. Fazíamos refeições conjuntas. Cozinhávamos. Knut conseguia verdadeiras proezas com os escassos ingredientes. Nos divertíamos com as tatuagens de Heinz em partes do corpo que, por discrição, omitirei. Às vezes, assistíamos a um filme na TV. Lembro da série em 3 episódios *Lenz oder die Freiheit*, a transposição para filme do romance de Stefan Heym sobre a revolução de 1848 em Baden. Infelizmente, nosso tempo conjunto terminava sempre quinze minutos antes do fim do filme, mas os guardas nos concediam um tempinho a mais.

Certa vez fui envolvido em uma briga acirrada. Em 1982 houve uma tentativa de reavivar a RAF. Para tal, foi desenvolvido o chamado "conceito do front" em maio de 1982. A ideia era afinar as lutas dos clandestinos, dos companheiros legais e dos membros presos. Não sei como os companheiros na clandestinidade que haviam redigido a minuta chegaram à ideia de me nomear como uma espécie de líder dos presos. Um motivo talvez fosse o fato de eu ter conseguido batalhar a minha transferência para Celle, ou então a minha crítica ao sequestro do avião da Lufthansa em Maiorca e a minha convicção de que ou a RAF estabelecia laços com os novos movimentos surgidos a partir de 1975, ou largava a luta armada. Essa função de liderança, afinal, ia contra as minhas convicções sobre os caminhos do empoderamento individual. Seja como for, pouco tempo depois os meus colegas de prisão souberam desta "nomeação" através de uma matéria no *Frankfurter Allgemeine Zeitung*, baseada em um texto encontrado em um depósito clandestino. Foi uma loucura. Não me lembro por que não conversei com ninguém sobre essa questão.

Certamente houve outras dissensões, inclusive entre o grupo de presos. Em relação aos guardas, ao Estado e à Justiça, no entanto, existia uma coesão clara – pelo menos até a cisão.

Por último caiu em minhas mãos uma volumosa *História cultural da Idade Moderna (Kulturgeschichte der Neuzeit)*. Mais tarde, descobri que a obra do judeu Egon Friedell, que saltou da janela em Viena quando a SA bateu à sua porta, era um dos livros prediletos do político alemão conservador Franz Josef Strauss. Mesmo assim achei o livro muito instrutivo. Aprendi muito sobre diferenças e diversidade cultural. Da mesma forma que pessoas e sociedades avançam ou retrocedem de uma época para a outra em uma linha do tempo, estampando uma mentalidade específica e sendo marcadas por ela, assim diferentes culturas se processam e interagem no espaço global e no seio de diferentes sociedades – culturas tão diversas entre si que, no melhor dos casos, podemos nos aproximar delas com ajuda do intelecto e de determinadas projeções, por se tratar de outros países e continentes, sem, no entanto, dispor da certeza da experiência sensorial. Dessa maneira, aprendi depois no Brasil e junto aos favelados que não compreendo muito daquilo que fazem, pensam e sonham, nem posso concordar com tudo. Mas o ponto de partida de qualquer aproximação é reconhecer as diferenças – tanto as que compreendemos quanto as que não conseguimos compreender.

Realidade esburacada – coragem para enfrentar as lacunas

Livros, jornais e outras informações impressas forneciam valiosos inputs. Mas, na melhor das hipóteses, eram o produto destilado de uma realidade cotidiana à qual já não tínhamos mais acesso em termos de experiência sensorial. Aquilo que imaginávamos do outro lado dos muros da ala de segurança máxima resultava em uma leitura diferente da que se tem quando se vive a situação de uma forma imediata. Percebo isso principalmente nesses meses em que estou redigindo minhas memórias. Mantenho conversas com militantes que conheci depois de ser libertado e converso com amigos e amigas dos quais alguns já me visitaram na cadeia desde 1976. Muito do que me foi relatado sobre o desenvolvimento da esquerda nos anos 1980 é, para mim, supreendentemente novo. Acresce que passei muito tempo longe da Alemanha, dos movimentos e das lutas, e que meu cérebro esteve povoado com questões e problemas com os quais era confrontado nas favelas brasileiras. Não percebo isso como perda. Quando, durante meu tempo brasileiro, vinha ocasionalmente para a Alemanha, eu me via na livraria Dussmann diante de vários metros de prateleiras com livros sobre a RAF. Baader e Herold, Herold e Baader, para frente e para trás – será que eu precisava mesmo fazer aquilo ou poderia dar prioridade à minha vida pós-RAF?

Eu preciso, portanto, de coragem para a lacuna. É o único jeito de superar aqueles anos. Durantes suas visitas breves, os visitantes mal tinham como transmitir um pouco do que haviam vivenciado, contar como tinha sido essa ou aquela discussão. De um lado, antes da visita, o funcionário da polícia entregava ao visitante uma lista com assuntos tabu. Lastimavelmente, de modo geral eram questões e informações que mais interessavam a nós três em Celle. Quando essa ordem era transgredida, a visita era encerrada, não raro acompanhado de um bate-boca ou até de enfrentamentos físicos. De outro lado, meus visitantes não podiam e nem queriam contar tudo à polícia. Portanto, surgiam lacunas.

Mas não foram só lacunas. Vinham também imagens, uma vez que é difícil suportar uma realidade tão esburacada. Acho que todos nós preenchemos esses déficits com imagens sobre pessoas e acontecimentos do lado de fora e que nem sempre eram compatíveis com a realidade. Isso podia gerar mal-entendidos e conflitos. Também foi uma lição de vida, da qual eu me beneficiei posteriormente em minha atividade como cooperante no desenvolvimento comunitário participativo. Essa lição fez de mim um grande fã da comunicação. Quanto mais densa e intensa a comunicação, mais compatíveis com a realidade são as imagens que temos dos outros, dos desenvolvimentos e das situações e, não por último, de nós mesmos. Dessa forma, conflitos podem ser evitados. E, se forem inevitáveis, resolvidos de maneira mais produtiva e construtiva.

Bandeiras específicas – ou: estratégia contra a estratégia deles

Outros fragmentos de informação entraram na minha cela naqueles meses. Falo das manifestações em Brokdorf, Kalkar, Grohnde, Gorleben e Wackersdorf. Foram acontecimentos importantes, mesmo que, à época, eu ainda estivesse com certas reservas em relação a essas bandeiras específicas. Embora não questionassem o "sistema inteiro", como imaginávamos para nossas atividades, essas manifestações eram no mínimo tão grandes e militantes quanto haviam sido as manifestações contra a Guerra do Vietnã ou contra as leis de exceção. O movimento antinuclear reunia todos os grupos sociais e camadas possíveis – de adolescentes a vovós, passando por radicais de esquerda, ocupantes de casas, maoístas, camponeses e camponesas, iniciativas da sociedade civil e, não por último, a fração dos não-violentos. Neste amplo espectro, era impossível qualquer ação conjunta sem discussão prévia, dissensões ou brigas.

Meu amigo Hauke, que participou das manifestações na época, escreveu-me:

> Foram debates duros e controversos porque a fração dos militantes não-violentos (e, mais tarde, a dos verdes) sempre reivindicou uma atuação estritamente livre de violência, evitando confrontos com a polícia. Contra eles, em todas as conferências federais e todas as manifestações de massa havia uma outra fração, não irrelevante, chamada de 'autônomos' pela mídia no final dos anos 1980, que se recusava terminantemente a se deixar confinar em campos de ação calculáveis para o Estado e a polícia. O seu objetivo era o ataque militante às cercas das usinas de Brokdorf, Grohnde ou Wackersdorf. Para os radicais de esquerda, essas cercas eram, ao mesmo tempo, símbolo do poder das empresas de energia e da máfia atômica a elas ligada nos ministérios. Os limites da ação militante estavam em sua capacidade de ser compreendida, menos para os funcionários ou porta-vozes das iniciativas da sociedade civil, e mais para as pessoas não diretamente inseridas nas ações de luta, como as famosas vovós e os vovôs de Wackersdorf e outros, que, por exemplo, traziam gasolina para os coquetéis molotov na cerca. Havia sempre muita gente que atuava entre os dois campos. Para essas pessoas, era legítimo usar violência contra objetos como equipamentos de construção ou automóveis vazios da polícia. Não tinham coragem de fazê-lo, mas se outras pessoas o fizessem e – muito importante – se nenhum ser humano fosse prejudicado, tudo bem.

Dentro cadeia, eu não era capaz de entender as sutilezas dessa diferenciação. Mas sentia que havia discussão, debate, conflito, um metabolismo que apontava para um rumo diferente e novo. E nós flutuávamos no ar. Não era o caso de dar um passo para trás a fim de (nos) reconectar com as condições e circunstâncias sociais no país, uma conexão que, no mínimo, havíamos perdido com a ação de Estocolmo e o sequestro do avião da Lufthansa?

Em um suplemento do jornal alternativo *Taz* "25 anos de 68", de abril de 1993, eu escrevi:

> A Guerra do Vietnã nos ensinou que o campo do possível é incomensurável, que não é preciso se resignar. Precisamente essa foi a alavanca da revolta estudantil, disse Jean-Paul Sartre em 1969. Nessa nova consciência e em sua ação o movimento que surgia foi incumbido daquilo que, do outro lado dessa mentalidade, teria ficado para sempre inacessível e mesmo inimaginável. O que se tornou possível foi a rápida superação de limites e tabus em todos os níveis convencionais. O susto proporcionado por isso levou uma parte dos militantes de 68 a codificar e ocultar essa experiência, sem a qual as transformações fundamentais não são possíveis, de tal forma que, no fim, ninguém mais imaginava que havia algo a procurar. O enigma – que não existe para a consciência ofensiva – sempre seguirá sendo enigma para a consciência defensiva. Aquela foi a melhor força da revolta e, dessa forma, também a sua eficiência política.

Novas lutas – A transição na agenda

Algo terminava, outra coisa começava. Isso se reflete também em algumas agendas antigas que agora desencavo nas minhas caixas da cadeia. Para que um preso de uma ala de segurança máxima precisaria de uma agenda? Em algumas páginas registrei a correspondência com meus advogados, cartas que de vez em quando eram abertas ilegalmente na própria cadeia. Registrei cartas que eu mandei, queixas e protestos, idas ao médico ou ao dentista. Sobretudo reencontro nessas agendas os nomes de visitantes como Ulla, Manfred, Theo, Michael, Uta. Fico um pouco triste ao constatar que algumas dessas pessoas que me visitaram se tornaram uma pálida lembrança. Adoraria saber o que foi feito deles.

Na primeira metade dos anos 1980 surgem nessa agenda também nomes que não são dos nossos círculos anti-imperialistas. É o caso de Jasmin, uma jovem do movimento de ocupação de casas, de Frankfurt ou de Berlim. Lembro bem de duas ou três visitas que ela me fez. Era bem jovem, tinha uma autoestima deliciosa, eu sentia que vinha de um movimento ativo, era dona de um belo rosto emoldurado por cabelos pretos curtos. Acho que me apaixonei um pouco por ela. Por que veio? Ela e seus companheiros e suas companheiras do movimento de ocupação de casas queriam trocar ideias conosco, descobrir afinidades, o que podia e o que não podia ser feito em conjunto.

Outras anotações apontam para nomes de visitantes ligados às lutas na Hafenstrasse em Hamburgo. Era um conjunto de prédios residenciais antigos na região portuária de Hamburgo que a municipalidade pretendia demolir em princípios dos anos de 1980 e que foram invadidos. Apesar da repressão brutal, a luta foi vitoriosa, graças também a um amplo movimento de solidariedade. Hoje, os prédios são administrados por uma cooperativa dos moradores. À época, essas lutas eram pontos focais para uma nova esquerda militante, sinônimo não apenas de resistência militante como de novas formas de uma sociedade alternativa. As ações não se dirigiam apenas contra o status quo, mas visavam ações conjuntas e solidárias, alternativas de vida e moradia que iam além das leis do mercado e da ditadura do lucro.

O plano era demolir as casas ocupadas na região portuária de Hamburgo para que dessem lugar a construções de luxo. Os conflitos em torno das casas começaram na primavera de 1982, recrudesceram ao longo de vários anos e se tornaram referência para a luta em torno do direito à cidade e à vida. Acredito que o envolvimento e a energia com que os militantes da Hafenstrasse resistiram se fundamentaram em sua certeza de estarem lutando em prol de algum plano alternativo de vida.

Acho que todos nós em Celle recebemos visita de militantes da Hafenstrasse. A troca foi importante para a nossa convicção de que existia uma vida político-social além daquilo que ainda sobrevivia da RAF. Quando, anos mais tarde, conheci os moradores de favelas brasileiras, o jeito de viverem e lutarem, identifiquei um certo parentesco. Ao desenvolverem habilidades inacreditáveis e talentos de improvisação em suas lutas cotidianas, eles não estavam numa situação semelhante à nossa na cadeia?

Celle exige um contrapoder emancipatório

Não me lembro de todas as discussões que tivemos em Celle. Foram muitas, longas, por vezes também bastante agitadas. Seja como for, todos voltávamos às nossas celas às 21h45 com ideias e estímulos que eram processados logo em seguida ou no dia seguinte. Nunca fomos um coletivo homogêneo sem criatividade. Éramos solidários, isso sim, mas havíamos conservado um individualismo mais ou menos marcante. Assim, os resultados das análises que trabalhávamos sozinhos na cela de vez em quando não coincidiam. Mas tínhamos os mesmos conceitos básicos. Naquela época, Karl-Heinz redigiu um texto comprido, o chamado *paper* de 77 páginas:

No já mencionado resumo de 1994 eu escrevi:

> Desde meados dos anos 1980 nós aqui de Celle procuramos o rumo de um contrapoder emancipatório. Explico: libertação necessita de mobilização e organização de forças de ação, mas sem uma mobilização e organização de afeto em relação à própria força, aos talentos e às necessidades não passaremos subjetivamente de um ativismo. (...) Já a luta armada é uma questão autoritária. Nós nos movemos tempo demais nessa contradição entre o desejo de libertação e a obrigação de sermos duros, para que não fôssemos transformados.

Início dos anos 1980, a esquerda ganha novos impulsos: a declaração do 'front' (Front-Papier)

O *Outono Alemão* tivera um efeito paralisador. Mas novos movimentos começaram a surgir. O movimento pela paz vivenciou uma nova ascensão. Em Berlim foram ocupadas cem casas no espaço de alguns poucos meses, em Hamburgo aconteceram as ocupações na Hafenstrasse. Em meio a esse movimento, em maio de 1982, a RAF publicou o chamado *Front-Papier*. Embora esta declaração fosse toda escrita em um jargão incompreensível para jovens recém-politizados, como soube há pouco tempo, identifiquei nele o esforço de se vincular às novas tendências políticas na sociedade. Falava na formação de grupos, "unidades combativas", que se tornariam ativas através de ações e ataques militantes legais, sem terem que recorrer à clandestinidade. Na primeira fase este conceito permitia uma relação com os novos movimentos e em que nós, presos, víamos reconhecida a nossa luta pela existência. Militantes do nosso círculo de influência foram para o movimento pela paz ou para o movimento contra a construção de uma nova pista no aeroporto de Frankfurt, ou então se conectaram com o movimento de ocupação de casas em diversas cidades. A luta por tirar presos do isolamento total ou a luta contra os transgênicos já não se excluíam mais mutuamente. Mas também a

RAF e os presos tinham o seu papel a cumprir. Durante algum tempo a impressão era a de que a RAF tinha guardado a sua reivindicação de vanguarda nos bastidores.

Uma entrevista invulgar – greve de fome 1984/85

> Pergunta ... Inaudível
> Resposta: É a cadeia mais segura que existe por aqui.
> Pergunta: Mas vocês têm alguma relação com eles?
> Resposta: Não ficamos juntos com eles.
> Pergunta: O que acham?
> Resposta: Que esses aí vão bater as botas logo.
> Pergunta: Você acha?
> Resposta: Daqui a pouco eles morrem.
> Pergunta: Por que você acha isso?
> Resposta: Acabaram a alimentação forçada e eles não têm nada a perder. Pra que tudo isso? Eles não vão sair mais daqui mesmo.

O diálogo não é de nenhuma manifestação relativa a cadeias como nos tempos do SPK. Eram jornalistas da rede de televisão alemã ARD que, no final de janeiro de 1985, entrevistavam aos gritos "presos normais" junto ao muro do hospital penitenciário de Hohenasperg, perto de Stuttgart. A nova greve coletiva de fome, com a participação de trinta e nove presos, começara no dia quatro de dezembro de 1984. Quatro grevistas da RAF, Christian Klar, Brigitte Mohnhaupt, Roland Mayer e Günter Sonnenberg, tinham sido transferidos para Hohenasperg.

Também nós quatro de Celle – Andreas, Karl-Heinz, Knut e eu – já estávamos há oito semanas sem comer no momento daquela "entrevista". Ainda estávamos na nave espacial, a ala de segurança máxima, em uma viagem para lugar algum. Era impossível enxergar qualquer movimento, desenvolvimento ou perspectiva. Andreas seria libertado dentro de um ano. Claro, era um ganho enorme que alguém pudesse sair da ala de segurança máxima depois de todos aqueles anos sem estar quebrado – um ganho não apenas para ele, mas para todos nós. Ao mesmo tempo, era uma sensação triste. Um companheiro a menos a quem pudéssemos nos referir, com quem pudéssemos trocar nossas impressões sobre visitas e conversas com os advogados, avaliar nossa situação, rir e brigar, e assistir TV.

A nova greve de fome seria uma das mais severas. Reivindicávamos a reunião em grandes grupos e um tratamento de acordo com as determinações da Convenção de Genebra, que versa sobre o direito humanitário internacional em situação de guerra. A reivindicação havia sido tomada emprestada dos movimentos de libertação anticolonialistas. Não foi a única.

O então Secretário de Justiça do Estado da Baixa Saxônia, Walter Remmers, anunciou publicamente que as nossas condições prisionais eram tão boas que mal se diferenciavam das de outros presos, e que o Estado não admitiria chantagem.

Minhas lembranças das primeiras semanas da greve de fome se dissiparam, quer dizer, desapareceram em relação aos acirramentos das semanas que se seguiram. Já éramos profissionais da greve de fome. Tirávamos de letra as primeiras quatro semanas. Cada um de nós ainda conseguia trabalhar, ler, conversar com visitantes. Em algum momento conseguimos a permissão de ouvir música em uma vitrola. Entre outras coisas escutei jazz, lembro-me principalmente do genial trompete de Wynton Marsalis. No início da greve de fome, sozinho na cela, eu me deixei levar pelas sinfonias de Gustav Mahler. Ele adorava um clímax dramático. Assim, no meio da *Canção da Terra (Das Lied von der Erde)* ressoa um tonitruante címbalo. Eu colocava o volume a mil, fazendo tremer os muros da ala de segurança máxima. Depois de tantos anos de isolamento acústico, um tal sinal inequívoco do mundo da acústica era algo irrefutável. No dia seguinte fui informado de que tirariam a vitrola da minha cela se eu não parasse com aquela barulheira. Ah, então Gustav Mahler rompera a barreira do isolamento acústico! Não era nada, não era nada, mas era uma minúscula vitória.

Depois de cinco semanas os médicos passaram a nos visitar diariamente. Foram convocadas duas sumidades da Faculdade de Medicina de Hanover. Pesavam-nos à força, sofríamos privação do sono, a tortura de sermos arrastados para a área médica separada na ala, onde as sumidades da universidade nos informavam que corríamos risco de vida, enquanto nosso pulso estava a cento e oitenta depois daquela confusão. Uma semana depois ainda éramos algemados à cadeira de tortura e pesados.

Knut foi quem mais rapidamente perdeu peso. Já não passava de um esqueleto e não se levantava mais da cama. Tinha grandes dificuldades de se comunicar. Quando eu me deitava, às dez da noite, tentando dormir um pouco, surgia a imagem de Knut, separado de mim apenas por uma parede, podendo estar morto na manhã seguinte. A imagem estava na minha cabeça, imóvel, imutável. Pouco depois, ele foi levado para a clínica universitária por helicóptero. Eu haveria de seguir logo.

Depois de seis ou sete semanas já não tínhamos mais força para o passeio diário. Quando as portas das celas eram abertas às 18h, geralmente permanecíamos deitados. Custava muita energia ir à outra cela e encontrar os outros. Só íamos à cela dos outros quando um de nós recebera a visita do advogado ou alguma outra informação relevante.

Quando recebia a visita do advogado, não conseguia mais caminhar ereto. Engatinhava para percorrer os vinte metros até a cela de visitação. Com uma fronha, eu improvisara um tipo de bolsa que levava pendurada ao pescoço para carregar os poucos documentos de que necessitava. O problema que apareceu foi a dificuldade de deglutição. Era difícil ingerir suficiente líquido. Eu sorvia aos pequenos goles, concentrando-me no esôfago, que se contraía. Em um dado momento a visão começou a falhar. Tive um estrabismo horrível. Para focar uma imagem na TV era preciso aproximar-me a uma distância de vinte centímetros da tela. A causa seria a falta de vitaminas? Normalmente, presos em greve de fome recebem suplementos vitamínicos. Mas afinal estávamos em greve de fome, não de vitamina. Vitaminas não têm calorias. Mas muitos comprimidos de vitamina contêm açúcar. Depois de ingeridos, volta a sensação de fome, já extinta. Portanto, exigimos comprimidos de vitamina sem açúcar.

Era inverno. Havia calefação, mas eu não dispunha de uma grama de gordura nos ossos e passei um frio miserável. Às vezes, carregava o meu esqueleto até a área da ala, onde me sentava numa banheira com água quente. No começo da oitava semana, perdi os sentidos.

Felizmente Karl-Heinz chegou e me puxou para fora, caso contrário talvez tivesse me afogado na banheira. Não me lembro mais como cheguei até a cama da minha cela onde depois me encontraram. Quando abri os olhos estava no corredor em uma maca, rodeado pelo diretor da cadeia, por médicos da universidade, guardas. A sensação de tontura na cabeça já tinha se dissipado. Eu me sentia totalmente equilibrado e invulnerável.

Tudo de bom!

Encontrei-me no hospital universitário de Hanover, ligado a uma infusão de glicose. Minha cabeça voltara a raciocinar e eu exigi ser levado de volta. Afinal, não estava fazendo greve de fome para ir ao hospital. O professor Sybrecht, uma das sumidades, ficou furioso. Mas como a alimentação forçada acabara de ser proibida por lei enquanto o prisioneiro recusava essa tortura de consciência clara, o médico precisava examinar o grau de consciência do grevista. Sybrecht me perguntou pelas horas. Deve ter imaginado que era uma boa pergunta depois de tudo o que eu passara. Acontece que, atrás dele, havia um relógio imenso, que pelo jeito nem vira, e assim fui capaz responder à sua pergunta com precisão.

Também passei com louros o teste seguinte. Decepcionado, ele resmungou para a jovem enfermeira: "Solte-o". Ela se inclinou sobre mim, encostou sua boca bem perto do meu ouvido e, enquanto tirava os tubos, sussurrou: *Tudo de bom!* Ninguém podia escutar aquilo, caso contrário ela poderia arcar com dificuldades. Os meios de comunicação tinham acabado de informar que o diretor médico da clínica berlinense de Steglitz alertara o prefeito Eberhard Diepgen em uma carta contra a transferência de presos da RAF em greve de fome para a clínica. Entre os quatro mil funcionários, alertou, com certeza haveria vários companheiros ou simpatizantes da RAF. O sindicato de empregados na saúde ÖTV protestou. Até mesmo os deputados verdes do Parlamento alemão, que, depois de oito semanas de greve de fome, tinham decidido por um cauteloso posicionamento em favor dos grevistas, foram atacados e chamados de *Fração do Exército Verde* (*Grüne Armee Fraktion*). Seja como for, naquela situação o gesto espontâneo e corajoso da enfermeira me fez um bem danado. Foi excitante. Quando, nos últimos tempos, conseguira me comunicar com uma desconhecida sem vigilância e sem controle? Ainda por cima com uma moça tão simpática e amorosa! Eu respondera alguma coisa? Agradecera? Ou apenas sorrira, cansado? Ou assentira com a cabeça? O que se faz numa situação daquelas? Havia dez anos que nunca mais acontecera nada daquilo.

Excetuando essa brecha na segurança tudo estava maravilhosamente sob controle no hospital universitário. No total, mil e cem homens da Polícia Federal haviam sido mobilizados com blindados para cercar o prédio hermeticamente. Um helicóptero voava sobre ele. Os pacientes reagiram em parte irritados, em parte divertidos: *Agora, só falta mesmo um submarino,* ironizou um paciente ao falar sobre o cenário de guerra civil para a imprensa. Quando tudo tinha terminado, o secretário de Justiça da Baixa Saxônia recebeu uma conta de quinhentos mil marcos pelas despesas com a operação.

Fui transferido de volta para a alta de segurança máxima. Knut ainda permaneceu mais um pouco.

Presos não têm os meios de organizar manifestações, eventos informativos e de protesto, acampamentos. Para eles, resta apenas a desobediência civil. Na cadeia, isso geralmente significa a greve de fome. Mas essa transgressão às regras geralmente é limitada apenas para aqueles contra os quais se volta a greve. Para os próprios grevistas, a situação rapidamente pode sair dos limites. Eles arriscam a sua vida. Foi correto termos levado essa luta até as últimas consequências? Eu próprio cheguei a ficar no limiar da morte. Naqueles dias em que, depois de sete ou oito semanas de greve de fome, só conseguia engatinhar, eu me sentia fisicamente muito fraco, mas de resto bastante bem. Livre. Invencível. Mais forte do que aqueles contingentes que haviam mobilizado contra nós. Quando estava em coma na maca na ala de segurança máxima de Celle para ser levado até a clínica da universidade de Hanover cercada por mil soldados da unidade de defesa de fronteiras, eu olhei para os rostos espantados de duas das sumidades médicas e do diretor da prisão com uma sensação de contentamento e de tranquilidade interior. Quem nunca passou por essa experiência totalitária de um regime penitenciário, em que qualquer possibilidade de autonomia e autodeterminação é cortada, não conseguirá entender esse sentimento paradoxal.

Uma semana mais tarde, no dia primeiro de fevereiro, o presidente da MTU[47], Ernst Zimmermann, foi amarrado a uma cadeira em seu apartamento em Gauting, perto de Munique, e fuzilado com um tiro na cabeça.

---

47 Subsidiária da Rolls-Royce Power Systems, sediada em Friedrichshafen, na Alemanha, um dos maiores fabricantes de motores a diesel e sistemas de ignição para aviação.

A RAF e a organização francesa Action Directe assumiram a execução. Em uma declaração, escreveram:

> O terreno em que o proletariado europeu se reconstruirá em uma classe que luta pela transformação total das condições de produção é a luta pela unidade da frente revolucionária, a organização da guerra de classes na Europa Ocidental.

Anexada a essa declaração havia a convocação aos presos de interromper a greve de fome, pois *o poder que transforma a situação de maneira radical só pode ser atingido através dos nossos meios e dos meios dos militantes.*

Não imaginávamos aquilo

Durante nove semanas, nós quatro demos tudo de nós. Não só eu e Knut, mas também Andreas e Karl-Heinz tínhamos estado muito próximos da morte. Mas estávamos em boa condição no que diz respeito aos nossos pensamentos e sentimentos. Não tínhamos medo. Enquanto grupo, passamos pela experiência muito gratificante de caminhar de maneira ereta – uma experiência existencial e marcante, preciosa. Havíamos feito aquela greve de fome porque queríamos conseguir uma saída da nave espacial para nós e todos os demais presos em greve de fome. Havíamos demonstrado grande coragem e espírito combativo. E agora aquele fuzilamento, acompanhado de uma declaração naquele tom militarista! Não parecia que estávamos recebendo apoio. Ao contrário, a sensação era de que estavam nos privando de alguma coisa.

Recusamo-nos a obedecer ao apelo da RAF e prosseguimos com a greve de fome. Mas estávamos em um beco sem saída. Assim, três ou quatro dias depois, também interrompemos a greve. Antes, havíamos reivindicado melhorias da situação prisional em Celle, aumento do nosso pequeno grupo com determinados prisioneiros, mais tempo de cela aberta, tempo no pátio junto com os demais presos. Em uma declaração, escrevemos:

> Apresentaremos posteriormente uma análise e avaliação necessárias da nossa greve, da nossa política, da mobilização, de toda a campanha ofensiva e das circunstâncias da interrupção da greve de fome. Isso demanda uma grande responsabilidade por parte dos presos para determinar a sua atual situação.

Na declaração sobre o fim da greve dos presos de meados de fevereiro, no entanto, lia-se o seguinte:

> A política da guerrilha urbana chegou a uma ruptura que foi o próprio objetivo da luta dos últimos cinco anos. Na greve de fome, isso nos trouxe condições que não existiam quando começamos. (...) Não cumprir a exigência de agrupamento dos presos isolados, para os estados imperialistas, reveste-se de relevância semelhante à estação de mísseis de alcance médio em outro nível.

Não tínhamos a menor relação com tais afirmações bombásticas.

Durante a greve de fome havia ocorrido uma diversidade de atividades, ataques, geralmente contra instalações do exército americano. Houvera numerosas manifestações, até mesmo na pequena cidade provincial de Celle quinhentas pessoas tinham ido às ruas. Escritórios de partidos, geralmente dos verdes, foram ocupados e viraram centrais de greve de fome.

Uma delegação de deputados do Parlamento Europeu viajara de Estrasburgo para Berlim e tentara, em vão, reunir-se com os presos em greve de fome para servir de intermediários. Mas o Senado de Berlim, pelo jeito, não dava o menor valor a essas iniciativas. Barricadas foram incendiadas na Hafenstrasse, em Hamburgo. Inúmeros apelos e cartas abertas em favor dos presos, não só na Alemanha como em outros países da Europa Ocidental, foram escritos aos responsáveis pela situação nas prisões, geralmente associadas à renúncia à violência e à luta armada. A nossa análise detalhada, anunciada, acabou sendo desenvolvida através de textos e cartas. Em um desses textos escrevi:

Pensar e agir com iniciativa própria

> Antes da greve de fome ocorreu uma discussão entre os de dentro e de fora da prisão no melhor sentido do documento 'Frontpapier', com o objetivo de dissolver a velha relação dependente de solidariedade com os presos em prol de ação e pensamento obedecendo a iniciativa própria. (...) Enquanto os presos lutavam dentro da prisão, aconteceram diversas iniciativas e ações do lado de fora. Nunca, antes, houvera uma tal densidade concertada de iniciativas libertadoras criativas e radicais em relação a nós. Vieram pessoas e grupos

> dos mais diferentes setores, como ficou claro a partir de suas declarações e de seus textos, principalmente de movimentos militantes, contribuindo a partir de iniciativa própria que, pela primeira vez, uma ideia palpável se formou de como essa frente poderia se desenvolver na prática. Enquanto isso, a campanha de greve de fome de presos, no final, foi definida como derrota, uma vez que não foi possível conseguir a junção dos presos em grupos.

Ou seja: depois dessa definição, a questão dos presos era a única a decidir sobre vitória ou derrota. Dessa forma, negava-se a participação em todas as tendências sociais atuais, em protesto ou resistência. A iniciativa própria e a capacidade de lidar também com a solidariedade crítica à RAF não estavam na ordem do dia. Assim, ficou impossível refletir sobre a campanha das greves de fome e discuti-las. Nessa lógica estava a sequência daquilo que já ocorrera antes da greve de fome: uma série de ações de execução, politicamente obtusas, sem perspectiva ou orientação, mas perfeitas do ponto de vista da técnica militar. Em agosto de 1985 a RAF matou o soldado americano Edward Pimental para obter a sua identidade militar. O seu documento de identidade foi utilizado para realizar um ataque a bomba contra a base aérea do Reno-Meno, em que foram mortos o soldado norte-americano Frank Scarton e a funcionária civil Becky Jo Bristol.

Em carta de outubro de 1985 eu critiquei o fuzilamento do soldado americano, insistindo em "abrir um caminho para a sociedade". Prossegui:

> Trata-se de nos levarmos a sério. No inverno [referência à greve de fome] forçamos uma primeira base de experiência e noção sólida de tudo aquilo: poder e estrutura e moral de baixo para cima. Existe ali uma força de orientação e um exemplo, atingindo até a esquerda reformista. Onde estão a consciência e o espírito dessa experiência? No inverno revelou-se um início de uma estrutura de conselhos, como já disse uma vez, uma reunião dos mais diversos setores e posicionamentos.

Edward Pimental e sua irmã Kathleen Pequeño

Muito anos depois, em 2016, conheci Kathleen. No início, houve um certo clima de constrangimento, logo dissipado. O que estava em questão não era abordar logo um tema determinado, nem esclarecimento, culpa ou desculpa, e sim perceber o que acontece quando estamos um em frente ao outro, conversando. Kathleen falou disso em uma matéria publicada no jornal *Neues Deutschland*.

> No dia depois dos ataques terroristas em Paris eu estava em Berlim, comendo espaguete com um alemão num restaurante no bairro de Prenzlauer Berg. Conversamos sobre a nossa preocupação de que aquelas mortes pudessem provocar uma escalada maior em termos de violência política, tendo em vista principalmente a reação dos Estados Unidos e de alguns países europeus, que teriam como consequência outras mortes!

Seu corte de cabelo curto combinava com seu frescor e sua energia, com muitas risadas e uma atitude leve. Mas volta e meia ela parava, durante a nossa conversa, para pensar o que queria dizer ou perguntar. Eu idem.

> Sei que você passou pouco tempo na RAF e muito tempo na cadeia, mas para mim não importa apenas a morte do meu irmão, e sim conseguir compreender melhor o contexto da RAF. Você teve oportunidade de pensar nas famílias cujos membros vocês mataram? Até que ponto você conseguiu refletir sobre isso e quem te ajudou?

Kathleen é uma mulher de meia idade, vive com a família em Nova York e trabalha como consultora de comunicação na área de justiça social. Ajuda pessoas a colocarem na rede histórias de superação de injustiça e ensina fazer páginas na internet e bancos de dados. Nem por isso é uma nômade digital. Mas quando está em Berlim frequenta os locais onde a tribo se reúne. Sente-se em casa naquela comunidade onde trocam-se ideias e dicas, embora seja sempre a mais velha. *Yes, I am always the mother there*, sempre sou a mãe aqui.

> Formamos uma dupla invulgar de interlocutores. O meu interlocutor é um ex-membro da *Fração do Exército Vermelho* (RAF) e eu, uma americana cujo único irmão Edward foi assassinado pela RAF em 1985 no contexto de um ataque a bomba à Base Aérea Reno-Meno do exército americano (meu acompanhante no restaurante à época se encontrava preso por outro assassinato). Por essa razão, para nós, nada há de abstrato na dor das famílias em Paris, Beirute, na Síria e em muitos outros lugares do mundo que sofrem com violência política.

A família de Kathleen vem do México e é de origem humilde. Segundo Kathleen, sua mãe era uma *working class woman*, trabalhava no bar de um hotel. Edward Pimental fez curso de formação de mecânico de carro. Alistou-se no exército porque a família, de origem modesta, não tinha dinheiro para pagar os seus estudos. O exército era uma chance de ascensão. Ele queria conhecer o mundo. Eu conheci aquilo no meu trabalho na favela: alistar-se no exército é uma oportunidade para sair da pobreza e da estreiteza.

> Nos primeiros dois anos depois da morte do meu irmão havia um rapaz que vivia escrevendo RAF no quadro-negro da escola, com a estrela e tudo. No início, não sabia quem era, mas uma bela tarde o flagrei escrevendo no quadro e fui falar com ele. Quis ficar com raiva, mas fiquei acachapada. Perguntei se sabia quem eram, e ele devolveu: VOCÊ sabe quem são? Eu disse que sim, assassinaram o meu irmão, mas ele continuou sem pausa, perguntou o que meu irmão tinha feito, e eu disse que ele era do exército, e o menino só disse: viu, e eu não sabia mais o que dizer e fui embora.
>
> O que mais me chamou a atenção: era como se eu estivesse olhando para um espelho, e não gostei daquilo. Poderíamos trocar de papel. Eu tinha o mesmo jeito de pensar daquele aluno. Comecei a ler os escritos de Martin Luther King, procurando uma alternativa, uma saída para aquele conflito. Não quis ficar presa no conflito.

Kathleen trabalhou com presos em cadeias americanas, fez uma espécie de trabalho social, de maneira voluntária. Há pouco me escreveu que, em 2016, visitou Judith Clark da Weather Underground, presa há 35 anos e que acaba de entregar um pedido de clemência ao governador.

Ganhei uma amiga. Ela está aprendendo alemão. Se morasse em Berlim, adoraria ser seu professor. Ambos, apesar das situações mais difíceis na vida, nos mantivemos em movimento, dando passos através dos quais pudemos nos encontrar – não por obrigação, mas por opção. Criamos uma relação de confiança em nossos encontros. Nosso contato permanece. Já marcamos uma conversa por Skype para os próximos dias.

Congresso "resistência anticapitalista e anti-imperialista"

Um ano depois da mobilização para a greve de fome realizou-se, em Frankfurt, o congresso "Resistência anticapitalista e anti-imperialista", que teve vários dias de duração. Mais de mil militantes vieram de várias partes da Alemanha e de Berlim Ocidental e países como Portugal, Espanha, Itália, França, Turquia. Vieram pessoas autônomas, anti-imperialistas, opositores da construção de mais uma pista no aeroporto e outros. Pelo visto, o encontro foi muito bem organizado. Na mídia burguesa, o clima começou a ser aquecido semanas antes. O local do congresso foi cercado pela polícia, que também fez barreiras nas ruas. O governo do Estado de Hessen tentou de todas as maneiras conseguir um parecer jurídico para poder proibir o evento. Em uma entrevista na TV, o chanceler federal Helmut Kohl assegurou que, com a entrada em vigor das novas leis antiterror, tais congressos seriam proibidos no futuro. Os promotores do evento mandaram fazer inspeções na entrada. Anos depois anti-imperialistas e autônomos continuavam brigando por isso.

Nós três, presos em Celle, também entramos no debate através de cartas e conversas com visitantes. Eu acreditava que o congresso pudesse vir a ser uma sequência lógica da campanha militante que acontecera um ano antes durante a greve de fome, trazendo um debate construtivo em torno da diferença e da diversidade. Estava redondamente enganado. Sim, teve conflitos e brigas de todo tipo, mas não se podia falar de uma abordagem construtiva com diferenças e potenciais de conflito. Isso ficou claro, não por último, na forma de se lidar com a execução de Pimental.

Algumas poucas pessoas criticaram o assassinato. Um documento enviado por três ex-presos condenou veementemente a ação. Um dos poucos críticos se lembra: "Era preciso ter muita coragem para enfrentar o plenário de um congresso cercado de policiais e se manifestar de tal maneira crítica."

Cito um trecho de uma carta que escrevi antes do congresso:

> Militarismo, eis algo que surge entre todos nós. Entre nós, os presos, na resistência, na guerrilha. Pim(ental) não caiu do céu. Solidariedade na discussão é a prioridade. Mas a demanda de que solidariedade deva excluir qualquer crítica abertamente formulada equivale a pedir uma estrutura partidária como a descrição que temos feito do Partido Comunista Alemão. Com todas as consequências. Uma discussão aberta é necessária justamente porque

> não foi um erro isolado da Guerrilha, e sim um problema que diz respeito a todos nós. Ao mesmo tempo, o caso Pim(ental) revela um equívoco com o qual antagonizamos de maneira acirrada, por ser contra tudo aquilo pelo que lutamos há 11, respectivamente 15 anos. Se esse erro não for compreendido, a resistência lá fora poderá derivar orientações equivocadas. Aqui já chegam esses ecos totalmente falsos, do tipo: Opinião pública? O que temos a ver com isso? Se essa consciência sectária e falsa se impuser, o fracasso é garantido.

Portanto, não se pode dizer que aquele congresso fosse marcado por um debate construtivo. Para os nossos parâmetros, foi um megaevento muito bem organizado, mas posições fundamentais se enfrentaram ali de maneira intransponível. De um lado havia os autônomos, cujo ponto de partida era o seu trabalho e as atividades nas cidades, principalmente durante a greve de fome no ano anterior, e que estavam em busca de novos rumos. Do outro lado havia os anti-imperialistas, em cujos textos e em cuja retórica a visão de uma luta conjunta em uma frente europeia ou até mundial – a qual ainda tivera alguma proximidade com a realidade nos tempos da Guerra do Vietnã, em 1968, e da fundação da RAF, em 1970 – haviam congelado e se tornado fórmulas e avaliações que prognosticavam o próximo fim do imperialismo.

Nós, em Celle, não tivemos informações sobre o Congresso enquanto ele transcorria. Nunca havíamos experimentado de perto ações como as ocupações na Hafenstrasse em Hamburgo ou a luta contra a construção de uma nova pista no aeroporto de Frankfurt. Quando releio meu legado escrito, vejo-me mais próximo dos posicionamentos dos autônomos, mesmo que algumas limitações terrivelmente generalizantes – como ao movimento de paz – não me fossem estranhas. Mas eu apostava em mobilização e ativismo, em empoderamento individual e coletivo, na capacidade de pensar de um jeito independente e de tomar decisões próprias.

Antes do congresso escrevi para fora:

> Mais importante do que unificar a posição para efeito externo o mais rápido possível sobre este ou aquele ponto é que cada um aprenda a tomar decisões individualmente. Isso diz respeito também ao debate e à avaliação de diferentes cenários. Vocês abordaram isso também. Quem não aprender a agir de forma autônoma na discussão não aprenderá a atuar de forma independente na prática.

Pregador andarilho

Tenho tratado desses temas como um pregador andarilho, através de cartas, publicações, visitações. Posições que adquiri ao longo da minha socialização pré-política tiveram um papel importante nisso. A experiência fundadora foi no SPK. Fiz descobertas importantes ao ler Hegel, sobretudo o capítulo sobre a *dialética do senhor e do escravo* na *Fenomenologia do espírito*[48], assim como com a insistência de Marx em uma classe operária *para si* com competência criativa.

Mas também faz parte desse debate o caminho que nós trilhamos com a ocupação da embaixada, o fuzilamento de dois reféns e a morte de dois amigos. Não tínhamos examinado suficientemente os possíveis cenários. O desenvolvimento que eu advogo precisaria de espaço e tempo e paciência dosada para processos de aprendizado individuais e coletivos, a fim de lidar de modo construtivo com posições e contradições, para que os atores possam descobrir novas competências, sem perder o contato daquilo que percebem como sendo as suas propriedades.

Tempos finais

Tal conceito de longo prazo não se coadunava com a análise anti-imperialista de final dos tempos. A visão dominante era a de que o sistema imperialista estaria se encontrando em uma situação defensiva estratégica. Era a hora de dar golpes rápidos e vigorosos para aproveitar o momento. Sim, também se pretendia a autodeterminação, mas só uma, a da luta armada. Foi uma linha

48 N. de E.: Escrita pelo jovem Hegel em 1807, em uma época marcada pela independência haitiana em 1804 e o auge da luta abolicionista em toda a Europa, pela primeira vez a grande filosofia, no plano conceitual, irá enfrentar o problema da escravidão, o que leva a uma cisão dupla e simétrica, na lógica e na política, com a instituição escravocrata seja no plano do pensamento ou da organização coletiva, contrariando um dogma do mundo antigo, o que terá incontornável influência sobre Marx e os demais socialistas nas décadas posteriores – sobre isto, ver *Hegel e o Haiti* de Susan Buck-Morss (São Paulo, n-1, 2017).

militarista que culminou na execução de lideranças do mundo empresarial, da OTAN e da política, bem como de seus acompanhantes.

Em julho de 1986 a RAF matou Karl Heinz Beckurts, membro do conselho de administração da Siemens, e seu motorista Eckhard Groppler. Em outubro de 1986 assassinou o diretor do Departamento de Política II do Ministério das Relações Exteriores, Gerold von Braunmühl. Pouco tempo depois a Action Directe matou o presidente da Renault, Georges Besse. Em setembro de 1988 houve um atentado fracassado ao vice-ministro das Finanças Hans Tietmeyer.

A sentença de morte que acompanhava essas execuções se referia a diferentes aspectos da conjuntura política ou econômica, aos movimentos e aos debates públicos. O lema do conceito do *front* era 'estratégia versus a estratégia deles'. Nos textos dos anos 1980 há uma verdadeira inflação do termo 'estratégia'. É verdade que só se falava da estratégia do imperialismo norte-americano, da classe dominante, etc, sem nenhuma palavra sobre como deveria ser a nossa 'estratégia'. Essa se limitava a destruir – de forma armada. A ideia, por exemplo, de se contribuir com a construção de projetos sociais, nem habitava os seus pensamentos. Ideias e projetos de uma sociedade alternativa, segundo essa ideologia, eram tachados de reformismo. Na mesma época houve um amplo movimento contra a crise dos euromísseis da OTAN e outro contra a construção de uma nova pista no aeroporto de Frankfurt. Houve manifestações contra bases de foguetes em Mutlangen, os protestos em Berlim contra Reagan, iniciativas antimilitaristas contra os transportes de munição etc., o movimento antinuclear e, em 1988, a campanha contra o Fundo Monetário Internacional.

Como o sistema mundial imperialista estaria rumando em direção ao seu próprio fim, bastaria, segundo essa visão, obstruir as suas últimas saídas. Na primeira metade dos anos 1970 ainda era politicamente compreensível pensar em termos dessa suposta etapa final do sistema imperialista norte-americano e contribuir com todas as forças para que ele ocorresse. Mas em 1988 havia muito tempo já não se podia pensar mais assim.

As ações da RAF muitas vezes foram feitas com tecnologia de ponta. O atentado ao diretor do Deutsche Bank, Alfred Herrhausen, não teria sido possível sem essa tecnologia avançada. E fazer voar pelos ares uma penitenciária nova enorme como em Weiterstadt não era para iniciantes. Já em termos políticos, as ambições eram bem menores. Embora a RAF tenha gerado grande insegurança e mesmo medo entre as elites econômicas, políticas e da OTAN, acabou sendo vítima de seus próprios equívocos, inclusive acerca da relação de poderes. Atrás das ações da RAF havia a visão míope de conseguir, através das execuções, encorajar e mobilizar outros para a ação. Ocorreu o contrário. Se, na concepção original de frente, ainda podia se identificar um traço participativo, agora tudo vinha novamente de cima para baixo. A antiga reivindicação de vanguarda foi tirada do fundo do baú e um monte de militantes que se haviam engajado durante e depois da greve de fome passaram a ser tutelados. Depois se falava de "trauma do front". Nas minhas cartas da época eu critiquei aquilo. Alguns anos depois a RAF comunicou que o conceito do "front" não havia funcionado.

Na minha correspondência da época encontro vários registros de debates que lidam com um mundo transformado. Falava-se de um "novo internacionalismo". Até então, o trabalho internacional se orientara primordialmente nos movimentos de libertação armados. Agora seriam inseridos novos tipos de luta de resistência nas comunidades carentes, ocupações de terra e a construção de estruturas de base coletivas e cooperativas. Essas discussões, que eram propositalmente levadas a cabo em horizontes mais largos, culminaram no âmbito da campanha anti-FMI de 1988. Apesar da vanguarda da RAF, novos movimentos entraram em cena na segunda metade dos anos 1980. Através de uma carta daquela época, fui informado que:

> Houve eventos em Bonn, Darmstadt, Reutlingen e Stuttgart. Quem os organizava antes eram os anti-imperialistas ou os familiares dos presos, hoje mal conseguem atender a tantos convites. O espectro é amplo, como revelam as assinaturas colhidas depois do anúncio no jornal *Taz*. Em Bonn, os organizadores contavam com cento e cinquenta pessoas. Quando começou o evento, trezentas pessoas já lotavam o local. Vieram até representantes de Pax Christi, uma organização católica, que demonstraram grande interesse.

Esse grande interesse que abarcava até a Pax Christi não surgiu porque aquelas pessoas consideravam legítimas as ações de fuzilamento da RAF, e sim porque, atrás das costas da vanguarda, surgira um processo autônomo, ainda que acompanhado de acirradas e intermináveis brigas sobre se aquilo era reformista ou revolucionário.

No meu texto *Sociedade ou gueto (Gesellschaft oder Ghetto)* escrevi:

> Esse debate revolucionário x reformista, marcado por uma terrível falta de substância, é apenas a última prova para isso. Na verdade, não se trata de revolução x reforma, e sim sobre gueto ou sociedade. Pelo jeito, não se pode atingir uma consciência de uma responsabilidade total social ou política através de discussão e esclarecimento. Aparentemente, só é possível atingir essa consciência aprendendo e acumulando experiências práticas, seja em um movimento de transformação já existente ou em gestação, ou, quando isso não existe, em setores sociais onde o reformismo está "à espreita". Portanto, naqueles setores em que Ulrike Meinhof, Gudrun Ensslin, Andreas Baader, Jan-Carl Raspe e Holger Meins passaram pelos seus primeiros processos de aprendizado político – o trabalho com jovens, a educação e a cultura dos anos 1960 e 1970. Se eles reaparecessem hoje, seguramente os nossos revolucionários os qualificariam de reformistas e os excluiriam de uma vez por todas.

Aquarelas

Depois da greve de fome de 1984-85, portanto, algo de novo começou a acontecer. No meu caso, isso também ocorreu na área privada. Digo "privada", porque tive a ideia atrevida de fazer algo que nada tinha a ver com a RAF, como agrupar os presos isolados ou em greves de fome para fazer leituras, escrever ou discutir. Era algo totalmente invulgar entre nós. Em Celle, nós nos divertíamos com determinados lemas dos anos 1970, como "resistir 24 horas por dia". Cozinhávamos (Knut), assávamos pães e bolos (eu) e, às vezes, gostávamos de assistir a um filme na TV à noite. Mas ocupar-se de algo de tal forma não-política como pintura a aquarela era novidade. Algo se abria, e isso porque alguma outra coisa estava se fechando.

Knut tinha um estojo de aquarela e um pincel que, certa vez, pedi emprestados. Comecei a desenhar em uma folha de datilografia e tomei gosto pela coisa. Quando eu estudava a Revolução de Outubro, eu já me voltara para a vanguarda artística na Rússia pré-revolucionária, como o construtivismo. Malevich, Tatlin, El Lissitzky eram vistos como pioneiros e mensageiros do que estava por vir. Um ou outro deles apoiou o processo revolucionário representando artisticamente os trens de propaganda que os bolcheviques fizeram percorrer o país.

Nos anos 1980 eu mantive correspondência com uma companheira de uma livraria feminista de Hanover. Renate trabalhava com arte; se não me falha a memória, fazia esculturas. Em nossas cartas discutíamos questões artísticas e comentávamos exposições do Museu Sprengel. Em um dado momento, mandou-me uma iniciação para pintura em aquarela, eu encomendei o material necessário e comecei. Tecnicamente, a pintura em aquarela não é nada fácil. Você está diante de uma folha em branco, você tem um pincel com água colorida. A água não corre sempre para o lado que você prefere. E quando a aquarela seca, é difícil tirá-la para corrigir algo que não deu muito certo. Com tinta a óleo você pode pintar por cima ou raspar a cor que deu errado. Mas com a aquarela é diferente. Algumas vezes estive a ponto de jogar o estojo para fora da janela da cela que já estava "normalizada", ou seja, já podia ser aberta. Fui aprendendo passo a passo. Como não podia pintar olhando para a natureza, eu copiava. Assim surgiram quadros grandes que eram tudo menos construtivistas. Mas também eram um prenúncio da transformação que se aproximava. Os quadros mostravam amplidão, uma vastidão paisagística. Cadeias de montanhas altas, infinitas praias com céus imensos – tudo aquilo que eu já não vira mais havia mais de uma década. Na minha realidade, a visão para a vastidão estava impedida. No entanto, ao olhar pela janela da minha cela eu avistava uma grande árvore atrás da ala de celas em frene à nossa. Pelo menos uma vez quis pintar tendo a própria natureza como modelo. Copiei de Edward Hopper e de suas maravilhosas pinturas feitas em Cape Cod as pinceladas fortes, menos típicas na pintura a aquarela. Mas também gostava do velho mestre William Turner com suas velaturas transparentes.

Depois de passar um dia inteiro trabalhando em um quadro eu me sentia exausto. Ficava cego, incapaz de julgar se o trabalho estava bom ou ruim. Pendurava o quadro na parede da cela para a qual olhava ao acordar. Assim, podia ver na hora se me agradava ou não. Mesmo sendo apenas um passatempo, ficava contente por conseguir fazer aquilo. E recomecei a me ocupar de coisas belas, principalmente com a beleza do mundo extramuros.

Também comecei a pintar retratos de presos da RAF dos quais eu possuía fotografias. Nem sempre era fácil consegui-las. Através do grupo de familiares, pedi a diversos presos que enviassem fotos. O resultado foi que vários presos mandavam solicitações para serem fotografados. Em muitas prisões isso é uma rotina. Em Celle, permitia-se a qualquer professor de escola fotografar-nos, mas em outros estados nem sempre era o caso. Dessa forma, o diretor da penitenciária de Bielefeld-Brackwede escreveu uma recusa no dia vinte e sete de novembro de 1987:

> Recentemente informou-se que membros da RAF detidos em cadeias alemãs mandaram fazer fotografias de grupo ou individuais, tendo encaminhado solicitações para tal. Esses processos simultâneos e concertados indicam que não foi apenas um interesse puramente pessoal e privado que motivou os presos a encaminharem a solicitação, mas que as fotografias deverão servir também a fins de reunião entre terroristas. Diante desse fato, vejo-me impedido de tomar uma decisão positiva.

O que hoje se lê como se fosse uma sátira da realidade era, na época, algo muito sério: uma vigilância e coordenação sem brechas. Quando presos em Lübeck, no norte da Alemanha, ou em Munique, ao sul, encaminhavam uma solicitação para serem fotografados, o diretor da penitenciária de Bielefeld, no centro do país, ficava sabendo. Dois ou três retratos de presos que eu fiz ficaram realmente bons e eu consegui enviá-los aos familiares. Infelizmente, desapareceram, o que pode estar ligado à cisão do grupo de presos, que afetava também os familiares. Triste capítulo.

A outra novidade foi um contato mais intenso com mães, pais e irmãos. Em minha coleção de cartas encontro ainda muitas correspondências, por exemplo de Vreni, mãe de Adelheid Schulz. Ela me visitava regularmente. Também cuidava do meu pai, àquela época já bastante fragilizado, principalmente por causa de dores nas costas. O grupo de familiares foi muito importante para ele. Os outros familiares levavam-no para excursões ou o visitavam em casa.

Duas cartas

Volta e meia me perguntam como era a minha relação com os meus pais. Cito aqui trechos da minha correspondência com o meu pai, pois minha mãe já tinha morrido.

Querido Lutz, por esses dias recebi fotografias feitas em um dos nossos passeios dominicais. Eu as envio para que você possa ver como é a mãe de Brigitte e Heidi. Hoje estivemos nos jardins do castelo e no parque e, na volta, no jardim botânico. Hoje caiu a primeira neve, um inverno algo antecipado. (...) Durante nosso último encontro em Karlsruhe circulou uma brochura, uma edição própria de um holandês, Pieter Bakker Schut, de Amsterdã, da qual, entre outros, você participa com um texto comprido, tratando de prisão em isolamento, ingerências no direito de defesa e muitas contribuições por parte dos presos políticos. Caso não conheça ainda essa brochura, eu poderia te enviá-la através da livraria. Talvez você possa me dizer algo sobre isso no nosso próximo telefonema. O relato detalhado de um renomado jornal de Zurique mostra como o processo contra Heidi [Schulz] e Rolf Clemens [Wagner] é visto no exterior. Recebi a fotocópia do artigo, mas não quero correr o risco de a minha carta não ser entregue caso eu o anexe aqui. As cinco mulheres que se amarraram há algumas semanas ao corrimão do Palácio da Justiça de Munique para chamar a atenção ao ministro responsável por Bernd [Rossner] e entregar uma petição receberam um comunicado da Polícia Criminal de Stuttgart no dia vinte e quatro de novembro de 1983 informando que estavam sendo acusadas de uma manifestação não-autorizada para fazer publicidade de uma agremiação criminosa, segundo o § 129a, e que a Secretaria de Justiça do Estado da Baviera vai investigar o caso. Caso você deseje algo de especial neste Natal, me avise com antecedência, da mesma forma, se há alguma conta para chegar. Muitas lembranças para todos vocês de nós todos, e um forte abraço meu para você.
Walter

Trecho de uma carta minha:

Algumas linhas para o teu octagésimo-quarto aniversário. Você está numa situação difícil. Mas não quero falar muito sobre isso. Por experiência própria eu sei que lamentos pioram a situação quando estamos mal. Tenho a impressão de que você tampouco gosta disso, e entendo isso muito bem. Se você quiser alguma coisa de mim ou quiser saber a minha opinião para qualquer questão, me avise. Nos últimos anos você fez muito por mim e por nós. E, no entanto, não depende tanto do 'muito' ou do 'pouco', e sim do fato de que isso acontece por solidariedade e afeto, portanto, da postura, da vontade de contribuir o máximo possível para a coletividade. Essa postura eu sempre senti em você e sempre a tive em alta conta. Muita gente não se sente em condição de se transformar de tal maneira e de aprender tanta coisa nova, muito menos depois de já terem percorrido um bom pedaço de vida. Portanto, se houver qualquer problema onde eu possa ajudar, diga. Claro, não posso fazer muita coisa aqui. Chegou a encomenda de Vreni. Ela realmente caprichou. Se ela concordar, faremos as próximas encomendas como você propôs ao telefone. Converse com ela tão logo ela volte, assim ela pode me avisar durante a próxima visita. Durante a sua visita de 12/9 ela me transmitiu algumas impressões de fora, e foi ótimo assim.

Anistia ou amnésia[49]

Liberdade – isso não só começou a chegar aos pouquinhos através das minhas aquarelas nostálgicas. Foi surgindo na agenda de diversos círculos e pessoas, políticos e jornalistas, foi assumindo formas diversas, foi sendo transportado por interesses em parte contraditórios e, acima de tudo, gerou bastante briga. Em 1987 ocorreu uma iniciativa de diálogo da parlamentar verde Antje Vollmers, à qual aderiram o escritor Martin Walser e o teólogo Ernst Käsemann, cuja filha Elisabeth fora gravemente torturada e finalmente assassinada em 1977 pela ditadura militar argentina, com conhecimento e a tolerância do Ministério alemão das Relações Exteriores. Participaram também o escritor Hans Magnus Enzensberger, bem como o ex-bispo de Berlim Kurt Scharf. Nós, os presos, nos posicionamos de maneira bastante crítica em relação a essa iniciativa, mas informamos que poderíamos imaginar um diálogo do qual participassem todos os prisioneiros, sem estarem vigiados. Depois de dezoito anos de isolamento, a reivindicação era mais do que justificável. O procurador-geral da República Kurt Rebmann, por princípio, era contrário a qualquer tipo de diálogo. Portanto, seu chefe, o Ministro da Justiça Hans A. Engelhard, ficou quieto.

Em 1988 alguns parlamentares verdes surgiram com a ideia de uma campanha de anistia para *dropouts*. Essa campanha desencadeou fortes brigas nas fileiras dos verdes. A parlamentar verde Ellen Olms rechaçou a ideia em sua *contribuição ao debate na República Federal da Alemanha* e se pro-

49 Em alemão, "Amnestie oder Amnesie", jogo de palavras mais sutil.

nunciou em favor da simples aplicação das leis existentes, como libertação depois do cumprimento de dois terços da pena ou depois de quinze anos no caso de condenação para cadeia vitalícia.

Em abril de 1988 realizou-se em Milão o Congresso 'Contra o gueto e o silêncio'. Por iniciativa de ex-presos oriundos dos grupos armados na Itália, tratava-se de encontrar uma "solução política" para os presos que ainda estavam detidos na Itália. Entre os convidados para o debate estavam as parlamentares verdes alemãs Jutta Ditfurth e Antje Vollmer. O debate gorou porque Antje Vollmer se recusou de encontrar Jutta Ditfurth. Ditfurth queria uma anistia para todos os presos políticos. As contribuições dos companheiros ainda detidos (Renato Curcio e Mario Moretti) ou exilados (Antonio Negri, Oreste Scalzone) divergiam muito. Também na Alemanha houve eventos sobre o tema. Também nesse ponto as divisões entre os ex-militantes tiveram certa importância.

No dia quinze de outubro de 1988 saiu um anúncio de página inteira no jornal *Taz*:

> *Agrupamento dos prisioneiros políticos em isolamento – agora!*
>
> Esse anúncio é um primeiro passo de um público político alternativo. As tentativas feitas até agora de informar sobre as condições prisionais de detentos políticos têm sido regularmente criminalizadas. Há dezoito anos existem, na República Federal da Alemanha, presos da RAF e de outras agremiações políticas em condições compreendidas e banidas internacionalmente como tortura de isolamento. Queremos romper com o tabu instituído por órgãos públicos a fim de informar adequadamente a opinião pública democrática. Ninguém poderá dizer que não sabia do que estava acontecendo. As reivindicações eram: Fim do isolamento em todas as prisões da República Federal da Alemanha, o fim da "prisão dentro da prisão"; reunir os presos políticos em grandes grupos, agrupar todos os prisioneiros em luta; informação e comunicação política irrestrita; libertação dos presos (sem condição física e psicológica de estarem detidos) Günter Sonnenberg, Claudia Wannersdorfer, Angelika Goder, Bernd Rossner e de todos os demais presos sem condições de estarem detidos; livre escolha de médicos para todos os presos.

Entre os primeiros duzentos que assinaram a petição havia advogados, jornalistas, cineastas, músicos, parlamentares do partido dos verdes em Hamburgo, dirigentes do partido verde e muitos outros mais. Para meu espanto, também descobri entre as assinaturas dois dos meus atuais vizinhos.

O endereço postal de referência para participar dessa iniciativa foi o círculo para a manutenção dos prédios da Hafenstrasse. As pessoas que haviam organizado essas iniciativas eram nossos visitantes e parceiros de correspondências. Com Rosita, legalmente responsável pelo apelo, três anos depois participaríamos de uma roda de debate para a revista *konkret*.

Portanto, muita coisa havia acontecido – muita transformação, alguma distensão. Começou-se a refletir sobre coisas sobre as quais jamais se havia refletido, surgiu a disposição para dialogar sobre limites que nunca haviam entrado na discussão. Novas visitas na prisão. Na minha coleção cartas da prisão encontro, por exemplo, uma carta de Bärbel Bohley[50] dizendo que queria me visitar. De repente, entre nós, os presos, a comunicação virou um ponto importantíssimo da agenda, mesmo – e principalmente – transpondo fronteiras. A nossa linguagem também mudou. Em 1986, os familiares do diplomata Gerold von Braunmühl, morto pela RAF, em carta aberta à organização haviam criticado – com razão – a linguagem "de granito" dos seus textos.

Outra linguagem, outras metas, outro tipo de apoio

A linguagem que os presos utilizaram em sua declaração a respeito da greve de fome de 1989 – a décima e última – foi mais humana e subjetiva, já sem expressões como OTAN ou imperialismo norte-americano.

> (...) de todos os lados querem algo de nós, mas não podemos conversar entre nós e mal podemos agir. Só juntos vamos nos articular. Sem nós nada avança, isso deveria ter ficado claro nas diversas tentativas dos últimos anos de nos eliminar. Agora queremos fazer parte sem restrições da discussão política. Esse é o outro lado do agrupamento dos presos em isolamento. A partir de uma série de novas tendências, aqui e no plano internacional, surgiram novos questionamentos.

50 Artista plástica alemã, opositora do regime "socialista" da antiga Alemanha Oriental, ativista pela paz e pelos direitos humanos.

Mas nem em todo lugar a comunicação era bem-vista. Chegou um novo médico à prisão de Celle. Era jovem e de mente aberta. Durante a greve de fome, fazia parte de suas tarefas ver-nos regularmente. Os guardas abriam as portas da cela e ficavam postados diante da porta encostada para escutar. O médico não se limitava em nos ver. Sentava-se à beira da cama para uma conversa, talvez uns cinco minutos. Foi o suficiente para se tornar suspeito. Como nos contou depois, foi convocado a ir à Secretaria da Justiça em Hanover para explicar por que e sobre o que conversava tanto conosco. O então Secretário da Justiça, o cristão-democrata Walter Remmers, era do grupo linha-dura que, junto com o procurador-geral da República Kurt Rebmann e outros políticos da tendência cristã-democrata, apostavam em um rigor sem compromissos, mesmo quando metade do país já estava contra eles. Pois foi o que aconteceu. Nunca – nem antes, nem depois – houve tanto apoio por parte da opinião pública para com os presos e à RAF. Até o ex-chanceler Helmut Schmidt encorajou o seu sucessor Helmut Kohl a mostrar "liderança espiritual e moral". Até do exterior vieram manifestações de apoio. Em dois ou três países outros presos iniciaram greves de fome em solidariedade.

Em suas declarações, os presos revelaram a sua disposição para compromissos com referência à reivindicação de que os presos em isolamento fossem reunidos em um ou dois grupos, bem como o roteiro para que isso fosse colocado em prática. A greve de fome durou cento e um dias. Nosso processo se deu em etapas e cadeias, a começar por Christa Eckes e Karl-Heinz Dellwo. Era óbvio que os estados da federação governados pela União Democrata-Cristã e pela União Social-Cristã (CDU/CSU) iriam bloquear qualquer aproximação.

Debates com grupos da sociedade

Nas declarações que três presos entregaram no fim da greve de fome falava-se sobretudo na necessidade de debates – mesmo sem que os presos saíssem do isolamento para ficarem agrupados. Se, pouco antes, só dois grandes grupos de presos consideravam aceitável um debate com grupos sociais, Eva Haule passou a escrever em sua declaração de vinte de maio de 1989: *Alguns – ou, onde for possível, vários – de nós dirão mais do que eu aqui em meus primeiros pensamentos.*

Antes, no texto, há outras novidades:

> Precisamos de cada um com o seu conhecimento específico, suas experiências, suas ideias. Isso exige uma abordagem diferente da que vinha ocorrendo até agora nos debates. No centro das discussões, agora, estão as pessoas, não as delimitações, as palavras ocas, os modelos ideológicos. As soluções só haverão de surgir a partir das ideias e da ação política das pessoas.

A campanha pelo agrupamento dos presos mostrara que muitas pessoas e instituições estavam dispostas a se solidarizar com os presos, até mesmo no seio do próprio Partido Social-Democrata (SPD). Mas a União Humanista, o Comitê pelos Direitos Fundamentais e Democracia, sindicatos e igrejas e muitos outros associaram o apoio de sua reivindicação do agrupamento dos presos com uma clara rejeição à RAF e a suas ações. O apoio era amplo, porém não radical. Com quem poderia ter sido levado o debate exigido ou proposto sem uma reflexão crítica e autocrítica da política da RAF? Só mesmo com uma pequena minoria do espectro da greve de fome. Seria um retrocesso ao Congresso Anti-Imperialista de 1986. Enquanto isso, no final dos anos 1980 a fé da maior parte dos presos na política da RAF já estava abalada.

Em maio de 1990, o governo estadual da Baixa Saxônia mudou de conservador para uma coalizão entre socialdemocratas e verdes. A nova Secretária da Justiça era a social-democrata Heidi Alm-Merk. Depois da greve de fome de 1989, não só em Hanover como em outros estados com governos socialdemocratas começou a ficar claro que a suspensão total de comunicação, informação e contato, as alas de segurança máxima, as leis especiais e a prisão dos advogados – todo o programa engessado do partido social-democrata levado adiante pelo governo do chanceler Helmut Schmidt nos anos 1970 – não eram muito inteligentes. A mobilização para a greve de fome que ia até as fileiras do próprio SPD e dos sindicatos revelara que o estado de exceção era um modelo em extinção para amplos setores da sociedade. Houve apoio até dentro na corporação da Polícia. O GT dos Policiais Críticos atacou a "paranoia" das autoridades de segurança em meados dos anos 1970. "Ao atender as demandas dos presos pelo agrupamento, o Estado poderia mostrar coragem e verdadeira força democrática".

O inimaginável começa a ser cogitado: libertação

Àquela época já estávamos em isolamento há dezesseis anos. Normalmente, entre presos condenados à prisão perpétua os preparativos para uma vida em liberdade costumavam começar depois de uns dez anos. Em um primeiro passo, o preso sai com um dos guardas para tomar café, depois passa a poder ficar um fim de semana em casa com a família. Ninguém sequer cogitava pensar em ideias tão ousadas quanto preparar presos da RAF para uma vida em liberdade. Mas... e que tal preparar os detentos para uma vida em condições prisionais normais?

Quando, em 1990, encaminhei minha primeira solicitação para ser libertado, logo recusada, o presidente do Tribunal Superior de Justiça, responsável pela decisão, perguntou-me por que eu não havia entrado com pedido de relaxamento das condições prisionais. Respondi:

> Em um momento em que outros condenados à prisão perpétua receberam o relaxamento da prisão – portanto, a permissão para saídas temporárias, geralmente depois de cerca de dez anos –, eu por assim dizer, solicitei a permissão de sair da ala de segurança máxima. Especificamente, solicitei participar das sessões de cinema (duas a três vezes por ano na igreja da instituição penal), da troca semanal de livros na biblioteca da penitenciária e da compra coletiva mensal. Todos esses pedidos foram recusados.

Dentro dos preparativos para uma vida em condições prisionais normais, alguns meses depois do fim da greve seis presos comuns foram transferidos para a ala de segurança máxima. Quanto progresso! Como nos relataram, haviam recebido recomendações de não conversar conosco, sob o argumento que éramos difíceis. Três deles nunca saíam de suas celas à tarde. Já com os três outros passávamos o fim do dia cozinhando, conversando, assistindo TV e jogando cartas. Nós nos dávamos bem com ele, os três se sentiam muito bem conosco. Minha correspondência da época, principalmente com outros presos da RAF, está repleta de rumores. Constava que Rolf Heissler seria transferido, quem sabe até mesmo para Celle. Que, com certeza, Rico Prauss e Christian Kluth viriam de Düsseldorf. Nada disso aconteceu. Era um passo para frente, dois para trás. Não vou encher a paciência de ninguém com o relato detalhado dessas danças de lesmas.

Havia vários anos os presos diziam que a situação global era bem diferente dos anos 1970, quando a RAF começou. Mesmo fora da prisão muitos grupos debatiam isso. Ninguém conseguia justificar o sentido de ações armadas como as da RAF em um mundo modificado. Tratava-se, portanto, de esclarecer questões importantes. Principalmente os presos privados durante tantos anos da experiência direta das transformações sociais tinham que lidar com um imenso déficit de conhecimento e de vivência. Com a greve de 1989, no mais tardar, isso se tornou um projeto "oficial". É verdade que os presos queriam esse projeto de comunicação só se fossem reunidos em um ou dois grandes grupos. Mas nós não havíamos conseguido isso, nem iríamos conseguir, e nem eu ninguém conseguia imaginar outras greves de fome pelo agrupamento dos presos depois de quinze, dezoito anos de prisão. Depois de tanto tempo de detenção e de condições tão duras algo diferente precisava acontecer: a libertação. Com a greve de fome, tínhamos saído do gueto e entrado na sociedade. Embora não tivéssemos conseguido ser reunidos em um ou dois grupos grandes, pelo menos em duas ou três prisões tínhamos obtido mais grupos pequenos e melhores condições prisionais. É certo que não existia nenhuma continuidade ininterrupta de lutas, como dizíamos muitas vezes de forma propagandística e acirrada. Aquelas campanhas de greve de fome de mais de três meses de duração haviam exigido o máximo dos participantes, tanto dentro quanto fora da prisão, e agora era a hora de parar um pouco para respirar. Mas essa fase de recuperação se tornou uma espécie de 'esperando Godot'.

Nós de Celle víamos aquilo de outra forma. Se o nome era 'projeto de comunicação', precisava corresponder a esse propósito. Além da nossa visão diferente, estávamos loucos por deixar para trás o compasso de espera, a letargia e o tédio e começar a avançar. Agir significa sentir a própria vida, ainda mais na prisão. Queríamos fazer alguma coisa. O que? Com quem?

Ao deixar a prisão de Celle saindo pelo portão principal o caminho leva por uma espécie de área ajardinada. Não é muito grande, é provável que tenha sido um antigo leito de rio. Na outra 'margem' havia um botequim, com o nome visível *Celler Loch*, lembrando o ataque forjado a bomba. Assim, os funcionários da prisão eram lembrados diariamente daquilo que gostariam de esquecer. O botequim era tocado por um grupo de esquerda de Celle, pessoas muito engajadas e cheias de ideias. Não se limitavam a irritar os guardas ou a nos apoiar durante a greve de fome. Também contribuíram para que as portas da prisão se abrissem um pouco, fazendo fluir finalmente o projeto de comunicação – pelo menos em Celle.

Poder através do muro

O grupo se chamava *AK Drinnen und Draussen (GT dentro e fora)* e o projeto se intitulava *Projeto de comunicação Celle, poder através do muro*. Duas mulheres, cinco homens, Celle, cidade pequena, prisão imensa. Eram antifascistas, verdes e autônomos. Na primavera de 1990 fizeram a primeira visita a um de nós três na prisão. A ideia do projeto de comunicação nasceu, cresceu e conseguiu ser realizado graças a muitas conversas complicadas com a Secretaria Estadual de Justiça e da direção do presídio. Em um de seus documentos, o grupo explica a motivação:

> Para nós foi importante não apenas ter de levar a luta contra o isolamento com uma abordagem negativa, e sim fazer um pequeno furo no muro nas circunstâncias dadas e conseguir arrancar ao sistema essa possibilidade de comunicação.

Eles conseguiram ser reconhecidos enquanto "voluntários" que, a partir de setembro de 1990, tiveram permissão de nos visitar duas vezes por mês por uma hora e meia e manter conversas em grupos, vigiados por guardas que só olhavam. O contato com eles era descontraído e amigável, nada parecido com aquela competição pela posição mais radical ou o uso de muletas ideológicas. Em uma entrevista concedida à revista *Brennpunkte*, de Heidelberg, um ano depois do início do projeto, disseram o seguinte sobre o nosso intercâmbio:

> Como questões prioritárias temos a discussão de temas da atualidade como a Guerra do Golfo, o esfacelamento da União Soviética, a situação da Iugoslávia, o racismo – ou seja, a tentativa de promover um intercâmbio sobre o que pensávamos. Tentamos transmitir para os presos como a esquerda leva seus debates fora dos muros. Mas o item central, há mais ou menos meio ano, são as possíveis melhorias da situação dos presos, a questão da libertação, da liberdade, como desenvolver iniciativas para isso e, no caso específico, conversar sobre isso com os presos. Quer dizer, em parte nós nos movíamos em contextos regionais que trabalham no sentido de reunir os presos

e de libertá-los. Do lado de fora, também debatemos com pessoas que visitam os presos, como os advogados, e estamos relativamente próximos de determinados eixos de solidariedade. Naturalmente, podemos relatar para os presos como foram determinados eventos, o que as pessoas pensam, como, por exemplo, se discute a declaração da RAF de abril e, com isso, tentamos promover a comunicação, o intercâmbio. Adicionalmente, podemos convidar outros palestrantes para que os presos também possam refletir enquanto grupos sobre suas posições.

Brennpunkte: E quem vocês convidaram?

Inicialmente, a fim de poder obter do sistema a possibilidade de debates com palestrantes, convidamos pessoas famosas, de acordo com o que os presos pediam. Estiveram aqui, por exemplo, Robert Kurz de Nuremberg, Georg Fülberth de Marburg, Walter Mossmann de Freiburg e proximamente virá Hans Branscheidt, da organização 'médico internacional'. De lá para cá, também já convidamos pessoas menos conhecidas, porém politicamente ativas em determinados locais. Essa possibilidade de lidar com diferentes posições de esquerda – não em conversas individuais, mas com três ou mais partes envolvidas – é um ponto importante para os detidos no nosso trabalho coletivo nas prisões.

Sobre o conteúdo dos seus debates, vocês discutiram com os presos sobre a declaração de abril? (naquela declaração a RAF pôs um fim à luta armada até segunda ordem, sinalizando a disposição de discutir com todas as forças da esquerda sobre a situação).

Sim, em parte a situação, para nós, foi mais surpreendente do que para os presos que haviam previsto esse desenvolvimento e, podemos dizer, trabalharam para tal. Ao longo de um ano e meio de discussões nós aprendemos como, dentro do grupo dos presos, nasceu uma crítica à ação armada na República Federal da Alemanha, e concordamos parcialmente com ela. Neste ponto, não temos diferenças, e saudamos o passo da RAF na situação atual como razoável, não apenas sob o ponto de vista tático da campanha de libertação como diante das novas orientações e da nova determinação da política de esquerda. O passo da RAF significa uma contribuição importante, e os presos viram isso da mesma maneira. É verdade que, tanto dentro quanto fora da prisão, há uma leve crítica no modo de argumentação da declaração – o que, nesse momento, não é o aspecto decisivo.

Donncha, Naim, Patrick

Três outros presos políticos vieram para Celle: Naim, Patrick e Donncha. Naim era do Partido dos Trabalhadores do Curdistão (PKK), Patrick e Donncha do Exército Republicano Irlandês (IRA). Os dois irlandeses haviam sido extraditados pela França junto com a mulher de Donncha, acusados de terem perpetrado um ataque a uma caserna do exército britânico do Reno em Osnabrück. Não quiseram ir para a ala, o que, aliás, seria incompatível com a longa história de lutas dos presos da Irlanda do Norte. Encontrávamo-nos diariamente na hora do pátio. Num determinado momento, nós três fomos transferidos da ala de segurança máxima para celas comuns. Depois daqueles anos encarcerados a três na ala de segurança máxima aquilo significou uma nova vida, uma nova alegria. Nós nos dávamos muito bem.

As barreiras linguísticas não nos atrapalhavam. Para indignação de seu companheiro de prisão Patrick, ardente nacionalista irlandês, Donncha começou a participar de um curso de alemão. Nós nos encontrávamos todos os dias no pátio. Havia momentos em que nós cinco éramos os únicos presos no pátio, porque ninguém mais queria sair por causa do mau tempo. A convivência era prazerosa. Logo se formou um grupo mais numeroso, que abrangia meia dúzia de presos comuns, Ivan, Bruno, Peter, acho que a maioria vinha de outros países.

E de que falávamos? Sim, de vez em quando também falávamos de política. Mas lembro que não era nossa prioridade. Aos sábados, a hora do passeio era pela manhã. Levávamos montanhas de comida ao banco no pátio que era o nosso ponto de encontro. Era uma cozinha multicultural. Ivan preparava guloseimas iugoslavas, um jovem libanês nos surpreendia com comida árabe, eu contribuía com pães e bolos. Aprendi essa arte na ala de segurança máxima. Ali havia um mini forno de alumínio em que cabia apenas uma fôrma. O calor, que vinha de uma espiral térmica, não podia ser regulado, eram cento e setenta graus constantes. Todo mês eu encomendava os ingredientes. Produzia montanhas de tortas de maçã com gengibre e amêndoas, tortas de cereja Floresta Negra e tortas Sacher. Afinal, tínhamos que recuperar o tempo perdido.... Mais tarde, já libertado, eu viria a trabalhar em uma padaria alternativa em Berlim e meus primeiros planos no Brasil visavam abrir uma padaria que pudesse complementar a pobre oferta de pãezinhos franceses com pão de campanha rústico alemão.

Donncha era mais jovem, tinha uns trinta e cinco anos, sua mulher também estava detida no presídio feminino. Libertados, foram para Nova York onde encontraram seu lugar na comunidade irlandesa. Donncha tinha aquele típico senso de humor irlandês e gostava de correr. Todos nós aproveitávamos na medida do possível as limitadas opções esportivas. Karl-Heinz e Knut tinham a sua turma de musculação com guardas bombados que passavam horas deitados em um banco levantando halteres que pesavam toneladas e de vez em quando emitiam urros, nunca entendi muito bem se eram de prazer ou de dor. Eu gostava das modalidades mais leves – no nosso caso, a corrida. Depois de todos aqueles anos de falta de atividade física foi um grande prazer exercitar os ossos e os músculos e poder sentir que tudo ainda funcionava bastante bem. Toda vez que o espaço permitia, eu dava as minhas voltas. Naquele minúsculo pátio da ala não era possível. Era tão apertado que nós três nem conseguíamos caminhar juntos. Correr, para mim, também era sinônimo de gestão de conflito. As passadas regulares eram uma espécie de meditação. Tudo o que estava preso dentro da gente podia ser posto para fora. Depois de uma hora de corrida sentia-me cansado e em paz. Isso me ajudou muito.

Bruno, Donncha e eu formamos uma equipe. Em dado momento tivemos a ideia de correr maratona. Fizemos um pedido e recebemos a permissão. Medimos a quadra e calculamos que seria necessário dar setecentas e vinte voltas para correr uma maratona de 42,195 quilômetros. Setecentas e vinte voltas!! Uma maratona do lado de fora dos muros é uma festa popular. Amigos e conhecidos chegam para torcer e te acolher no final. Há música. Ao longo do percurso, o corredor é abastecido com água, bem diferente do que acontecia na prisão. Éramos os únicos presos no pátio. Mas fomos mordidos pela ambição. Corríamos os três em equipe, nem cogitávamos ultrapassar um ao outro, mas tínhamos a ambição de fazer um bom tempo. Conseguimos três horas e trinta minutos, o que é bastante bom para amadores. Ficamos fanáticos por maratona. Em uma carta escrita cinco semanas antes da minha libertação combinei participar com Bruno da maratona de Hamburgo. Transferido para uma prisão mais humana, ele conseguira autorização de saída temporária para correr a maratona e estava morando na casa do meu amigo Theo.

De vez em quando eu dava minhas voltas no pátio com Patrick. A partir de um determinado momento, aquilo também foi uma maratona política. Ao contrário de Donncha, ele era um velho brigão e um ardente nacionalista irlandês. Assim como ele e Donncha, seu companheiro do IRA, gostava de ser irônico e era capaz de ficar horas reclamando e brigando. Seu alvo preferido era Gerry Adams. Em agosto de 1994, Adams começou a defender o armistício unilateral que o IRA fechara com os protestantes para dar um basta à espiral de violência. Patrick espumou de raiva, durante várias semanas. Donncha aceitou aquela guinada política em sua pátria com uma calma estoica. Não me lembro de acessos de raiva de sua parte. Acho que ambos não se cruzavam muito politicamente em certos assuntos.

Naim era mais tranquilo. Ensinou-me a jogar gamão e me contou muita coisa sobre sua terra, o Curdistão. Muitos anos mais tarde, quando eu já trabalhava no Brasil, ele me procurou. Depois de libertado, trabalhou em uma fábrica de *döner kebab*, um espeto giratório de carne. Ele sabia que o Brasil produzia muita carne de ave e me escreveu: precisamos de cinco toneladas de coxinhas de galinha por mês, consegue arrumar isso para mim no Brasil? Fiquei desconcertado. Por intermédio de um amigo, produtor do estúdio da rede de televisão alemã ZDF e que conhece bem os trâmites burocráticos para importar equipamento para as equipes de filmagem, eu sabia quão complicada e delicada é a alfândega brasileira. Fiquei horrorizado ante a perspectiva de me enredar em algo parecido. Claro, eu não tinha contatos com criadores de aves, mas qualquer esquerdista alemão conhece o Movimento dos Sem-terra no Brasil – melhor do que a esquerda brasileira. Portanto, fui visitar o escritório do MST no Rio de Janeiro, pois sabia que o movimento tinha grandes granjas no sul do país. Demorou até chegar a recusa: *desculpe, mas não sabemos o que fazer com o resto dos frangos. Nunca tive grandes pendores para os negócios.*

Também mantínhamos contato com outros presos. A regra não era a solidariedade entre os presos. Havia uns que oprimiam outros. *Entre os males de uma instituição penal está também a sociedade que ali se encontra* (Schopenhauer). Havia máfias cujo comércio florescia e que, ao longo de vários anos de prisão, haviam conseguido atingir um certo nível de prosperidade.

De um lado, havia os pequenos comerciantes cuja moeda era principalmente tabaco ou Nescafé. Também se negociava maconha em quantidades maiores, não apenas um ou dois baseados – placas inteiras iam para o mercado da prisão. A maconha para um baseado podia ser contrabandeada por uma namorada ou esposa na boca, entregue através de um beijo. Mas uma placa inteira certamente não. Os presos e seus visitantes nada tinham a ver com essa importação. Os presos responsáveis pelas vendas no atacado dentro da prisão de vez em quando recebiam transferências bancárias volumosas da conta de presos compradores. Mantínhamos distância daqueles grupos. Eu mesmo jamais fumava, parecia-me muito arriscado, uma vez que nós, enquanto "terroristas", precisávamos estar sempre no modo *standby*. Cheguei a experimentar 'Fiffi', uma aguardente destilada de suco de laranja de sabor estranhíssimo. Certos presos tinham em suas celas destilarias feitas artisticamente de velhas latas de conserva, todos podiam ver.

Vestibular perigoso

Nós os "terroristas", ocasionalmente éramos admirados porque nos defendíamos e éramos unidos. Assim podíamos ajudar um ou outro prisioneiro e dar conselhos, o que era suspeito para a direção da prisão. Tentei ajudar um jovem preso que estava desanimado. Sugeri que parasse de se deixar explorar por uma empresa qualquer nas oficinas da prisão, ganhando dois marcos por dia e, em vez disso, tentasse concluir o segundo grau ao longo do período que ainda tinha pela frente. Havia essa possibilidade – se não em Celle, em outro presídio. Algumas semanas depois, ele me mostrou o seu plano prisional mais recente. Ali, para meu espanto, li o seguinte: *XY está sob influência terrorista. Perdeu todo e qualquer contato com a realidade. Pretende prestar vestibular.*

A confusão aumentou quando, pouco depois, um de nós recebeu uma carta de um aluno: *Por favor, informe se é preciso fazer o vestibular para entrar na RAF.*

Para o próprio preso, esse tipo de anotação em seu plano prisional de que estava sob influência terrorista era tudo menos divertido. Ameaçava a sua perspectiva futura. Ele ficou preocupado. Escrevi para a secretária da Justiça exigindo que aquela anotação fosse apagada e que, futuramente, provocações desse tipo fossem evitadas. Obviamente, a intenção dessas chicanas era intimidar outros presos que talvez quisessem entrar em contato conosco. O preso em questão acabou fazendo o exame de conclusão do curso secundário, preparando-se para o vestibular quando eu fui libertado.

Fundaram uma revista dos prisioneiros, chamada *das trifft* [em tradução livre: "isso combina"], uma alusão ao endereço da prisão, que era 'Trift 14'. Comecei a colaborar. O número zero saiu em janeiro de 1993 com quarenta e seis páginas. Entre os vários temas abordados estava a situação dos parentes dos presos, o recém-introduzido dia de visitação dos familiares, esporte na penitenciária, consultoria jurídica, uma longa matéria bem escrita sobre xenofobia, um artigo contra a nova onda de direita, contra a volta da ala de segurança máxima, um cantinho dedicado a piadas, um resumo do noticiário e, finalmente, uma contribuição minha sobre o tema *Deveriam as prisões ser abolidas?*

Para poder colaborar com esse jornal eu precisava aprender a lidar com computador. Eu nunca vira um PC, nem mesmo à distância – acho que não existiam laptops na época. Na minha época de estudante, certa vez eu ajudara a perfurar cartões na universidade. Meus conhecimentos de tecnologia da informação se resumiam àquilo.

O pastor da prisão, muito solidário, permitiu que eu usasse um velho computador numa sala separada, onde consegui me entender com um primeiro curso de DOS. Que epifania!

A Guerra Fria termina e traz novos amigos

O artista plástico Jochen, de Berlim Oriental, de quem já falei antes, veio me visitar com o seu amigo Karsten, que trouxe para a discussão um texto inteligente intitulado "Cinco pontos de vista de um insular". Pernoitaram junto aos amigos do AK *Drinnen und Draussen* (GT Dentro e Fora). Em consequência, muitas vezes chegavam no dia seguinte para a sala de visitas de ressaca. Parecia que falávamos sempre sobre as mesmas coisas, até constatarmos que usávamos os mesmos conceitos com significados diferentes. O sentido do Leste nem sempre equivalia ao significado do Oeste. Outras pessoas – por exemplo, das fileiras dos autônomos do Oeste – passaram pela mesma experiência em contato com grupos da antiga Alemanha Oriental quando quiseram redigir uma declaração conjunta na época da campanha anti-FMI em 1988.

Para mim, a queda do Muro de Berlim passou ao longe, assim como a guerra na Iugoslávia. Eu via as imagens na TV, mas sentia um muro dentro de mim - ou melhor, percebia uma distância em relação ao que enxergava. De um lado, achei bom o muro ir abaixo. Por outro, fui tomado por um sentimento de tristeza. A primeira tentativa de construir uma sociedade socialista estava em ruínas. Nunca fui adepto daquele tipo de "socialismo real". Sempre tive muito claro para mim que a superação de um sistema tão poderoso quanto o capitalismo exigiria forças gigantescas - acima de tudo, os talentos, as habilidades, a força e a criatividade de cada um e de cada uma. O socialismo da antiga Alemanha Oriental era o oposto: apequenava as pessoas, em vez de lhes dar a chance de crescer. Aquilo não podia funcionar.

Em junho de 1990, quando a RDA ainda existia formalmente, mas o partido socialista alemão-oriental já estava extinto, dez antigos membros da RAF e do Movimento e de junho foram detidos na RDA. Tive uma sensação ruim. Naturalmente, eu sabia que a RDA recusava a nossa luta armada. Quando fomos colocados a quatro em uma cela comunitária durante os dias do processo sobre a ação de Estocolmo, o único outro preso que vimos naquele tempo chegou até a nossa janela e advertiu através da grade: "Ainda vou acertar as contas com vocês!". Era o ex-espião alemão-oriental Günter Guillaume, pivô de um escândalo que culminou com a renúncia do chanceler Willy Brandt em 1974. Em um dossiê do Stasi, o serviço de inteligência da Alemanha Oriental, que li recentemente, os queridos companheiros escreveram:

> De acordo com o procedimento operativo indicado no documento do companheiro vice-ministro e tenente-general Neiber de vinte e dois de agosto de 1984 tentou, ao longo dos encontros, desmotivar as pessoas de contato de fundar uma organização terrorista ilegal. Para tanto, explicitou-se a essas pessoas de contato a posição da RDA contra o terrorismo, mostraram-se as necessidades e possibilidades para aplicação de outros meios e métodos na luta anti-imperialista atual e esclareceram-se os grandes perigos de seu conceito pseudorrevolucionário para o movimento de esquerda na Alemanha Ocidental e para a luta internacional pela paz.

O Uruguai e os tupamaros

O ano de 1985 marcou o fim das ditaduras no Brasil e no Uruguai. Ao serem libertados, os últimos presos da lendária guerrilha urbana dos tupamaros foram recebidos na porta da prisão por uma multidão delirante.

A origem dos tupamaros está na luta sindical dos trabalhadores no setor de cana-de-açúcar, liderada por Raul Sendic, e nas diferentes frações da esquerda uruguaia que, influenciadas pela Revolução Cubana, decidiram-se em prol da luta armada no pequeno país no Rio da Prata, até então considerado "a Suíça da América do Sul". A ação fundadora teria sido o assalto ao clube de tiro suíço 1963, que servia para obtenção de armas. A partir de 1966, os "tupas" entraram em cena oficialmente com o nome de Movimento de Libertação Nacional-Tupamaros (MLN-T), chamando a atenção do mundo com suas numerosas ações de guerrilha ao estilo Robin Hood. Sequestravam tomadores de decisão da área da política e da economia, inquirindo-os e publicando o que haviam dito. A ação que se tornou mais conhecida – através do filme *Estado de Sítio*, do diretor grego Constantin Costa-Gavras – foi o sequestro do famigerado especialista em tortura e consultor do governo uruguaio, Dan Mitrione, para ser trocado por 150 presos políticos. O governo norte-americano exigiu que o governo uruguaio ameaçasse os presos políticos de morte caso Mitrione fosse assassinado. Quando o governo proclamou o estado de sítio e se negou a libertar os presos políticos, os tupamaros fuzilaram o seu refém. Na época, a postura inflexível do governo uruguaio foi criticada tanto pela ditadura militar brasileira quanto pelo então embaixador alemão no Brasil, Eberhard von Holleben. Por outro lado, a crescente militarização das ações da guerrilha urbana reduziu a simpatia da população para com os tupamaros. Quando o Presidente uruguaio Juan María Bordaberry incumbiu o exército de combater a guerrilha, essa acabou esfacelada em 1972, com a prisão de numerosos líderes tupamaros. Depois do golpe militar de 1973, nove mulheres e nove homens, todos tupamaros, foram sequestrados dentro de quartéis militares e mantidos reféns, ameaçados de serem executados na próxima ação dos guerrilheiros ainda em liberdade.

Com o fim da ditadura militar e depois de sua libertação, os tupamaros se reconstituíram enquanto movimento político legalizado, participando das eleições na Frente Ampla, uma coalizão dos partidos de esquerda. Debateram a sua história e a documentaram em numerosos textos e livros, além de relatarem as brutalidades da prisão. O livro mais conhecido, *Memórias do Calabouço*, de dois ex-detentos e reféns do estado, Eleuterio Fernández Huidobro, *El Ñato*, e Mauricio Rosencof, tem quase caráter programático. É um elogio à vida, mesmo nas condições indignas dos cárceres militares. Depois, os tupamaros participariam como principal força política da esquerda do governo de Pepe Mujica, um Presidente que gozou de imensa popularidade.

Também na Alemanha foi grande o interesse pelas experiências dos tupamaros, pelas condições prisionais dos presos políticos e pela questão de como uma antiga guerrilha pode se reorganizar enquanto movimento político legal depois da libertação dos últimos presos políticos – temas, que, naturalmente, também nos interessavam ardentemente. Representantes dos tupamaros receberam convites de grupos de esquerda, principalmente de Hamburgo, Berlim e Göttingen, fizeram turnês pelo país com intensas trocas e discussões e eventos lotados. Alguns de seus livros vêm sendo publicados desde 1990 em alemão pela editora *Libertäre Assoziation*.

Mantive correspondência com um tupamaro, Luis[51], então delegado para a Europa da organização e futuro ministro da Defesa do Uruguai. Ele escreveu:

> Precisamos de uma estratégia em busca de felicidade, não de vítimas. A esquerda precisa encarnar de maneira visível essa estratégia da felicidade e organizar cruzadas em seu nome. Deve se afastar da postura espartana, contrária à vida. Sou muito pobre, mas me sinto muito rico. Não se trata de destruição, e sim de superação do que temos agora.

Estratégia da felicidade

Começou então um debate aberto na rede. Um grupo não-dogmático de esquerda de Berlim chamado Fels (*Für eine linke Strömung* = Por uma corrente de esquerda) também se sentiu responsável pela busca por uma estratégia da felicidade. Na sua revista *arranca!* eu publiquei o texto "Sociedade ou Gueto" (*Gesellschaft oder Ghetto*), escrito no final de 1992. Sob o pseudônimo "Servo do papel", um dos companheiros escreveu uma resposta em que também

---

51 N. de E.: O autor se refere a Luis Rosadilla (Montevidéu, 1953), que ocupou breve o Ministério da Defesa do Uruguai entre 2010 e 2011 e depois foi eleito Senador da República, tendo participação na luta armada pelos tupamaros e, mais tarde, integrando a Frente Ampla.

havia críticas às minhas ideias. Que experiência libertadora! Fiquei aliviado. Seguiu-se uma longa correspondência. Quando a minha libertação e a de Karl-Heinz estavam em vista, colaram um cartaz de boas-vindas em Berlim: "Sejam bem-vindos".

Em 1991, duas perguntas passaram pela minha cabeça. Número 1: que perspectivas haveria para nós, os presos? Número 2: Como lidar com a nossa história e reavivar hoje ou amanhã o sentido e a rebelião que, apesar de tudo, houve nesses últimos vinte anos? No tocante aos presos precisava haver uma mudança de rumos. O agrupamento dos presos isolados foi um objetivo para os primeiros anos de prisão. Mas não fazia o menor sentido continuar lutando pelo agrupamento dos presos depois de dez, quinze, vinte anos de detenção. Agora, o que estava em questão era a libertação. Ou a prisão seria uma catástrofe natural inevitável? Afinal, o ataque da RAF ao presídio recém-construído de Weiterstadt, em 1993, durante o qual ninguém saiu ferido, também não seria um estímulo para refletir como os presos finalmente poderiam ficar livres? Uma coisa é chegar à conclusão política de que uma campanha de libertação é difícil num determinado momento ou em outro. A outra é se a prisão em si é aceita ou questionada. Quebrei um tabu e comecei a refletir sobre essa questão de liberdade ou libertação nas cartas que escrevia.

Recebi então uma carta de um grupo de solidariedade perguntando, antes de mais nada se eu não estava mais aguentando a prisão. Sim, eu ainda estava aguentando, mesmo depois de dezessete anos de detenção em isolamento. Mas eu queria movimento, ação, discussão, reflexão, individual e coletivamente, para além das velhas fronteiras. O que acabava comigo não era a prisão, mas o vácuo, ter que suportar a nossa situação. Pior do que a prisão era estar aprisionado em regras fixas. O anúncio taxativo de querer um diálogo com todos os movimentos e grupos sociais era apenas um item propagandístico ou seria um objetivo a perseguir, ainda que em nível individual e de pequenos grupos? Claro, um grupo pequeno na prisão não era como um grupo do lado de fora. Nem sempre a convivência era fácil. Houve conflitos, alguns violentos, pelo menos lá em Celle. Mas quando você está furioso isso é estimulante, você tem alguém com quem pode e deve brigar. Mesmo o grupo pequeno na ala significava uma possibilidade de intercâmbio, um metabolismo para o aprendizado mútuo e a possibilidade de participar desse processo de discussão com reflexões próprias.

Uma PIZZA construtiva

Outro projeto importante para mim naquela época foi o chamado PIZZA (*Projektgruppe für internationale Zusammenarbeit und zukunftsorientierte Aktion* - Grupo de projeto para cooperação internacional e ação de olho no futuro). A ideia era juntar pessoas de diversas orientações políticas do movimento internacionalista e debater para além das próprias fronteiras ideológicas e das diferentes vivências políticas. Era uma mistura colorida entre o movimento de solidariedade com a América Central, o movimento hippie e anarquista, o Partido Comunista Alemão (DKP), autônomos, roqueiros políticos e verdes da Suíça e da Alemanha. Também participou escritório de informação sobre a Nicarágua de Wuppertal. Depois das rupturas do período 1989/90, o grupo queria promover "um balanço da nossa própria história política e o debate, em bases igualitárias, com ativistas da América Latina". Aquilo se aproximava bastante do nosso projeto de uma discussão com todos os grupos sociais que nós, os presos, havíamos repetidamente sugerido.

O segundo seminário PIZZA na ilha de Borkum, no mar do Norte, incluiu participantes de ex-cidadãos da Alemanha oriental e numerosos companheiros estrangeiros. A ideia de um projeto de livro tomou forma em 1992 com o título *Odranoel - a esquerda entre os mundos.* Quinze autores e autoras fizeram um balanço e ousaram lançar um olhar para o futuro. A ideia do projeto era internacionalista e fundamentada em troca de experiência. Contou com contribuições de Uruguai, Nicarágua, Brasil e os Estados Unidos. A ideia era aprender a partir das experiências e lutas políticas as mais diversas e fazer ações conjuntas. Além de Dora María Téllez, que participou na condição de comandante da tomada do Palácio Nacional de Managua em 1978, estavam entre os autores Sofía Montenegro e Magali Quintana, que formularam uma crítica ao regime sandinista a partir de uma perspectiva feminista. O Uruguai estava representado pelas palavras dos tupamaros *El Nato* Fernández Huidobro e Yessie Macchi. A voz brasileira foi a de Maria Amélia Teles, ex-presa política durante a ditadura militar. Ela escreveu sobre o movimento feminista em seu país. A esquerda alemã participou com as mais diferentes correntes e ideias. Jutta Braband escreveu *Uma biografia da*

RDA e Thomas Klein sobre *A esquerda partida na Alemanha unida*. Entre os autores estava também Thomas Fatheuer, que eu haveria de reencontrar anos mais tarde como colega no trabalho de cooperação técnica internacional no Brasil. Também os presos políticos na Alemanha foram convidados a colaborar, mas só dois aceitaram. Klaus Viehmann, preso por ser membro do *Movimento 2 de Junho*, escreveu um ensaio sobre a *Triple Oppression*. Depois de receber um convite da editora, eu também decidi escrever um texto para refletir a nossa história.

Reflexões contra os muros

O título da minha contribuição foi *Reflexões contra os muros (Gedanken gegen die Mauern)*. Não eram só os muros da prisão a que quis me referir, mas principalmente a tirania dos muros ideológicos nas cabeças das pessoas. Lembro-me vivamente dos dias e das semanas que passei redigindo esse texto. Tínhamos acabado de ser transferidos da ala de segurança máxima para uma ala normal, em que as celas eram menores, mas onde eu podia ficar sentado junto à minha mesa pequena, batendo à máquina, olhando do primeiro andar para o pátio e observando o que se passava ali em baixo. Quanto mais avançava, mais tesão eu tinha em escrever. Sim, essa é a palavra certa. Foi uma experiência embriagante. Depois de tantos anos, sentia um imenso prazer em saborear a criatividade flutuante dos meus pensamentos e sentimentos. Depois de uma longa estiagem, voltava a maré alta. Senti minha energia, a soberania que ainda existia. O resultado pode ser lido até hoje – com algumas reservas.

Quando terminei houve uma discussão intensa do texto com o revisor, Theo. Guy Barrier, do grupo PIZZA, também escreveu uma longa carta sobre o meu texto. Ele vinha de um grupo roqueiro de esquerda de Zurique, Pedras Vermelhas (Rote Steine). Participava da "República Livre do Bunker" e do movimento pela América Central. Já naquela época estava em estágio avançado de Aids. Ele e sua companheira (e integrante do grupo PIZZA) Christina Knorr, morreram pouco depois que o livro saiu.

Antes da publicação eu enviei o ensaio para os demais prisioneiros. Só um deles reagiu brevemente, dizendo: "Sou contra". Esse era o "outro tipo de abordagem nos debates".

Já citei trechos da introdução ao capítulo sobre o SPK e me limitarei aqui a uma breve citação:

> A resistência não é revolucionária, pois não leva para o movimento e a sociedade aquela dimensão positiva cujas possibilidades afirma com sua crítica radical ao status quo. Acabou o tempo das metas revolucionárias que não podem comprovar a sua compatibilidade com a vida cotidiana.

Em resposta ao meu artigo e para estimular o debate sobre a libertação, Lothar Baier escreveu em novembro de 1992 uma *Carta aberta a Lutz Taufer* no semanário suíço *WoZ* com o título: "Fora!".

O então ministro da Justiça Klaus Kinkel, do FDP, tomou a iniciativa e exigiu que o Estado mostrasse a disposição de se conciliar e libertar os presos dispostos ao arrependimento. Na realidade, quase nada aconteceu. A libertação de Bernd Rössner, que já estava à beira da loucura, só ocorreu depois de uma brigalhada sem fim. Mas o espírito da libertação já tinha saído da garrafa e vastos setores da opinião pública começaram a discutir o assunto. Como lidaríamos com aquilo? Com exceção de Karl-Heinz quase ninguém se pronunciou publicamente. Muitos exigiram processos de esclarecimento, mas tudo permaneceu no nível da retórica. Praticamente não houve contribuições.

A RAF para com os ataques

Em abril de 1992 a RAF declarou em um longo texto que poria "um fim aos ataques a lideranças representativas da economia e do Estado para o processo necessário agora". Depois da declaração da RAF, Irmgard Möller confirmou, em nome de todos os presos:

> Hoje, vemos com muito mais nitidez do que em meados dos anos 1980 e do que, quando enfrentamos pela primeira vez na greve de 89, transformando em prática, que as rupturas globais e dentro da sociedade são tão profundas que tornam impossível para todos a simples continuação da política e da prática dos anos 70 e 80.

Em maio de 1992, o grupo de prisioneiras de Lübeck deu uma entrevista à televisão. Um mês depois tivemos uma entrevista na TV com Roger

Willemsen e Oliver Tolmein, alguns dias depois seguiu-se uma entrevista radiofônica. Em sua edição de junho de 1992, a revista *konkret* publicou a entrevista que Thomas Ebermann, Hermann L. Gremliza e Rosita Timm fizeram conosco, os presos de Celle. Todos eram da opinião unânime que a luta armada da RAF tinha terminado, ainda que isso muitas vezes fosse expresso de forma codificada.

Para mim, não foi nada fácil dar uma entrevista sobre o assunto. Sentia-me inseguro. Tinha clareza da posição a defender, mas: saberia transmiti-la no momento devido de maneira clara e inequívoca? Preparei-me intensamente para não correr nenhum risco. A fim de aprofundar a diretriz que Irmgard Möller dera em nome do grupo de presos, apresentei uma declaração inicial na conversa com a revista *konkret* para tentar descrever essa situação modificada:

> *Um mundo diferente*
>
> O mundo dos anos 1970 é diferente do mundo dos anos 1990. Naquela época, ainda vivíamos, pensávamos e lutávamos na condição de participantes de uma rebelião mundial contra o sistema imperialista americano. (...) em praticamente cada país da América Latina existia no mínimo uma organização de libertação de luta armada. Houve movimentos de libertação bem-sucedidos e vitoriosos na África, no Oriente Próximo, na Ásia. Principalmente no Vietnã houve um pequeno povo camponês que, de pijamas e sandálias de pneus, empurrou a máquina militar mais poderosa do mundo para um beco sem saída. Não por último, havia as revoltas nas próprias metrópoles. Como sabemos hoje, os movimentos contra a Guerra do Vietnã, principalmente nos próprios Estados Unidos, contribuíram de forma significativa a que, já em 1969, Nixon e Kissinger já consideravam a guerra perdida. (...) A nossa avaliação, na época, é que o imperialismo se encontrava na defensiva estratégica. No mundo inteiro, diferentes forças surgiram simultaneamente contra o sistema global dominado pelo imperialismo americano, e diante do pano de fundo de Auschwitz e do Vietnã era política- e moralmente justificável juntar-se com todas as forças a essa rebelião também com a tentativa da luta armada nos centros do imperialismo. A postura arrogante que a política, a economia, a Justiça, os militares assumiram em relação ao passado fascista e

a posição inequívoca que tiveram em relação ao genocídio no Vietnã deixou em aberto a pergunta sobre se o fascismo poderia voltar a surgir na Alemanha. A luta armada na Alemanha, de certa forma, foi também a tentativa de uma resistência que buscava recuperar o tempo perdido. A suposição de um esfacelamento do sistema imperialista americano se revelou equivocada. Hoje vivemos em um mundo completamente modificado. (...) O mundo não é mais constituído por dois polos, o Terceiro Mundo e as metrópoles. São dois mundos agora, o mundo que tem posses e o mundo dos despossuídos. Existem esses dois mundos na Alemanha, nos Estados Unidos, no Brasil, no Chile, no Egito, na Índia, na Nigéria. Existe em toda parte. A demanda por uma nova ordem mundial e a rebelião difusa, nos Estados Unidos, têm a distância de apenas alguns bairros. (...) A era futura será a era dos movimentos sociais, das invenções econômicas e sociais – desde que o espaço necessário a isso se abra para que finalmente se possa dar um sentido à utopia concreta. Pois a alternativa seria uma violência difusa que se dissemina e a destrutividade daqueles e contra aqueles que lutam pela sua sobrevivência. O que uma RAF teria a dizer sobre a questão da violência seria indiferente em relação a essa escalada. É desse mundo transformado que fala a declaração da RAF. Não é uma capitulação, é a reorientação coerente em relação a uma situação contrária à ação armada.

A iniciativa Ströbele e a cisão

O imobilismo e a falta de ação continuavam reinando tanto no grupo de presos quanto no nível político. A situação estava engessada. Vivíamos a nossa vidinha, eu fazia um curso à distância sobre Arte Moderna, pintava aquarelas com base em cartões postais. Recebíamos visitas, as conversas continuavam sendo protocoladas, nós sabíamos o que acontecia com esses protocolos. Eram um recurso essencial para o trabalho de defesa do estado a fim de manter sob controle a situação dos presos. Assim, uma dessas "atas" foi enviada por engano pela Câmara à minha advogada, no âmbito de um processo de cumprimento da pena. O protocolo registrou a visita de uma amiga ativa no movimento contra a construção de uma nova pista de pouso no aeroporto de Frankfurt. Ela falou de uma pequena aldeia erigida pelos ocupantes no terreno e onde se realizavam numerosos eventos políticos e culturais. Sugeri a ela: *Que tal organizar um evento sobre os presos políticos?* O protocolo registrou: *Taufer mandou que S. incitasse a população de Frankfurt.*

Se quarenta presos políticos, como nós, recebessem duas visitas por mês, isso resultaria mensalmente em 80 protocolos igual àquele – por ano, quase mil. O que acontecia com eles? Certamente eram uma das bases em que os políticos fundamentavam as decisões que tomavam em relação aos presos. Nós podíamos nos tornar objetos sem voz de tais manipulações, ainda mais em uma fase em que tínhamos de movimentar a situação? Podíamos deixar que os funcionários da Polícia Estadual tivessem esse poder ilimitado sobre nós?

Celle tomou a iniciativa. Perguntamos ao advogado Christian Ströbele se ele poderia entrar m contato com Ignatz Bubis, então presidente do Conselho Central dos Judeus na Alemanha, e com Edzard Reuter, então presidente da Daimler-Benz, para pressionar o chanceler Helmut Kohl a encontrar uma solução política. Queríamos dar uma mexida na situação engessada, incluindo todos os presos nesse processo.

Acontece que não combinamos previamente com os demais presos esta iniciativa, que nunca levou a nada. Compreensivelmente, isso foi criticado. Por outro lado, depois do *blackout* dos anos passados, a probabilidade de conseguir discutir construtivamente esse projeto era praticamente nula. Seguiu-se uma declaração de Brigitte Mohnhaupt acusando a nós e a RAF do lado de fora da prisão de conspirarem contra o resto do grupo de presos. A cisão andou conforme o manual e foi aplaudida durante vários dias no noticiário. Acabou-se.

Na hora, aquilo doeu. Havíamos lutado juntos durante dezoito anos na prisão, o que gerou relações muito especiais e próximas. E agora tudo devia acabar em uma cisão? Eu teria preferido discutir as diferentes visões de forma aberta e honesta, mas isso não nos foi dado.

Libertação

Em carta datada de dois de janeiro de 1994, alguns meses antes da minha libertação, escrevi:

> (...) ultimamente tenho tido cada vez mais a nítida sensação de estar preso. Você pode ficar supreso – afinal, estou encarcerado há quase vinte anos. Bem, em algum momento, como preso, você vê que pode viver naquele território –

> não quer dizer que você se acostumou à condição de estar preso ou esqueceu a liberdade do lado de fora ou se resignou. Significa que, em primeiro lugar, você vive e luta naquele território. Foi o que aconteceu comigo também, fiz um montão de coisas nos últimos anos, escrevi muito e publiquei meus textos, pintei aquarelas, fiz esportes, engajei-me em prol dos outros presos, há algum tempo colaboro com o jornal produzidos pelos internos, não por último, ganhei muitos amigos e muitas amigas, aqui, na Alemanha Oriental, no Uruguai. Mas apesar disso tudo eu sinto que poderia viver e desenvolver todas essas possibilidades numa outra dimensão se não estivesse preso. É o que sinto principalmente nos últimos tempos, o que tem tirado o prazer com as minhas atividades na prisão até agora.

Presos condenados à prisão perpétua podem reivindicar depois de quinze anos junto ao tribunal incumbido do seu julgamento a serem libertados "antes do tempo". Minha primeira audiência, em 1990, terminou com uma recusa. Quando Karl-Heinz e eu fizemos um novo pedido a sermos libertados, em fins de 1992, exigiram que fôssemos examinados por um psiquiatra. Acontece que nos anos pregressos nós tínhamos nos ocupado intensa e publicamente com a nossa história. Como isso poderia mudar por meio de um exame psiquiátrico? Nossa recusa trouxe mais dois anos de prisão, o pedido de libertação foi negado.

Depois que finalmente Bernd Rössler recebeu o seu perdão, a procuradoria de Karlsruhe requisitou junto ao Tribunal Estadual Superior de Justiça de Düsseldorf que Hanna, Karl-Heinz e eu fôssemos soltos. Continuávamos nos recusando a sermos submetidos a um exame psiquiátrico, mas dessa vez o tribunal aceitou um outro avaliador, o decano da Faculdade de Direito da Universidade de Frankfurt, o professor Peter-Alexis Albrecht. Aquilo podia muito bem ter acontecido dois anos antes, pois nenhuma lei diz que o avaliador deva necessariamente ser um psiquiatra.

CAPÍTULO 8
Você está Livre!

"Taufer, telefone!"

Com essas palavras me chamaram para o andar de cima no dia vinte e quatro de abril de 1995 à tarde, bem quando acabou o passeio no pátio. *Lutz, você está livre!*, disse ao telefone Dieter Adler, o meu advogado. Entendido. Estávamos contando com a libertação, mas não já. E agora? Desci as escadas com passos inseguros e fui até a minha cela. O que me esperava agora? Dentro de mim, nada se regozijava. Meus pensamentos não estavam voltados para fora da prisão, e sim para dentro. Teria que me separar de pessoas de quem gostava. Logo, Karl-Heinz e Knut também seriam libertados – mas: e todos os demais? Na manhã seguinte fui ao curso de computação do qual nós três participávamos junto com uma dúzia de outros presos. O coordenador – excelente, por sinal – era um ex-oficial do Exército Nacional Popular da RDA. Postado à porta da sala, eu não sabia muito bem o que fazer. *Serei libertado hoje*, disse, com a voz um pouco trêmula. Todos olharam para mim, surpresos. Alguns me desejaram tudo de bom, eu saí – e pronto. Deixei alguma coisa para trás. Só então, comecei a olhar para frente, aos poucos.

Ser libertado é uma mera rotina, uma espécie de *checkout*. Você assina alguns formulários, recebe o resto do seu dinheiro e o certificado de libertação, passa por algumas portas e está do lado de fora do portão. Este continuava fechado, mas tinha uma janelinha. Através dela, consegui ver uma ou duas dúzias de pessoas, alguns rostos conhecidos, outros desconhecidos. Alguém liberou a porta. Foi preciso vencer uma resistência interior para puxar a maçaneta, precisei me dar um empurrão. Durante vinte anos, nunca mais eu abrira nenhuma porta.

Não foi só do já mencionado álbum de fotografias dos pais que eu descuidei. Pior foram as fotografias que eu colei um grande bloco de desenho. Fotos da prisão, da minha libertação, da libertação de Karl-Heinz, da nossa festa noturna em uma embarcação no rio Elba, organizada depois da libertação de Knut por grupos diferentes e na qual as frações brigadas se encontrariam pela última vez. Fotos da minha primeira viagem para o Uruguai e muito mais. Ratos roeram o papel, as cópias sofreram com o clima tropical e a elevada umidade do ar. No Brasil, tive coisas mais importantes a fazer do que cuidar de lembranças. Mas as imagens ainda falam. Eis o prisioneiro recém-libertado diante do portão da prisão, de casaco escuro e bigode. Antes da entrevista com Oliver Tolmein e Roger Willemsen, amigas da Hafenstrasse de Hamburgo mandaram o recado para eu raspar o bigode que não combinava comigo. Vejo minha foto abraçado à minha querida advogada Uli, a mais próxima entre todas as amigas e todos os amigos, que durante muitos anos me ajudou solidariamente com toda a naturalidade e confiabilidade, com profissionalismo e com amizade calorosa. Seu pragmatismo foi tão vital quanto o seu bom humor. Em outra foto está Dieter, o advogado não menos leal. Estamos sentados no botequim Celler Loch. Ao meu lado, Anja, que veio de Hamburgo, e Anina, que veio da Suíça à noite. Estamos brindando com cálices de espumante, uma bebida à qual não estou acostumado, mas que é muito melhor do que a aguardente Fiffi destilada clandestinamente na prisão. O rosto risonho de Dieter é emoldurado por farta cabeleira e barba. Não entendia por que ele estava com um controle remoto na mão, até alguém me explicar que se tratava de um celular. Dieter também me ajudou infinitamente e se envolveu ao longo de muitos anos. Quantas vezes discutimos situações de crise, mesmo no plano privado, não só minhas. Outras fotos mostram amigas e amigas do grupo de Celle, companheir@s do grupo FelS de Berlim, Rebbe, Raul, Dario. E ainda Christiane, cuja irmã Gudrun Ensslin morreu no dia dezoito de outubro de 1977 no sétimo andar do presídio de Stammheim. Uma belíssima foto de Anke me entregando um buquê gigantesco de girassóis. Entre todos os grupos e indivíduos está sempre Theo com seu indefectível casacão azul. Theo, que já me visitou em 1976 e que ficou do meu lado quando me desancaram por causa das minhas críticas ao sequestro do avião da Lufthansa. Theo, que durante anos foi proibido de entrar em qualquer presídio da Alemanha Ocidental e de Berlim Ocidental. Que me acolheu em Hamburgo, e que agora é o editor deste texto. Uma amizade para toda a vida.

No mercado de peixes de Hamburgo

Anja, Theo e eu viajamos para Hamburgo e fomos diretamente até o mercado de peixes. A infinita vastidão do porto de Hamburgo, onde a minha vista pôde passear pela primeira vez depois de muito tempo ao longe! Quanta coisa havia naquele ar infinito, quantas promessas de novidades! Acho que desde então nutro uma obsessão pelo porto de Hamburgo. Toda vez que vou àquela cidade, vou até a margem do rio Elba para fazer uma excursão de barca de Landungsbrücken a Finkenwerder ou Teufelsbrück.

Theo morava no bairro Schanzenviertel, onde vive até hoje com sua querida Angela. Na época, o seu amigo Pit ainda morava no apartamento. Mas para tristeza de Theo, ele saiu pois o lugar ficou muito apertado quando fui para lá. A convivência comigo também não lhe agradou: eu o contaminei com um bicho do pé e, sem querer, deletei dois arquivos de sistema em seu computador. Mais tarde, mesmo com idade avançada, fez estudos náuticos, passou a prova de capitão e hoje comanda navios de contêiner oceanos afora.

Um dia depois de libertado, às seis da manhã, eu me vi sozinho na cozinha e decidi ir até a estação central de trens para comprar os jornais, em busca do noticiário sobre a minha libertação. Saí do apartamento e fui para a rua. Era muito estranho estar ali sozinho, andar sem companhia, sem conexão, sem alguém me vigiando. Curiosamente, as pessoas na rua nem ligavam para mim. Nas vitrines, as mercadorias tinham o brilho promissor do consumo capitalista. Impressões fugiam antes que o meu cérebro, ainda no modo de convalescença, pudesse decifrá-las. Fui até a estação de metrô Christuskirche. O primeiro obstáculo foi a bilheteira automática. As longuíssimas instruções estavam recheadas de palavras que eu não entendia. Por que tudo precisava ser tão complicado? Mal estava do lado de fora, já cometi a primeira transgressão. Andei de metrô sem pagar, sujeito a uma pesada multa.

Como era diferente o cenário da estação ferroviária central! Duas coisas chamaram a minha atenção. Na frente da estação havia mendigos e dentro dela, um centro comercial elegante, com butiques, bistrôs, McDonalds. Nada disso existia vinte anos antes. Estações de trem eram simples e funcionais. No máximo havia um guichê para trocar marcos por dólares (à cotação de 1 para 4,20), mas não havia estandes com sanduiches de peixe, bolos e tortas e *bretzel*. Agora, até havia butiques de roupa. Foi quando descobri aquela placa de *döner*. Já tinha lido o nome no jornal alternativo *Taz*, devia ser algo turco. Tomei coragem, fui até o balcão e pedi um *döner. Com ou sem molho?* O *Taz* não me preparara para essa questão. Dei de ombros e prossegui. Encontrei mais mendigos, pessoas doentes e sujas. Na Alemanha de antes de 1974 não existia nada daquilo. O que acontecera? Por que ninguém me contara nada daquilo?

Um casaco de couro riu para mim em uma vitrine. Achei que depois de vinte anos de uniforme de presidiário eu podia me dar esse presente. Quem também adorou aquele casaco foi Anina. Quando nos visitava, tomava conta do casaco. E tinha todo direito do mundo para tal! Como ajudara a mim, Karl-Heinz e Knut. Voltei. Quando cheguei à minha nova casa, faltaram frutas para o café da manhã. Ofereci-me a ir para o supermercado mais próximo. Gostava dessas pequenas saídas. De certo modo, fui jogado de volta a um estágio infantil de aprendizado por imitação. Observei como uma cliente pôs as frutas em uma balança antes de colocá-las no seu carrinho. Também pus minhas bananas na balança, mas nada aconteceu. Com as maças, idem. Se eu perguntasse a uma vendedora como aquilo funcionava, provavelmente iria achar que eu era uma espécie de extraterrestre. Portanto, recoloquei sorrateiramente as frutas no lugar, fui para casa e, depois de tanto tempo, voltei para um curso de formação – não para superar as relações de mercadorias, e sim para usá-las adequadamente. Mas, da mesma maneira que as relações mercantis são ilimitadas, o aprendizado é cheio de falhas. Alguns dias mais tarde, no vestiário da piscina pública de Hamburgo, não consegui fechar o escaninho, perguntei ao meu vizinho. Ele me olhou desconfiado, achando que eu queria ironizá-lo, e disse, hesitante: *Bem, você precisa colocar uma moeda, mas você sabe disso!* Não, eu não sabia.

Theo teve muita paciência e compreensão para comigo e foi das poucas pessoas que também interagiram comigo criticamente. Eu não devia ser fácil. Não era apenas a prisão, mas também a presunção que muitos de nós, presos políticos, tínhamos. Pelo menos era o meu caso. Estava acostumado a resolver situações difíceis a partir da minha própria força. Isso marca a personalidade e cria uma certa inadequação. Não só precisava aprender a fazer compras A convivência cotidiana com outros também era um desafio muitas vezes difícil de vencer. Era uma viagem de descobertas. Eu descobria não apenas um meio ambiente farto em termos sociais. Redescobria em mim mesmo padrões de comportamento e de convivência que vivi vinte anos antes e que eu jogara em alguma nuvem do meu sistema nervoso central.

Redescobri a mim próprio, a maneira como falava com amigos e estranhos, como me movimentava em uma cidade.

Antes de mais nada peguei uma fortíssima gripe com febre alta. Soube que isso acontecia com todos os que saíam. Éramos os indígenas, cujo sistema imunológico não estava à altura do contato com a civilização. Além disso, tive problemas dentários. Depois de dar uma olhada na minha boca, o dentista me perguntou: *Me diga, você passou um período longo em uma região conflagrada?* Respondi: *Sim, vinte anos.* Não aguentei o excesso de estímulos. Eu me cansava logo e me sentia sem energia, bem diferente do que acontece hoje, quando estou vinte anos mais velho. Se fosse ao cinema com uma amiga, com certeza pegava no sono. Sentia grande necessidade de ficar recluso. No verão eu sentava em algum canto do jardim botânico de Hamburgo, sem vontade de fazer nada, nem mesmo de ler um livro. Só queria ficar sentado, relaxando.

Nas montanhas

No dia vinte de janeiro Lenz passava pelas montanhas. Assim começa um dos meus livros prediletos da época da prisão, a novela Lenz, de Georg Büchner. O protagonista passa por cadeias montanhosas imensas e por abismos da alma. Anina e Andi organizaram um programa maravilhoso. Em junho, viajei para Zurique com Peter e Malte, dois amigos do grupo FelS. Dali fomos até o cantão de Valais. A três mil metros de altitude, acima do limite da vegetação, os dois amigos suíços tinham alugado um chalé. Anina e Andi eram guias de montanha. Subimos cada vez mais, até as neves eternas. Eles nos levaram para fendas de glaciares cheias de neve, dirigiram o nosso ritmo e, juntos, deixamos para trás o mundo que conhecíamos. Às vezes, eu também saía desacompanhado. Não subia montanhas, mas percorria um amplo vale. Tentava encontrar um caminho com os meus pés, evitando as pedras soltas e escorregadias – pequenos esforços de uma pessoa emoldurada por gigantescos maciços rochosos.

No tocante a atividades, grupos e movimentos políticos, o mundo estava a milhas de distância das inúmeras atividades dos anos 1970. Caí na real. De vez em quando eu era convidado a participar de eventos sobre a RAF e a prisão, mas minhas lembranças se dissiparam. Quando Michael, um conhecido, lembrou-me de um evento em que ambos estávamos no palco, eu disse a ele:

"Acho que você está me confundindo". Não conseguia lembrar de nada. Esse blecaute certamente está associado ao fato de que eu não suportava mais aquela vida de ex-prisioneiro da RAF, que marcava o meu cotidiano. Não era uma boa base de existência. Eu não queria passar o resto dos meus dias cuidando desse legado. Eu não queria uma vida de ex-prisioneiro e nem de futuro prisioneiro de uma história cujos protagonistas e responsáveis, em sua maioria, não tentavam debater e esclarecer os processos. Um processo aberto de debate teria sido a premissa para retomar a iniciativa política depois do fracasso da RAF e de todas as demais organizações de luta armada, não só na Alemanha e em Berlim ocidental, mas em todos os demais países da Europa Ocidental, como a Itália. Isso pressupunha investigar os motivos do fracasso. Além disso teria sido preciso revelar a rebelião, a consciência rebelde, a voz da liberdade e da libertação que determinavam então nossos corações e mentes, não apenas para defender nossas origens contra todo o verdadeiro negócio que a mídia fez em torno da RAF, e sim, porque é a condição *sine qua non* de qualquer política emancipativa que esteja do lado dos pobres, perseguidos, explorados, marginalizados. E estes são hoje muito mais numerosos do que há cinquenta anos.

A revolta invisível

Eu sabia que a minha primeira viagem me levaria ao Uruguai o mais rápido possível. Na prisão, eu recebera a visita de tupamaros. Agora eu é que queria visitá-los em Montevidéu.

Matriculei-me em um curso de espanhol. Alguns meses depois, de posse de um passaporte novo e de um espanhol rudimentar de dicionário, eu me encontrei em um avião para o Uruguai. Depois de muitas horas de voo avistei terra abaixo. Estávamos sobrevoando território brasileiro. A vasta área estava salpicada de assentamentos humanos pequenos e maiores, de vez em quando surgia uma cidade grande. Depois de mais algumas horas, a estrutura de colonização terminou. A meu lado estava um químico argentino que ia para Buenos Aires. Perguntei a ele por que não se enxergava mais nada. É o Uruguai, ali só tem vacas, respondeu, deixando transparecer a rixa histórica entre uruguaios e portenhos. Mas o desprezo do portenho pelo gado uruguaio era algo equivocado. Afinal, o gado fora a base para um Uruguai próspero, que ganhou o título honorífico de "Suíça da América do

Sul" exportando carne de seus frigoríficos para numerosos países. Ainda nos primeiros anos do novo milênio era possível imaginar, a partir das antigas construções suntuosas decadentes de Montevidéu, a prosperidade acumulada graças ao fornecimento de carne, tanto para os Aliados quanto para os países do Eixo durante a guerra.

A ditadura terminara dez anos antes. Os presos libertados fizeram um desfile triunfal por Montevidéu. Uma vez em liberdade, tentaram ganhar clareza sobre o seu passado e o seu futuro em reuniões públicas e privadas. Isso ficou registrado em uma série de escritos em que os tupamaros processaram o seu passado e conceberam o seu futuro enquanto movimento democrático. Os resultados dessas avaliações, e dos novos posicionamentos, nem sempre tiveram aceitação unânime por parte de todos os companheiros e todas as companheiras. Entre as mulheres houve resistência ou resignação em relação às hierarquias de poder masculinas que iam de encontro à reinterpretação da luta armada em uma espécie de "patriotismo armado". A maioria fundou o Movimento de Participação Popular (MPP), que se tornaria a fração mais importante da coalizão de esquerda, a Frente Ampla. Os "tupas" começaram a viajar. O principal destino foi a Alemanha, mais especificamente Hamburgo, e, lá, o apartamento de Theo, o companheiro que editou as traduções, para o alemão, dos escritos mencionados. Naquele apartamento, no sofá de Theo, Mauricio Rosencof, Yessie Macchi, El Ñato, Pepe Mujica e muitos outros tomaram o seu mate nas *bombillas*.

Não fui o único alemão que tomou o rumo do Uruguai. Foi em Montevidéu que conheci muitos dos meus amigos alemães. Margrit Schiller saiu do exílio em Cuba com seu marido e dois filhos para viver na capital uruguaia. Antes disso, havíamos nos encontrado nos tempos do SPK em Heidelberg.

O que achávamos tão convincente e atraente nos tupamaro e em sua história? Era o levante invisível, uma contradição em si, como era possível, se em qualquer levante se disparam tiros ou explodem bombas? Não foi o que aconteceu com os tupamaros, que, ao contrário da RAF, eram muito escrupulosos no trato com tiros e bombas. Sequestravam líderes da política e da economia, interrogando-os, publicando o material, apresentando e desmascarando os poderosos e, depois, soltando-os. Tornaram-se lendárias as fugas em que dúzias de presos saíram através de túneis secretamente cavados dos presídios masculinos e femininos. Pouco depois da meia-noite, em maio de

1970, um comando do MLN invadiu o centro de formação da Marinha no bairro portuário de Montevidéu. Os rebeldes conseguiram tomar a caserna e imobilizar os soldados sem disparar um único tiro. Passaram o resto da noite guardando o butim – centenas de rifles e outras armas – em caminhões. No final da ação, já de manhã, hastearam a bandeira do MLN no mastro da caserna. Yessie Macchi participou desse comando.

As ações dos tupamaros eram taticamente inteligentes, de uma leveza surpreendente, uma inteligência superior, sempre mais rápidas, flexíveis, presentes e invisíveis do que as do adversário, o trambolho militar, apresentado e exposto publicamente por eles sempre quando podiam. Era o poder da rebelião invisível, que não emanava de ações de execução. Tudo isso rendeu aos tupamaros um elevado grau de aprovação por parte da população. Eles estavam enraizados nos sindicatos e na população assalariada, pois era um processo de aprendizado conjunto. Explicavam a sua política de um modo compreensível, como na brochura *trinta perguntas para um tupamaro*. Não usavam aquela linguagem hermética e pétrea.

A engenhosidade, a mobilidade, o talento tático e de organização dos tupamaros não caíram do céu. Refletiam uma cultura política que podia ser vivenciada no dia a dia da população. Conheci gente nos bairros pobres com muita autoestima e senso de humor, que confiavam em suas próprias forças e sabiam improvisar sempre. Assim, um grupo de famílias que precisava morar em algum lugar reuniu-se para construir – praticamente da noite para o dia – um assentamento de barracos na periferia do subúrbio de Cerro, além de um sistema de ruas, organizando ainda a vida comunitária e as bases da infraestrutura necessária.

Num dado momento teve um *asado*, um churrasco uruguaio, na sede do MLN no centro de Montevidéu. Disseram que era em minha homenagem, mas não foi o que senti. Tive a impressão de que os *compañeros* preferiam ficar entre si. Comparados com seus vizinhos brasileiros, os uruguaios eram bem mais fechados. Havia um monte de gente com rostos expressivos em que se lia a história que haviam deixado para trás. Mas os papéis estavam claramente divididos: as mulheres serviam a comida e arrumavam tudo enquanto os homens ficavam sentados, dividindo fraternalmente as garrafas de um litro de Norteña ou Patricia – e fazendo troça dos alemães, cada um com sua própria garrafa. Gostei da crítica. Gostei menos das piadas sobre homossexuais que vieram depois. Na parede havia um cartaz com Che Guevara e dos dizeres: "Tenho um pôster de vocês na minha casa".

Tanto na Alemanha quanto no Uruguai as mulheres trabalhavam intensamente a sua história. Em 1993, Yessie Macchi visitou Irmgard Möller na prisão em Lübeck. Em seguida, organizou, no Uruguai, uma campanha para a libertação de Irmgard. De acordo com a ideia da iniciativa PIZZA nasceu um projeto de cinema entre mulheres alemãs e uruguaias. A ideia era fomentar o intercâmbio de igual para igual, não só em uma direção, juntando as experiências dos ativistas das épocas e dos movimentos mais diferentes dos dois lados do oceano. Do lado uruguaio, Yessie Macchi e sua colega tupamara Graciela Jorge deram seus depoimentos, entre outras. Depois, Yessie foi para a Alemanha com uma equipe e filmou histórias de mulheres que poderiam interessar as uruguaias. Entre as entrevistadas estavam as ex-presas políticas Monika Berberich e Margit Czenki, bem como Gisela Wiese do Pax Christi, mulheres da antiga RDA, jovens antifascistas e ex-detentas de campos de concentração. O filme recebeu o título *Und plötzlich sahen wir den Himmel [E de repente avistamos o céu]*, que estreou em 1997 e foi mostrado no Festivel de Cinema de Havana.

Inspiradas pelo projeto de cinema, Monika Berberich e Irene Rosenkötter entrevistaram ex-prisioneiras no Uruguai. Assim, um longo intercâmbio internacional resultou na situação paradoxal de que o primeiro livro sobre a experiência na prisão de prisioneiras uruguaias acabou saindo na Alemanha com o título *Aber wir haben immer auf das Leben gesetzt (Mas sempre apostamos na vida),* e não no Uruguai.

Mas nada aconteceu com a ideia do filme que eu próprio nutria. Eu me sentia em uma situação difusa, sem pontos de orientação no horizonte para me nortear. Fisicamente, deixara a prisão para trás, mas em termos subjetivos, certamente não. Havia muito pela frente ainda. Senti uma tremenda falta de orientação fermentando dentro de mim. O que me interessava era entender de onde vinha a força que as pessoas geram e mobilizam dentro de si e junto com outros em suas lutas. Em pouco tempo, no Uruguai, tive inúmeros exemplos que me lembraram das minhas – das nossas – lutas na prisão. Seria um traço comum? Comecei a rascunhar um enredo. Mas os meus amigos tupamaros me deram a entender que, antes de mais nada, eu deveria ficar mais calmo e descontrair.

Valizas

Assim, Yessie Macchi me convidou para passar alguns dias em seu rancho em Valizas. Garantiu que ali eu teria tranquilidade. Acontece que, no paraíso, qualquer vontade de criar logo se dissipa. O estuário do Rio da Prata se estende por centenas de quilômetros ao norte. Sabe-se que é a foz de um rio, mas parece uma praia marítima – infinita, comprida, quase sempre deserta. Logo depois de deixar Montevidéu pela estrada que beira a margem, o ônibus passa por um balneário depois do outro. São casas de praia, mas muitos uruguaios passam o ano inteiro em seu rancho. Ao contrário da agitação das praias brasileiras que eu haveria de conhecer depois, os balneários uruguaios costumam ser lugares tranquilos e calmos. Dependendo da classe social, podem ser mais sólidos ou mais simples. Valizas está nesta última categoria. É o balneário da esquerda uruguaia, lugar que dava a impressão de uma imensa vastidão. O rancho de Yessie ficava do lado da praia. De vez em quando chegavam hóspedes, como Jorge, um outro tupamaro, outros habitantes de Valizas, para uma noite com conversas tipicamente uruguaias. De dia eu caminhava pela praia com uma *compañera*. Passávamos o dia percorrendo praias infinitas sem encontrar vivalma. Ela sofria com as consequências da prisão, bebia. Chegaram outros amigos. Apesar de ter bebido bastante, Yessie sentou-se ao volante e nos levou para ver os leões marinhos em Punta del Diablo.

Yessie era uma tupamara destemida, de personalidade marcante e forte autoestima. Entrara para o MLN em meados dos anos 1960. Conseguiu fugir duas vezes com outras companheiras. Em 1973, os militares declararam que ela e outras oito mulheres – e, pouco depois, mais nove homens – eram reféns do Estado e seriam fuzilados em caso de mais uma ação dos tupamaros. Yessie sobreviveu durante três anos ao isolamento em um miserável calabouço, tendo sido repetidamente torturada. Apesar de todas as circunstâncias adversas, conseguiu gerar com um companheiro a filha Paloma, que nasceu na prisão. Foi libertada em março de 1985, quando terminou a ditadura militar.

De volta a Hamburgo falei das minhas experiências e da ideia do filme. *Então vá conversar com Carlos na Hafenstrasse*, disse Theo. Fui procurar Carlos que morava numa das casas ocupadas. Uma nova amizade nasceu. Carlos é teuto-brasileiro com ascendência judaica. Como tantos outros, saiu do seu país durante a ditadura militar e foi para a Alemanha onde podia continuar suas atividades políticas e onde tinha parentes. Carlos é um apaixonado por literatura e por música. Traduziu Robert Musil, Günter Grass e W.G. Sebald do alemão para o português. Adora fazer troça com seus inúmeros amigos. Em 1985, foi para o Brasil para escapar de um processo com ameaça de prisão por ter apoiado a greve de fome dos presos da RAF. Após dez anos no Brasil, já com o processo prescrito, voltou para a Hafenstrasse em Hamburgo e desde então se divide entre os dois países. No Rio, eu morava perto dele. Costumávamos fazer bons programas, a dois ou com outros amigos – praia, botequim, concertos. Foi inesquecível para mim a Sétima Sinfonia de Gustav Mahler com a Orquestra Sinfônica Simón Bolívar da Venezuela, regida por Gustavo Dudamel no recém-reformado Teatro Municipal do Rio de Janeiro.

Vigésimo aniversário da morte de Ulrike Meinhof

Pouco depois da minha volta do Uruguai foi realizada em Berlim uma iniciativa para discutir a história da luta armada e que acabou virando uma mesa redonda por ocasião do vigésimo ano da morte de Ulrike Meinhof em Berlim, em maio de 1996. A brochura com os textos lista treze presos que, à época, ainda estavam presos. De lá para cá, dois deles morreram, Helmut Pohl e Rolf Clemens Wagner. O nosso grupo que preparou o evento, formado principalmente por ex-presos de um grupo de Hamburgo, reuniu-se no apartamento de uma companheira de Berlim. Entrar naquela discussão conjunta, porém pouco familiar a todos, não foi fácil e muito menos harmonioso. Por que lembrar apenas a morte de Ulrike Meinhof? Não seria o caso de falar de outros mortos, por exemplo os do presídio de Stammheim, ou então reféns executados?

Aquilo podia ser apenas um começo. Mas só o fato de haver naquela mesa redonda pessoas que, até então, jamais haviam conversado, já foi um passo importante. O auditório da Universidade Técnica estava tão lotado quanto durante o congresso sobre o Vietnã em 1968 no mesmo local. Havia um número expressivo de ex-presos na plateia. A apresentadora Halina Bendkowski registrou "o encontro de várias gerações em torno de um tema de esquerda". Monika Berberich (ex-RAF, dezessete anos de cadeia) esboçou as imagens de Ulrike Meinhof: a encarnação absoluta do mal, a doente e louca (a imagem da direita); o ícone, a heroína, a mártir, a guerreira sem máculas assassinada pelo Estado (a imagem da esquerda radical); e para a *esquerda antiga, mais reformista*, ela caíra de paraquedas na RAF, sequer concordava com aquela política, e acabou se matando. Monika criticou a concentração na questão *suicídio ou assassinato,* argumentando que tal prioridade bloqueava um questionamento mais profundo de sua morte: *A reação ou a resposta da RAF foi militarista, era uma tentativa ou um esforço de libertar os demais presos para evitar que também fossem assassinados, mas não era uma resposta política.* Ela constatou o fracasso do conceito de guerrilha urbana e os limites em que a maior parte das lutas de libertação haviam batido. Falou do peso de *um passado não-esclarecido, incompreendido.*

Monika Seifert, antiga amiga de Ulrike, falou do medo que o poder do Estado e a RAF haviam incutido nela, esperando *que talvez fosse possível não deixar de lado o problema da violência.* Ali Jansen (ex-RAF, dezesseis anos de detenção): *No fracasso da oposição extraparlamentar APO tentamos receber e continuar desenvolvendo os conteúdos que importavam para nós.* Ralf Reinders (ex-Movimento 2 de Junho, quinze anos de detenção) reclamou que o debate era sobre a História Contemporânea, mas sem mencionar o espírito da época, o *Zeitgeist.* "Tenho a impressão de que éramos todos loucos, como se nós tivéssemos realizado ações a partir de quaisquer situações estranhas, e não era nada disso. Não está se falando aqui da atmosfera otimista que reinou então". Ele criticou que a *abordagem sociorrevolucionária* inicial de Ulrike estava submergindo no debate.

Klaus Wagenbach, editor de Ulrike Meinhof: *Não esqueçam que até ser abordado em 1968 aqui nesta sala o Vietnã era um tabu completo*! Ele relatou esse muro de silêncio.

> Não esqueça que se tratava da sociedade da era Adenauer, uma horda nazista arrogante que estava em segurança, um bando de burocratas da pior espécie com os quais nem se conseguia conversar. Essa falta de diálogo foi uma experiência muito pesada para os estudantes de então.

Segundo Wagenbach, a expressão "contra-violência" (*Gegengewalt*) surgiu pela primeira vez em 1968[52]. A fundação da RAF foi em 1970.

Christian Ströbele, advogado de defesa de presos da RAF:

---

52 N. de E.: Na verdade, o conceito de contra-violência, no contexto da época, foi cunhado pelo filósofo alemão Herbert Marcuse (1898-1979) no ensaio *Tolerância Repressiva*, o qual data de 1965.

> Éramos da opinião – inclusive eu – de que existia uma situação revolucionária em Berlim Ocidental e na Alemanha Ocidental. Todos tínhamos esta certeza. Não só aqueles que de fato iniciaram a luta armada e militante acharam que apenas manifestações, *sit-ins* e coisas do gênero não resolveriam. (...) O que se falava era que era preciso desenvolver e praticar novas formas de luta e de resistência política. (...) Conheço uma série de pessoas que hoje ocupam posições estabelecidas que, na época, foram comprar armas na Holanda ou na Itália, as que não usaram as armas e nem participaram de grupos militantes.

E, dirigindo-se aos ex-presos presentes:

> Foi um grave equívoco vocês não terem buscado o contato com o movimento do qual se originaram e que carregou vocês por um tempo, permitindo discutir outros caminhos e outros pontos de vista em um debate aberto.

Em um texto extenso, Karl Heinz Roth registrou o desenvolvimento dos anos 1970:

> Acho que houve duas fases. A primeira foi até a detenção de Ulrike – até 1972-73. Nessa fase houve um amplo debate sobre caminhos estratégicos no seio do espectro militante até mesmo na ilegalidade. (...) Até 1972-73 nós acreditamos na revolução social no mundo. Não era ficção, não éramos loucos.

Ele falou do apoio prestado aos soldados americanos que queriam desertar, falou dos delegados dos movimentos de libertação na África *que vieram para a Alemanha em 1967-68 para reivindicar apoio efetivo. Portanto, houve um ambiente em que éramos parte do processo global.* Ele falou das posições anti-imperialistas logo assumidas pela RAF, *que nessa discussão bloqueou todas as tentativas de encontrar uma base social para essa luta de libertação sociorrevolucionária na Alemanha e na Europa.* Criticou a recusa da RAF ao debate, *e existem muitas pessoas que ficaram desmoralizadas pela rigidez e a incondicionalidade com que a RAF demandava apoio desde 73/74.* No final, perguntou: *Até que ponto pode ir a violência revolucionária? A partir de que ponto os meios criam uma constelação em que o objetivo está sendo destruído? Quero lembrar apenas da problemática, por exemplo, dos sequestros de aviões.*

Ali Jansen constatou:

> Penso que a situação com a qual estivemos confrontados na cadeia é responsável em primeira linha pelo fato de que não tínhamos condições e nem quisemos submeter o conceito da RAF (...) a uma reflexão crítica. Não estávamos em condições devido às circunstâncias e à situação porque estávamos ocupados conosco. E acho que caímos na armadilha do Estado. (...). Começou um duelo entre o Estado e a guerrilha em que outros só podiam participar manifestando sua simpatia para um lado ou para o outro.

Monika Berberich concordou com Ali Jansen e descreveu a difícil situação para os presos. Ali defendeu uma forma mais escrupulosa de lidar com a violência, tema desenvolvido por Ralf Reinders com detalhes:

> Nós, a maior parte dos presos, recusamos sequestros de aviões e ações contra terceiros, não envolvidos. Não pode acontecer que as pessoas com as quais almejamos a libertação se sintam ameaçadas por nós. (...) Enquanto organização, nosso anseio era manter as perdas de ambos os lados as mais reduzidas possível, o mesmo com o uso da violência. Penso que conseguiremos angariar as maiores simpatias se mantivermos a medida certa.

Contribuições, opiniões e questionamentos por parte do público também estimularam concordâncias ou discordâncias. Uma mulher, bastante aplaudida, sugeriu um aprofundamento do debate, por exemplo em um seminário de fim de semana. *Acho que a esquerda está voltando a erguer a cabeça no país. Por essa razão gostaria que essa história seja debatida de maneira longa, profunda e intensa!*

Gosto de lembrar desse evento. Eu não concordava com tudo o que era dito, mas estava totalmente de acordo de que se falasse abertamente, sem tabus, por cima das diferenças. Nem todos os tabus foram abordados, e só se mencionou de maneira hesitante todos os mortos que aqueles anos deixaram para trás. Mas de qualquer jeito a conversa teve um início. Assim como ocorreu no projeto PIZZA e depois com as rodadas de conversa de Hamburgo, tínhamos começado uma tentativa de escavação muitas vezes dificultosa e dolorosa. A palavra "escavação" me parece adequada.

Quando penso no grupo de debates de Hamburgo, lembro que ali conseguimos trazer à tona coisas há muito soterradas em um processo coletivo, raspando a crosta emocional e sacudindo a poeira ideológica, ressaltando as relações humanas – às vezes, com gritos de dor. Aquilo foi coletividade no melhor sentido, porque, ao longo das conversas, aprendemos a valorizar o respeito da diferença e a produtividade do debate de conflitos. Sinto-me muito bem de poder ter participado daqueles processos, ainda que tivessem falhas, fossem incompletos e sem muita orientação para o futuro.

Em seu posicionamento final, Wagenbach citou as frases que disse no túmulo de Ulrike Meinhof:

> As ideias de Ulrike partiam daqueles que sofriam a verdadeira miséria, não do distanciamento teórico, e foram os grupos marginalizados que eram abarcadas, os presos, os adolescentes nos reformatórios, os fugitivos e os loucos. Muito cedo, Ulrike Meinhof percebeu algo que só hoje começamos a compreender: o preço psicológico do capitalismo, a miséria interior.

Depois da luta armada

No final de 1996, vários ex-presos de diferentes frações se encontraram em um evento com David Becker no Instituto Balint da Universidade de Hamburgo. Psicoterapeuta, David Becker trabalhara com vítimas de tortura no governo Pinochet no Chile. É possível que todos os presos tenham lido o seu livro *Ohne Hass keine Versöhnung [Sem ódio não há conciliação]*. Os ex-presos presentes tematizaram a sua prisão em isolamento, não sem encontrar resistência e defesa por parte dos especialistas no público. Nem os psicoterapeutas estão infensos ao recalque. Decidiu-se organizar um encontro por cima da cisão, do qual participaram umas vinte e cinco pessoas, entre elas diversos psicoterapeutas. Participei, porque não perdera a esperança de um trato mais humano. Segundo me lembro, eu não tinha temas certos na cabeça sobre os quais queria falar. Quem sabe, seria uma conversa aberta e construtiva, pelo menos era essa a minha esperança. Já que duas "frações" finalmente estavam reunidas em um espaço com o desejo de conversar uma com a outra, os próximos passos da razão poderiam ser tomados em conjunto para encontrar um acordo sobre um ou outro tema, para conversar não só sobre a detenção, a política da RAF, o desenvolvimento no grupo dos presos, a cisão, mas também sobre a nossa responsabilidade. Deveríamos ter lançado um olhar crítico sobre as nossas próprias atividades, arriscando de vez em quando até um olhar nos olhos do interlocutor. Mas a "outra fração" só quis falar sobre as condições prisionais. Queria que as condições prisionais fossem reconhecidas como tortura. Ponto. No fundo, eram coerentes.

As condições prisionais especiais era a *raison d'être* dos presos enquanto grupo. Não houvera, ao longo das últimas duas décadas, um entendimento mais profundo sobre conteúdos e objetivos políticos. Tentativas posteriores de alguns presos, inclusive eu, de promover tal debate, foram silenciadas. No fundo, até isso foi coerente. Depois que passamos duas décadas sem nos manifestar politicamente, a tentativa tardia de um debate com "grupos sociais" guardava o risco de uma cisão do grupo. Em parte, tínhamos origens políticas bem diversas. A geração dos fundadores e as pessoas dos comitês antitortura tinham suas raízes na rebelião de 68, ou seja, em um processo emancipatório. Pois era inconcebível continuar vivendo com o status quo vigente. Essas pessoas participaram de lutas sociais e de uma promessa de revolução global – alguns dos que participaram dos ataques nos anos 1980 já não conheciam mais aquilo. Sua maneira de se articular me era bastante estranha. Mas a luta contra a prisão em isolamento uniria o grupo. Uma parte dos presos não quis falar sobre aquilo que fizemos, mas só sobre o que fizeram conosco.

Acabou se formando um grupo reduzido que, durante sete anos, reuniu-se três a quatro vezes por ano. Deixei o grupo quando fui para o Brasil pela ONG Serviço Mundial pela Paz.

Nos encontros seguintes do grupo eu estava com pessoas que eu conhecia, mas, na realidade, não muito bem. Exceto Karl-Heinz e Knut, conhecia-as a partir de ocasionais notícias no informativo que os presos mantinham para se comunicar. Mas uma coisa é ler, a outra é conhecer pessoas em uma tal situação de grupo. Participei com um misto de curiosidade e inquietação interior. Não raro, houve turbulências nos encontros. Acho que cada um e cada uma passou anos carregando uma carga pesada de frustração, esperanças frustradas, raiva contida. Houve acessos de ira e lágrimas, falas iradas contra ex-presos, cujas razões nem sempre compreendia na hora e contra as quais eu me fechava de vez em quando. Abismos se tornaram visíveis e intransponíveis, agarravam-se e se largavam pensamentos e emoções, e no final, quando já morava no Brasil há muito tempo, novos abismos se abriam. Por mais incompleto e contraditório que o nosso trabalho de conversas possa ter sido, era um processo construtivo e criativo conjunto no melhor sentido da palavra. O grupo acabou depois de sete anos.

Todos concordaram que a experiência e a discussão comuns não podiam se perder. Surgiu a ideia de um projeto de livro conjunto. O livro pronto depois ganhou o título *Nach dem bewaffneten Kampf [Depois da luta armada]*. Onze membros dos grupos expuseram ali a sua visão das coisas. O livro começa com um prefácio de David Becker e termina com uma cronologia de 1967 a 1980, elaborada por Karl-Heinz. É um livro que até hoje vale ser folheado e lido. Depois que o grupo acabou, "cada um se confrontou mais uma vez por escrito com a vivência comum. Isso resultou em textos muito pessoais, diferenciados do ponto de vista intelectual e politicamente refletidos, muito interessante, que em sua totalidade permitem uma boa visão das estruturas de pensamento e sentimento do indivíduo e do processo coletivo", informa a orelha do livro.

Eu também fora convidado a escrever um texto. Mas na época tudo era muito longe, não raro eu trabalhava sete dias por semana com pessoas de uma dúzia de favelas e na nossa organização parceira brasileira, a ONG Campo. Eu estava feliz por ter conseguido me distanciar. Aquilo era um passado que não estava mais no meu presente de então. Eu estava de bem comigo porque conseguira me manter em movimento, *porque consegui novamente atravessar fronteiras* – dessa vez, outras – e porque criei um novo espaço na minha vida. Minhas circunvoluções cerebrais estavam ocupadas com milhares de questionamentos, experiências felizes e desilusões amargas, uma dança entre trabalho no teatro e cursos de formação profissional de um lado, e, do outro, o compromisso de entregar relatórios e balanços no prazo acordado. Pareceu-me absurda a ideia de me torturar nas poucas horas livres que eu tinha à disposição em despertar e refletir sobre as memórias do grupo de discussões de Hamburgo. Recusei.

CAPÍTULO 9
Meu País Louco Preferido

Brasil: o meu país do futuro?

Na minha segunda vez em Montevidéu tive um encontro muito proveitoso com Eleuterio Fernández Huidobro, mais conhecido como *El Ñato*, que me visitara na cadeia em Celle. Junto com Mauricio Rosencof ele foi co-autor do já mencionado livro *Memórias do calabouço*, um resgate dos anos de regime de isolamento, reféns da ditadura militar uruguaia. Na época – segunda metade dos anos 1990 – era membro dirigente do Movimento de Participação Popular em que os tupamaros eram a corrente mais forte. Percorreu o Brasil naquela função. Por isso, quando lhe disse que *gostaria muito de conhecer o Brasil*, ele sacudiu a cabeça: É impossível conhecer e entender o Brasil. Passou a falar por duas horas sem parar, sua narrativa jorrava como uma cascata. Falou da CUT, a associação dos sindicatos que devia unificar culturas diversas, do sul e das regiões do nordeste; relatou sobre as dificuldades de uma política uniforme para a saúde nas regiões subtropicais e tropicais em um país que se estende por quase metade do subcontinente latino-americano e é assolado por diferentes doenças, dependendo da fauna e da flora; analisou as relações econômicas entre o Uruguai e o imenso Brasil, concentradas no estado fronteiriço do Rio Grande do Sul.

Minha situação era invejável: estava livre. Não apenas havia sido posto em liberdade, mas estava livre de todo e qualquer impedimento prático, sem obrigações que me atassem, que me impedissem de fazer ou não o que quisesse. Liguei para Oscar, a única pessoa que eu conhecia no Brasil. Ele tinha sido do meu círculo de amigos de Freiburg. Para minha surpresa, lembrou-se logo de mim, apesar de nosso último encontro ter sido vinte e três anos atrás. Ficou feliz, convidou-me, quis me encontrar no Rio. Meus amigos alemães Gert e Gaby me emprestaram trezentos dólares e eu peguei um avião. Duas imagens surgem-me na lembrança, quando penso nos meus primeiros dias naquela cidade ímpar em seus extremos, para o bem e para o mal, na beleza e na feiura, na pobreza e na riqueza. Nenhum de nós dois tinha dinheiro. Oscar nos alojou em uma pequena pousada no antigo e decadente bairro portuário; caminhamos debaixo de um elevado horroroso apoiado em pilastras ao longo da Praça Mauá, um bairro sinistro com pessoas pobres, esgotadas, corroídas, uma cultura cujos códigos desconhecidos me inquietavam. Nos anos vindouros eu viria a compreendê-los melhor. E o elevado acabou desaparecendo na fase dos preparativos para os Jogos Olímpicos.

Gap cultural

Fomos de ônibus até a zona sul. Quando cheguei à praia de Ipanema, pensei que aquele era o oposto extremo que se poderia imaginar da ala de segurança máxima de Celle. Passeamos ao longo das praias, sete quilômetros até o final de Copacabana. Que sobreposição de megametrópole e praia do Atlântico! Quem senta ali perto do mar esquece o caos do trânsito na Avenida Atlântica vinte metros acima. Não ouve e não vê nada daquilo. Que atmosfera! As praias são as salas de estar do Rio de Janeiro, ali todos se misturam, tudo o que, de outra forma, é mantido a uma distância bem vigiada na sociedade dividida. E como as pessoas são bonitas! Os equipamentos de malhação margeando a orla da praia devem ter chamado minha atenção só mais tarde. Diz-se que os cariocas são os mais conscientes de seus corpos, para não dizer os mais vaidosos de todos os brasileiros. As barras paralelas e as fixas estão sempre sendo usadas, os campos de futebol de areia constantemente ocupados por jogos, mesmo à noite.

Sem-terra, Teologia da Libertação, orçamento participativo

Tomamos o ônibus noturno para Belo Horizonte. Oscar morava em uma cidade vizinha. Na minha cabeça havia as imagens do Brasil que um alemão de esquerda tem: Movimento dos Trabalhadores Sem Terra, Teologia da Libertação, orçamento participativo. Eu falava um espanhol razoável, havia brasileiros com os quais eu conseguia me fazer entender, com outros não dava certo, independentemente do nível de instrução, e para isso nunca consegui explicação. Oscar não tinha contato com o Movimento Sem Terra e nem com a teologia da libertação, tampouco havia em Belo Horizonte o famoso orçamento participativo, no qual se decide democraticamente como determinadas rubricas orçamentárias devem ser usadas – ou, se havia, não era tão conhecido como o de Porto Alegre. Oscar me levou ao gabinete de imprensa da prefeitura, eles que me ajudassem dali em diante. Nem todos entendiam meu precário portunhol.

A Teologia da Libertação surgiu a partir da metade dos anos 1960 como "teologia dos pobres", principalmente na América Latina. Pretendia ser uma igreja *dos* pobres, e não uma igreja *para os* pobres. Suas comunidades de base juntavam camponeses com sem-terra, moradores de favelas e analfabetos. O princípio básico era a autoajuda coletiva, o autoempoderamento dos pobres, para poderem organizar ativamente as suas vidas e a vida de suas comunidades. Os bispos brasileiros Helder Câmara, no Recife, e Paulo Evaristo Arns, em São Paulo, foram conhecidos teólogos da libertação; além de Camilo Torres, sacerdote e guerrilheiro colombiano do ELN (*Ejército de Liberación Nacional*); Oscar Romero, Primeiro Bispo de El Salvador, assassinado em 1980 por um esquadrão da morte durante uma missa; Ernesto Cardenal, sacerdote e poeta, que se tornou ministro da cultura do governo sandinista na Nicarágua; Fernando Lugo, de 2008 a 2012 Presidente do Paraguai.

No momento da minha estada no Brasil, a Teologia da Libertação já tinha ultrapassado o seu auge. No contexto da Guerra Fria, na qual o governo dos Estados Unidos da América instruía os militares locais em técnicas de luta contra a guerrilha e os apoiava em golpes de estado para estabelecer ditaduras sangrentas, ela também se tornou alvo. As organizações de direitos humanos fizeram a seguinte avaliação no balanço geral da política de repressão latino-americana nos anos 1970 e 1980: cerca de cinquenta mil pessoas foram assassinadas, estima-se que cerca de trezentas e cinquenta mil desapareceram para sempre, quatrocentas mil foram detidas temporariamente por razões políticas. O que as ditaduras militares não levaram a cabo, o papa polonês concluiu ao nomear bispos reacionários e conservadores, puxando o tapete dos teólogos da libertação.

As mulheres no gabinete de imprensa da prefeitura de Belo Horizonte terminaram por se lembrar de um representante da teologia da libertação em sua área de influência. Um carro e um acompanhante foram arranjados e fomos até Santa Luzia, uma cidadezinha provinciana a quarenta quilômetros de Belo Horizonte, em cujo entorno fica o mosteiro de Macaúbas, construído há trezentos anos. A gigantesca edificação do mosteiro causava uma impressão hostil, parecia-me mais uma fortaleza, o que talvez tivesse a ver com o fato de o mosteiro, em seus primeiros anos, estar situado em uma região de minas de ouro e diamantes, onde os colonizadores portugueses ficavam de olho para que nada lhes escapasse das riquezas que roubavam ou pretendiam saquear.

Um jovem padre vivia em uma edificação de um andar em frente ao mosteiro. Era o confessor das freiras. Hospitaleiro, acolheu-me, mas não conseguiu dar muitas informações a respeito da teologia da libertação. Nas paredes de seu eremitério, um lugar de imagens de Maria, havia duas ou três grandes pinturas a óleo de homens jovens. Seria ele o artista? Como devia ser monótona a vida naquele isolamento!

Um anarquista religioso

Não consegui contato algum com o Movimento Sem Terra, em compensação, consegui alguém do Movimento Sem Teto. Sergio apresentou-se como anarquista religioso. Tal união do que parece incompatível é bem normal no Brasil. Ele me convidou para a casa de seus pais, em Petrópolis. A casa era, na realidade, um sítio espaçoso. Sergio vinha de uma família estritamente católica, o pai era um general que se demitira quando as torturas começaram. Na propriedade viviam vários membros da família, irmãos do amigo anarquista, como também algumas tias mais idosas que passeavam no espaçoso terreno do jardim enquanto pareciam rezar, pelo menos o rosário que deixavam deslizar por entre os dedos me levou a essa dedução. Em todos os aposentos havia grandes pôsteres com o retrato do papa. Para mim era um ambiente ao qual era preciso me adaptar. Fui gentilmente convidado para o almoço, tinha um delicioso e cheiroso ensopado de feijão. Quando imergi a colher, a sopa preta mostrou um não-sei-quê de cor pálida, bege clara. Olhando mais de perto, a coisa revelou-se uma orelha de porco. Engoli em seco. Estava diante da minha primeira feijoada, o prato nacional brasileiro. Originalmente era a refeição dos escravos. Quando um porco era abatido, eles recebiam os restos – focinho, orelhas e rabo. Ainda hoje esses ingredientes fazem parte do prato. Nos almoços de sábado, em cada restaurante, até nos restaurantes de luxo de São Paulo, a feijoada é um prato indispensável. Enfim, depois que meu embaraço ficou registrado e me esclareceram que eu não precisaria necessariamente comer o focinho do porco, gostei muito.

Esquadrão da morte contra os sem-teto

Reencontrei Sergio no Rio. Ele fora chamado por um grupo de sem-teto porque houvera uma agressão no acampamento. Depois de um longo trajeto de ônibus, que me permitiu ganhar uma primeira impressão da interminável extensão da cidade, chegamos a Sepetiba. Ali estava sendo construído um novo porto. Uma dúzia de pessoas acampara em um terreno lamacento próximo a uma via rápida. Chovia, havia algumas lonas, pareciam mais abrigos do que barracas - de modo geral, era um ambiente triste. No terreno em que estavam os sem-teto seriam erguidos blocos residenciais para os trabalhadores do porto. Na noite anterior os sem-teto haviam sido agredidos por um esquadrão da morte que matara um deles a tiros. Às vezes, é assim que transcorrem as desocupações no Brasil. As pessoas estavam estafadas, amedrontadas, desprotegidas. O morto era um homem de meia idade, sua esposa estava sentada debaixo de uma lona com um semblante sem expressão, segurando um menino no colo. Senti um ímpeto de fazer algo, de agir. Tive a sensação de que, se permanecesse passivo, perderia algo meu, abandonaria algo que não deveria ser abandonado. Mas – o que fazer? Não seria o último morto das zonas miseráveis do Brasil, no qual eu haveria de tropeçar nos anos vindouros, e digo tropeçar literalmente. Os sem-teto temiam outros ataques. Sergio tentou convencê-los a partir. Mas para onde deveriam ir? Tinham vindo até ali, refugiados, por assim dizer, para sair da zona sul do Rio, ainda mais perigosa para eles. Não podiam pegar o ônibus com seus volumosos utensílios. Voltamos, Sergio anunciou que retornaria no dia seguinte.

Eu regressei a Ipanema, a sólida e elegante zona abastada do Rio, onde tinha sido acolhido por Jutta, uma alemã conhecida minha. Que contraste! Do terraço da cobertura, eu tinha uma vista livre sobre o Atlântico, sobre a praia, abaixo ficava o clube mais caro do Rio, onde jovens negros corriam nas quadras atrás das bolas de tênis dos senhores brancos, que chegavam de seus condomínios em seus carrões 4x4. Jutta acabara de receber um corretor imobiliário segundo o qual a falta de um segundo elevador no edifício reduziria o valor do apartamento. Nos prédios residenciais do Rio, até poucos anos, sempre havia dois elevadores, um para os moradores e outro para os serviçais. Fiquei sabendo que, de lá para cá, isso foi proibido. O distanciamento da pobreza é um fator criador de identidade para os abastados. Agora que, depois da era do governo liderado pelo PT, quarenta ou cinquenta milhões de pobres melhoraram de vida, às vezes a madame é obrigada a sentar no avião ao lado de um casal oriundo da favela. Isso é insuportável para ela. Por mais que se considere moderna, os valores da Revolução Francesa de 1789 ainda não chegaram perto dessa abastada classe média. Os padrões básicos da época colonial ainda vigoram, intactos. A pequena redução no abismo entre ricos e pobres obtida pelo PT foi um dos motivos do *golpe parlamentar* contra a Presidente Dilma Rousseff.

Padaria conspiratória

Quando retornei do Brasil eu me mudei para Berlim. Não podia aceitar por tanto tempo a generosa hospitalidade de Theo. Imaginei que seria melhor viver em Berlim do que em Hamburgo com o seu ritmo devagar. Tive a oportunidade de participar de uma padaria-cooperativa. Já na prisão de segurança máxima eu misturara farinha com fermento e leite e, no final, espalhara nozes e açúcar de baunilha por cima. Não quis deixar escapar a chance de aprender essas habilidades corretamente. Quem sabe, poderia ganhar meu sustento assim. A cooperativa consistia de seis ou sete colegas. Trabalhávamos no pátio nos fundos da Casa Tommy-Weisbecker[53], uma moradia coletiva autogerida para jovens no bairro de Kreuzberg, em Berlim, que também oferece abrigo para sem-teto. Gostaria de salientar isso. Por décadas, a esquerda, isto é, o cenário da esquerda radical, criava e continuava a desenvolver em Berlim Ocidental estruturas comunitárias produtivas e sustentáveis, que eram, também para nós, ex-detentos, espaços importantes, que nos acolhiam solidariamente e ajudaram a seguir em frente. Não são estruturas comuns, não existem em Paris, muito menos no Brasil – e menos ainda nas favelas brasileiras. O emprego na padaria não era fácil. Significava levantar às 3h da madrugada, entrar às 3h30. Nesse horário trabalhávamos

53 Tommy Weisbecker foi membro do Movimento 2 de Junho e morreu executado pela polícia em 1972 aos vinte e três anos.

em dois. Às 6h30 a mercadoria tinha de estar acondicionada em cestas para ser entregue com o nosso furgão.

Produzíamos pães, pãezinhos, croissants e *ciabattas*, tudo do bom e do melhor. Como eu gostaria de fornecer para a cantina da Secretaria de Finanças ou para a Willy-Brandt-Haus, sede do Partido Social-Democrata, que ficavam a apenas alguns passos da nossa unidade de produção! Mas a sugestão recebeu pouca acolhida por parte de meus colegas. Éramos observados pelo Serviço de Segurança, o que nem imaginávamos naquele tempo. Soube disso anos mais tarde, depois que processos foram movidos contra os colegas da padaria, que tinham sido investigados. Depreendeu-se dos processos que o Serviço de Segurança instalara uma câmera de vigilância numa árvore do quintal, em frente à saída do porão para a padaria e, então, tentavam adivinhar o que transportávamos em nossas cestas a cada dia útil, geralmente quando ainda estava escuro, sendo que o fato de o conteúdo estar coberto por grandes folhas de papel ainda aumentou a suspeita. O que essa gente escondia ali?

Quanto mais prática eu ganhei na feitura do pão, mais incompreensível se tornou para mim o pão brasileiro. Por que os padeiros brasileiros não conseguem fazer um pão razoável? São tão geniais os bolos, tortas e sobremesas brasileiros e portugueses, e é tão deprimente o pão vendido por toda parte. Noventa por cento do pão de forma quadrado é mole como algodão e embalado em plástico. Nos supermercados mais finos havia um outro tipo de pão que, observado superficialmente, mantinha certa similaridade com um pão caseiro crocante; tão logo, porém, pressionássemos o polegar sobre ele e sentíssemos a mesma consistência elástica do algodão, víamo-nos enganados por aquele simulacro. Aqui e acolá encontrava-se um pão tolerável, misto de trigo e centeio da Panificadora Alemã, que ficava na Ilha do Governador no Rio de Janeiro. Mas o pão mais nobre era feito por Helga Boger, em Belo Horizonte, outra empresa alemã. Vinha de lá uma vez por semana com um carro de entrega, cobrindo uma distância de quatrocentos e quarenta quilômetros até o Rio, sendo levado até a famosa Confeitaria Kurt, no Leblon, onde, entretanto, nada da mercadoria chegava até o balcão, pois todos os pães já estavam encomendados até o último farelo. Portanto, existia alguma demanda.

Na minha cabeça, o trabalho árduo na padaria de Berlim e o saudoso Rio de Janeiro aproximavam-se. Despedi-me do coletivo-panificação na Casa

Tommy Weisbecker e mudei para outra padaria em Neukölln onde se vendiam pães integrais; lá aprendi como se lida com a massa azeda, um pouco mais complicada. Nesse ínterim recebi uma ligação do meu amigo Claus, do Rio. Um pequeno ateliê que ele alugara a um pintor estava disponível. Eu poderia alugá-lo para morar quando estivesse no Rio. É quase impossível alugar uma moradia no Rio sem dispor de dinheiro e boas relações. Como regra, o inquilino tem de apresentar um fiador, que possua um imóvel próprio sem dívidas. De onde eu tiraria um tal fiador? Claus havia de se tornar um bom amigo, que volta e meia me ajudava. É filho de imigrantes alemães, nascido e crescido no Brasil; quando tinha quatorze anos, o pai o enviou para um internato em Odenwald. Trabalhou em uma agência de viagens, mais tarde como produtor no estúdio da rede de televisão alemã ZDF do Rio, e em sua própria empresa, na área de mídias.

Eu me dei um prazo de três meses para descobrir se conseguiria viver no Rio. A contradição extrema me atraía. Tinha a sensação de que poderia me integrar naquele país e naquela cidade de maneira útil. Lá havia opções de atividades compatíveis com a minha vida, ao mesmo tempo em que também representavam algo totalmente novo. Com certeza encontraria algo melhor do que a vida estagnada de um ex-detento da RAF. Antes de tudo, porém, isso dependia de ter uma base de subsistência. Segui o rastro da padaria e me dirigi à Ilha do Governador, onde marcara encontro com o dono alemão da Panificadora Alemã. A impressão foi desanimadora. Encontrei um homem bastante deprimido, que reclamava o tempo todo de seus empregados supostamente inconfiáveis, de suas faltas, de dificuldades com a polícia etc. Eu sabia que a formação profissional no Brasil era diferente da alemã. Para conseguir juntar uma equipe motivada e competente, provavelmente teria eu mesmo de promover a formação dos interessados em panificação. Se não encontrasse ninguém em quem confiar, ficaria algemado pelo resto dos meus dias à galé das padarias – um dia sem entregar bastaria para perder clientes. E os equipamentos? Descobri que havia no Brasil apenas uma fábrica de fornos que funcionavam do modo que eu estava acostumado e que ficava em Curitiba, no sul do país. Muito longe.

Segundo um amigo, havia uma padaria perfeita no *Posto do Alemão*, um posto de combustíveis na Barra da Tijuca. Certamente eu não desejava morar naquele simulacro de Miami, onde há até uma cópia da Estátua da Liberdade norte-americana em frente a um shopping, uma verdadeira estátua à liberdade de consumo. Ainda assim, dirigi-me ao local e encontrei um casal de alemães na terceira idade que alguns anos antes importara um equipamento *high-tech* para panificação da Europa. Depois de tudo devidamente montado e instalado, o mestre padeiro francês resolveu partir – ao que parece, a única pessoa em todo o Brasil, que conseguiria colocar a maravilha a funcionar. Desde então, foi deixado à ferrugem. Aquilo tampouco me convenceu.

Primeiras amizades

Conheci outras pessoas através de Carlos Ladeira. Foi com ele que adquiri, ainda em Berlim, meus primeiros conhecimentos de português. Era um bom professor, simpático, de pele escura, meia-idade, envolvido por uma tensão levemente melancólica. Em suas aulas sempre falava das construções perifrásticas da língua portuguesa, que ainda hoje não sei bem o que são, embora agora fale o português bem e com gosto. Carlos tinha vínculos com o movimento de 68 no Brasil. Seja como for, sabia da minha história prévia e, antes da minha partida, deu-me três cartas de recomendação para autoras e autores brasileiros. Dois deles viviam em São Paulo. A terceira era Isabel Lustosa, historiadora e escritora que mora no Rio de Janeiro. Chegando ao Brasil, escrevi três cartas em que me apresentei e pedi um encontro. Tempos depois, Isabel ainda zombava de mim ao lembrar essa carta, dizendo que fora escrita em *português do dicionário*. Apesar disso, convidou-me para um almoço.

Isabel mora em Botafogo, perto da Lagoa. Estava acompanhada de sua amiga Luciana Froes, crítica de restaurantes do jornal *O Globo*. Ambas estavam arrumadas, de vestidos longos, e foi servida uma requintada refeição com peixe frio preparada por Luciana. Como Isabel depois me contaria mais de uma vez, estavam um pouco inseguras quanto a essa pessoa que receberiam. Vinte anos de cadeia! Esperavam uma "ruína". Mas quem veio foi um gringo que ainda não captara os hábitos e costumes dos brasileiros e que chegou de shorts, camiseta e havaianas. Além disso, já tinha alguma cor depois de ter isso à praia. Não correspondi, portanto, a esperada imagem da ruína. Contei sobre os meus planos com relação à padaria. Tinha algo a ver com comida, e disso Luciana entendia. Escreveu depois n'*O Globo* uma reportagem sobre o "guerrilheiro-padeiro" e colocou as seguintes palavras na minha boca: *O carioca é encantador, mas merece um pão melhor.*

Com Isabel desenvolveu-se uma boa amizade. É uma pessoa que ama a vida, o que se sente nela a cada momento. Tem uma infinidade de amigas e amigos, entre eles, vários ligados ao movimento de 68, muitos nomes conhecidos. Sua origem é de uma família oligárquica de Fortaleza, no Ceará. Isabel escreve sobre o imperador Dom Pedro I, que levou a cabo a independência do país, bem como sobre Lampião, *o Robin Hood brasileiro*, e sua companheira, Maria Bonita, que lideraram uma luta sem dó contra latifundiários e donos de escravos na extrema pobreza do sertão nordestino. Mas a principal área de atuação de Isabel é a história da imprensa brasileira. No tempo da colônia, a fim de evitar que "as ideias da França" atravessassem no caminho do saque ao país por parte do poder colonial português, as máquinas de impressão eram tão proibidas quanto os jornais. Quando jovem, Isabel se politizou através de uma revista cultural alternativa que fazia oposição à ditadura e foi cofundadora do PT no Rio.

Bem, quanto mais intensamente eu perseguia a ideia de fazer um saboroso pão alemão no Brasil, tanto mais irreal e não atraente ela se revelava. Eu não tinha dinheiro para adquirir o equipamento necessário. Mais absurda ainda era a burocracia brasileira! Além disso, certamente teria sido um emprego bastante solitário.

Transferi-me para o ensino de alemão e, através dele, cheguei aos mais diversos ambientes. Ensinei jovens acadêmicos na Fiocruz que pretendiam fazer doutorado na Alemanha. Reencontrei um deles anos mais tarde. Terminara seu doutorado na Universidade de Regensburg e falava alemão sem sotaque.

Cidade dividida

Cheguei até um rico advogado que morava com a família num condomínio da Barra. Com o crescente abismo entre ricos e pobres em toda parte, esses condomínios se tornaram um padrão perverso nas duas últimas décadas em todos os continentes. São residenciais vigiados, com cercas de arame farpado e rígido controle nos portões de entrada. Dois grupos populacionais cresceram muito nos últimos anos no Brasil, o dos moradores brancos dos condomínios e aquele dos presidiários negros. Ali dentro, tudo se passa como em uma pequena cidade, às vezes com escolas e shoppings próprios. Os condomínios têm seus ônibus próprios, com os quais os moradores, depois de apresentar seus cartões de residentes, podem ir até o centro do Rio. A vida lá é completamente blindada. Quando perguntei à filha do advogado de quinze anos se conhecia o centro da cidade, ela disse que sim, pouco tempo antes fizera um passeio com a turma da escola até lá. Além disso, ia uma vez por semana de *Land Rover* com um motorista negro ao shopping ter aula de balé. Como seria o choque cultural se essa menina em algum momento tivesse de ir estudar na universidade? Até cerca de dez anos atrás o acesso aos cursos universitários era bem claro: quem era pobre e, apesar de numerosas barreiras, conseguisse chegar à universidade, estudava Serviço Social ou Pedagogia. Os filhos e filhas da classe média abastada estudavam Medicina e Direito. Apesar da resistência da classe média, no governo liderado pelo PT foram introduzidas quotas para negros e pobres em todos os cursos. Temeu-se um deslize para a "mediocridade". Puro racismo.

Também quanto ao aprendizado da língua alemã, o advogado era um caso perdido. Eu não conseguia dissuadi-lo de uma pronúncia com chiados e marcas, de cuja correção ele estava fortemente convencido, pois assim a tinha ouvido em mais de um filme sobre a Alemanha nazista. Por sorte, conheceu uma jovem e bela francesa e se sentiu impelido a todo custo a aprender francês em vez do alemão. Fui dispensado!

Um grande golpe de sorte foi, entretanto, um outro aluno, Jurandir Freire Costa. Trata-se de um conhecido psicanalista, autor de várias obras e que trabalha no Instituto de Medicina Social, na Universidade do Estado do Rio de Janeiro. Conheci um ser humano de grande coração, olhar crítico e razão clara e que dissecava as condições de seu país. Queria aprender alemão porque trabalhava com uma equipe em uma universidade alemã cujos resultados da pesquisa ele queria ler antes que fossem apresentados na tradução em inglês. Certo dia, tendo acabado de voltar de uma viagem para a Alemanha, onde visitou um amigo na floresta da Baviera, contou a um amigo que estava estudando alemão. Este perguntou quem era o professor. Jurandir disse o meu nome. O amigo reagiu perplexo: o que está fazendo no Brasil? A partir de então, disse Jurandir, *soube que você é uma pessoa conhecida na Alemanha*.

Em uma entrevista em 2014, falou sobre o desenvolvimento da psiquiatria em seu país:

> A reforma psiquiátrica no Brasil começou no final dos anos 1970, nutrindo-se da forte atmosfera de inquietação política e de mobilização social da época. A luta "por uma sociedade sem manicômios" era, na consciência de seus militantes (e a maioria dos profissionais de saúde mental era, de fato militante), a expressão localizada de um engajamento mais amplo por uma sociedade melhor – mais justa, mais tolerante, mais eficaz no cuidado com os mais frágeis e na defesa da autonomia do sujeito. A percepção da dupla natureza – clínica e política, científica e moral – inerente à prática psiquiátrica era algo natural para gerações que liam Basaglia, Foucault, Castel, Guattari. (...) Passados mais de trinta anos, isso mudou. A ação política perdeu seu poder de atração; as consignas e as experiências localizadas se transformaram em programas de governo; o entusiasmo político foi sendo triturado pelo monstro da administração burocrática; a psiquiatria biológica tornou-se hegemônica, embalada pelo prestígio da neurobiologia na cultura; a vulgarização do vocabulário psiquiátrico abriu espaço para uma psiquiatrização, em escala inédita, da infância e da vida cotidiana.

Esse é o meu lugar!

Mais uma vez foi o amigo Claus quem me deu uma indicação proveitosa. *Conheço aí um tal de Cristiano que procura um tradutor.* Arrepiei-me, nem de longe eu me considerava competente como tradutor. Mas Claus me pressionou, disse que me ajudaria e me deu um endereço em Botafogo, um bairro do Rio. Na porta da entrada li *Centro de Assessoria ao Movimento Popular – CAMPO.* Entrei em espaços estreitos, angulosos; nas paredes, cartazes, pôsteres com lemas nobres, aqui e acolá manchas de umidade, e fui recebido pelo tal de Cristiano em uma diminuta sala, seu escritório. Era o diretor da ONG. Falou sobre o CAMPO, o trabalho nas favelas, a periferia urbana. O Brasil tem um grau de urbanização maior do que a Alemanha e vinte e dois por cento dos cariocas vivem em favelas. As prioridades da ONG eram o desenvolvimento da coletividade, fortalecimento da sociedade civil, formação profissional, cooperativas. O CAMPO tinha acabado de escrever uma apresentação e uma colega alemã traduzira o texto palavra por palavra, sem reproduzir corretamente o sentido das frases e trechos. Cristiano perguntou se eu podia fazer uma tradução compreensível e eu concordei. Alguns dias mais tarde estava pronto o texto que tratava de autogestão, autodeterminação e auto-empoderamento. Era a primeira vez que a filosofia do Centro, como se diz no Brasil, era colocada no papel na forma de uma reflexão e lida não só no Brasil, mas também na Alemanha. A ideia era abrir caminhos às pessoas das favelas para que descobrissem a si mesmas e suas habilidades criativas, através do trabalho coletivo para o desenvolvimento de sua comunidade, descolonizando, assim, seus corações e mentes. Pois nas favelas vivem pessoas nas quais se inculcou por muitas gerações que não sabem nada: vocês são tolos, indolentes e sem instrução, vocês são criminosos – por isso, precisam sempre de alguém, que por vocês chegue às decisões corretas e que cuide de vocês. Tal doutrinação, por séculos a fio, deixa seus rastros. Ela não foi e não pode ser superada por meio de folhetos de esclarecimento ou de eventos para a ampliar a consciência, nem através da indignação ou do desmascaramento dos governantes, mas apenas pela descoberta de suas próprias possibilidades de ação, resistência e formação responsável da comunidade. É necessária, em primeiro lugar, a revolta individual e coletiva contra a narrativa do desempoderamento, e isso só é possível na atividade prática.

Soube imediatamente que aquele era o meu lugar. Afinal, na cadeia não tivemos de lutar contra um programa totalitário de desempoderamento e repelir a tentativa de colonizar nossos corações e mentes, não fomos forçados a nos tornar mais fortes? Ao lado das enormes diferenças, eu percebia as intersecções com a minha própria história e a ideia de poder utilizar minhas experiências como um valor de uso naquele lado do mundo. De todo modo, havia muitas diferenças em relação ao meu meio político na Alemanha. Ali, na favela, o CAMPO fazia trabalhos pontuais em uma imensa e infinita área de pobreza, uma práxis cheia de falhas, no lugar de uma análise global e teoria sem lacunas, na qual os pobres amiúde só apareciam enquanto valores numéricos, quando muito.

Cristiano, fundador e diretor do CAMPO, é belga, um ex-jesuíta que deixou a ordem para viver com uma mulher. Já vivia há décadas no Brasil e, assim, já estava bastante abrasileirado, para o bem e para o mal. Na sede do Centro cerca de uma dúzia de colegas trabalhavam nas áreas de desenvolvimento das comunidades, geração de renda, economia solidária, cooperativismo, educação infantil e na administração. Os doze colegas ficavam distribuídos em três salas, nitidamente mais apertadas que as da Alemanha. Mas isso era comum no país. Na cobertura havia uma sala de reuniões, um pouco maior, à qual se chegava por uma estreita escada em espiral.

CAMPO, organização não-governamental

O CAMPO foi estabelecido nos anos 1980 a partir dos movimentos de base nas favelas do Rio. Na época, a organização apoiava cerca de cinquenta grupos populares que se estruturavam para melhorar suas condições de vida nos bairros pobres do grande Rio. Desse modo, o Centro dava consultoria e acompanhava esses grupos locais de autoajuda no seu processo de consolidação e desenvolvimento, planejamento e implementação de seus projetos. Quando entrei para o CAMPO, a ONG tinha conseguido construir doze centros comunitários e de formação profissional, além de um centro de aperfeiçoamento para um trabalho de conscientização ecológica. Ainda hoje trabalham juntos em rede e editam seu próprio jornal. Sempre que necessário, o Centro providenciou consultoria técnica e cursos de aperfeiçoamento para essa rede.

Nos primeiros anos a ONG foi apoiada por Fritz Pfeiffer. Com sua empresa de turismo de Bonn, ele se especializara em Terceiro Mundo e países emergentes, como o Brasil e já havia muitos anos, proporcionava a pessoas interessadas vislumbres das favelas. Em 1991, estabeleceu a *Stiftung für Internationale Solidarität und Partnerschaft* (Fundação para Solidariedade e Parceria Internacionais), hoje dirigida pelo Serviço para a Paz Mundial, de Berlim. Nesse contexto, o CAMPO tornou-se uma organização parceira do Serviço para a Paz Mundial e eu, um cooperante[54]. Fritz me ajudou e me apoiou nisso.

Cristiano convidou-me para acompanhar colegas do CAMPO em seu trabalho na favela. A primeira visita foi para o Jardim Bom Retiro, em São Gonçalo, município vizinho do Rio de Janeiro, a cerca de uma hora de carro. Na época, ali viviam aproximadamente novecentos e cinquenta mil pessoas, do quais metade eram migrantes brasileiros vindos da pobreza extrema do Nordeste, de onde não raro foram expulsos por latifundiários e o emprego de violência. Fui a convite do colega Naldo. Ao lado de seu trabalho no

---

54 N. de T.: O autor prefere o termo "cooperante", usado até hoje na ONG, no lugar de "colaborador".

CAMPO, Naldo era um sambista apaixonado, compunha para sua escola de samba, e a composição era tocada pela escola durante todo o carnaval. Também era torcedor do Fluminense. Isso podia gerar complicações. Quando quis buscá-lo com meu VW-Voyage, que comprara já usado, para ir até Jardim Bom Retiro, ele ficou parado ao lado da porta do carona: *Aqui eu não entro!* Apontou para um adesivo do Vasco, rival do Fluminense, com uma expressão de repulsa no rosto. Fui obrigado a raspar o decalque. Dona Aparecida, ao contrário, veterana diretora de um centro da favela com uma longa história de resistência, era torcedora do Vasco. *Quem* é Fluminense não tem imaginação, largou ela certa vez com um sorriso jocoso, diante do irritado Naldo.

Favela

Jardim Bom Retiro é uma favela muito pobre e atípica. É atípica porque tem bastante espaço. Tendo crescido de modo desordenado no terreno de uma antiga plantação de laranjas e bem longe das zonas urbanas, como Niterói e Rio, a favela era relativamente pouco povoada. Diante das condições catastróficas do transporte público, os pobres querem morar o mais perto possível do local de trabalho.

Na maioria das vezes, a pobreza acentuada vai de mãos dadas com um baixo nível de escolaridade e, nessas favelas, é difícil encontrar pessoas que estejam prontas a se engajar pela sua comunidade. Nem sempre a pobreza provoca rebeldia. Mas o CAMPO sempre sustentou o entendimento de que, por isso, mesmo, não se pode abandonar os mais fracos entre os fracos. O Jardim Bom Retiro também era um ambiente árido e não havia muitos moradores com os quais se pudesse fazer um trabalho conjunto. Um deles, Antonio, pertencia à liderança da favela. Sem liderança nada anda no Brasil. Toda organização da sociedade civil, toda favela tem liderança. Na Alemanha, em grupos comparáveis, também há líderes, mas geralmente são *natural leaders*, sem esse realce e a ênfase conscientes, como há na cultura política brasileira. Tive de me acostumar. Primeiro, Antonio me explicou as suas funções de diretor: era presidente da associação dos moradores, assim como desta e daquela outra organização. Em todo caso, essas palavras não expressavam apenas seu paternalismo pessoal; sempre que uma porção de pessoas se organiza no Brasil, primeiro se definem Presidente, Vice-presidente e Tesoureiro. É assim há duzentos anos[55]. Decerto ele queria me impressionar com aquela galeria de títulos; em mim, antiautoritário convicto, isso provocou, contudo, um efeito contrário.

Seja como for, Antonio mandara instalar uma sala de aula na sede da associação de moradores, onde jovens, e não apenas da favela, podiam obter um diploma através de um programa de televisão, um tipo de ensino à distância. A aula era acompanhada por um docente qualificado. Com a ajuda do CAMPO, a ideia era construir agora um centro comunitário e de capacitação.

Na Alemanha, estamos acostumados a um sistema dual, a formação acontece na aprendizagem prática em uma empresa e também em turmas específicas da escola profissionalizante; em regra, os aprendizes recebem um subsídio. Comparado ao sistema educacional brasileiro, o sistema alemão é puro luxo. No Brasil, quem quer ser capacitado em instituições públicas ou privadas para se tornar padeiro, cabeleireira ou eletricista de edificações tem de pagar por um treinamento de no máximo seis meses. A mensalidade mais os custos de transporte são tão elevados que um jovem que vem da favela sequer considera essa possibilidade. O treinamento nas tradicionais instituições estatais de capacitação profissional, SENAI (industrial) e SENAC (comercial), por exemplo, acontece em locais fora dos domínios de um morador de favela. Pelo menos naquela ocasião, aquele não era o mundo deles. Sob o governo liderado pelo PT a situação melhorou um pouco.

A estratégia do CAMPO era instalar cursos de capacitação profissional no Jardim Bom Retiro, em conjunto com um grupo local, a fim de levar essa formação para a favela e mostrar que é possível fazer isso com base na autogestão e no autoempoderamento, e que há outras perspectivas para os jovens, além do narcotráfico, no qual a expectativa média de vida é de vinte e três anos. Nesses cursos de capacitação profissional autogeridos, os participantes tinham de pagar uma taxa, mas era baixa e servia para custear o instrutor e a desejada autonomia financeira do projeto. Dava-se treinamento em profissões como cabeleireira, pedreiro, eletricista, ladrilheiro, auxiliar de escritório, costureira e outras. Os instrutores eram provenientes da favela

55 N. de E.: O costume é antigo, mas associações para se formalizarem legalmente no Brasil são obrigadas a estabelecerem hierarquias, órgãos e cargos, o que é um pesadelo para alguém da geração de 68.

e conheciam a situação de seus aprendizes. A variedade de profissões oferecidas era limitada, por razões de natureza financeira. Era contra os meus princípios que só oferecêssemos profissões desde sempre previstas para as classes mais baixas. Porém, já o treinamento para soldador, uma profissão para a qual havia muita procura no grande Rio de Janeiro, tendo em vista os inúmeros estaleiros, não era viável para o CAMPO, por causa dos altos custos dos equipamentos. O centro de formação profissional obteve o apoio dedicado de um grupo solidário de alunos e professores do *Amos-Comenius-Gymnasium* (Escola Ginasial Amos-Comenius), de Bonn-Bad Godesberg, que deu suporte ao projeto por vários anos através da organização de corridas patrocinadas.

Em outra visita conheci a creche organizada pela comunidade em Jardim Bom Retiro, projeto de vida de Isabela, que ainda hoje dá suporte a essa importantíssima tarefa. Uma creche no Jardim Bom Retiro é bem diferente de um jardim de infância no bairro berlinense de Wedding. Até aquele momento, tinha sido possível para a prefeitura abrir uma única creche para um pouco menos de um milhão de moradores que vivem em noventa e uma favelas e bairros pobres. De resto, havia em São Gonçalo oitenta e seis creches organizadas pelos moradores em um sistema de autogestão e auto-organização. Nas favelas há muitas mães que criam seus filhos sozinhas, mas não há trabalho. Se não quiserem deixar a família morrer de fome, precisam trabalhar para ganhar o sustento. Apenas o governo liderado pelo PT introduziu um sistema de auxílio social, o bolsa-família. Os subsídios mensais variam de cinco a dez por cento daquilo que um destinatário de auxílio social recebe na Alemanha. As mães ou os pais têm de sair de casa para ganhar seu sustento. Onde deixar as crianças enquanto cozinham e limpam a sujeira em casas ricas do Rio ou de Niterói? Deixar brincando em frente de casa? De modo algum! O tráfico recruta crianças já em idade pré-escolar. Elas soltam pipa e avisam o tráfico quando um desconhecido se aproxima. Mais tarde, ainda menores de idade, sobem na carreira e tornam-se "aviões", inimputáveis mensageiros das drogas. Frequentemente, a criança traz mais dinheiro para casa no final do mês do que a mãe, que trabalhou o mês inteiro como faxineira. Isso leva a conflitos. Se não há lugar na creche, as crianças ficam o dia inteiro trancadas em casa sentadas na frente da televisão, só a vizinha tem a chave para o caso de urgência.

Na Alemanha, estamos acostumados a encontrar em cada esquina um centro de aconselhamento ou grupo de autoajuda para assessoria aos inquilinos ou contra a discriminação de canhotos. Muitas vezes, a creche é a única instituição comunitária organizada pelos próprios moradores. É o ponto de referência onde os moradores, jovens e velhos, mulheres e homens buscam conselho e ajuda para todos os possíveis problemas e crises existenciais, como alcoolismo, violência doméstica, abuso sexual, gravidez precoce, abuso de drogas, desemprego, problemas escolares e muito mais. Confrontados com esses problemas, a equipe da creche ficava sobrecarregada. Com o reforço escolar, programa levado a cabo diariamente para alunos de seis a quatorze anos com ajuda nas tarefas escolares e ainda atividades esportivas e culturais, tinham que se dedicar a um desafio adicional. O reforço escolar era muito bem visto pelos pais, pois as crianças iam melhor na escola, mas, principalmente, porque ficavam fora das perigosas ruas depois do final das aulas. Se o CAMPO passou a dar apoio a grupos locais, a construir centros comunitários onde moradores, em autogestão, desenvolviam e ofereciam tal orientação, apoio e capacitação, isso se deve sobretudo à discrepância entre a grande necessidade de assistência e o aconselhamento dos moradores e as possibilidades absolutamente deficitárias que havia na favela.

Pouco a pouco fui conhecendo quase todos os centros comunitários, as entidades de capacitação profissional e creches acompanhadas pelo CAMPO. Participei das reuniões e dos debates nas diferentes áreas de trabalho do CAMPO, escrevi reportagens sobre o que vivenciei na favela. Quando vi quanto desconhecimento, preconceito e clichês havia e há no Brasil sobre a Alemanha e, do mesmo modo, na Alemanha sobre o Brasil, resultantes sobretudo da falta de experiência própria e do déficit de informações, isso me lembrou dos anos de detenção e da minha própria experiência com comunicações e informações que chegavam diluídas. Sei das distorções que isso pode produzir na percepção mútua. A seguir, o único exemplo de uma reportagem assim, que me restou conservado.

No centro de formação profissional de Santa Isabel

Hoje visitamos Santa Isabel. É uma favela, uma comunidade de moradias precárias. Quase cem desses bairros miseráveis compõem o município de São Gonçalo, o segundo maior do Estado depois do Rio de Janeiro. Saindo do centro do Rio, chega-se a Santa Isabel em uma hora e meia de carro. Tem vinte mil habitantes, a maior parte vive na pobreza extrema. Isso as estatísticas oficiais mostram com clareza. Enquanto a prefeitura da cidade do Rio de Janeiro, em 1999, gastava noventa reais por cabeça em cultura e educação, a de São Gonçalo gastava, no mesmo período, dezoito reais por habitante. Contudo, o acesso à educação e à capacitação profissional é elementar. Quem não sabe escrever, ler e calcular, quem não tem um mínimo treinamento profissional, não tem quaisquer chances no mercado de trabalho. Uma das tragédias da sociedade brasileira é que há em cada favela um número grande de jovens talentosos, inteligentes, instruídos, com vontade de fazer alguma coisa, que gostariam de trabalhar ou estudar – mas não têm chance. Não existem instituições de ensino na sua favela ou nas comunidades vizinhas. No melhor caso, uma escola pública com professores mal pagos, na qual eles só aprendem a ler e escrever em quatro ou cinco anos. Por exemplo, conhecimentos de informática? Só em sonhos. Junto com grupos locais de cinco favelas de São Gonçalo e em parceria com o Serviço pela Paz Mundial, o CAMPO executa no Rio de Janeiro o projeto SOS Periferia. Uma das comunidades do projeto é Santa Isabel. Ali se construiu na primeira metade do ano um centro de capacitação profissional que leva o nome FICSI, Frente de Integração Comunitária de Santa Isabel. Entrementes, o centro está sendo frequentado por setenta moradores da favela. O afluxo é grande. São oferecidos cursos de informática, de culinária, de cabeleireiro e manicure e de artesanato. O acesso à internet é liberado aos frequentadores que, até há pouco, não sabiam o que significa a palavra internet. Os cursos e o acesso à internet estão abertos a todos os moradores, porém, na verdade, a maioria é de jovens. Um dos alunos, Genilton, frequentou com sucesso o curso de informática e, em uma pequena cerimônia, acabou de obter seu diploma. Genilton tem dezesseis anos e vive com sua tia e a irmã mais nova, Vera. Não chegou a conhecer o pai, a mãe morreu de Aids. Apesar de o Brasil ter um programa mundialmente reconhecido como modelo, para tratamento e orientação a doentes com Aids – os medicamentos caros são gratuitos – sua mãe recusou-se a tomar os remédios que salvariam sua vida, já que uma obscura seita religiosa havia lhe prometido a cura de outra forma. Mais um exemplo de como é importante a educação para os pobres do Brasil. Genilton quer sair do ciclo de ignorância, desemprego e miséria. Esteve em Niterói, a cidade vizinha, para se candidatar a office-boy em algumas empresas. Infelizmente, foi indagado a cada vez se sabia lidar com Windows, Word, Excel etc. Atualmente esse é um requisito até mesmo para uma atividade assim, pela qual ele receberia no máximo cem euros por mês. De onde tirar esses conhecimentos? É óbvio que não tem computador em casa. Também não conhece ninguém na vizinhança que tenha um. Se quisesse fazer um curso de informática, teria de ir de ônibus até Niterói, cinco ou seis vezes por semana, com mais a taxa do curso, de sessenta reais, os custos chegariam a cerca de cento e vinte reais. Isso é mais do que ele ganhou em todo último ano com algumas oportunidades de trabalho. Totalmente impensável. Quando a construção do centro de formação profissional começou, em janeiro, e os moradores ficaram curiosos, ele foi um dos primeiros a saber que ali haveria depois um curso de informática. (...) Hoje, três meses depois, recebe radiante o seu diploma. (...) Está cheio de planos. Agora quer ir atrás do diploma do ensino secundário, à noite, depois do trabalho, assim poderia se candidatar, quando tiver dezoito anos de idade, à escola de bombeiros. Cínthia tem dezessete anos, mulata, já tem um filho pequeno, de seis meses. A gravidez precoce é normal nas favelas brasileiras. Mora com a mãe. Há um ano ainda trabalhava como faxineira para uma família de Manilha. Mas agora, com a criança, não pode sair para procurar trabalho. Sua mãe, do mesmo modo, trabalha o dia todo. Como anteriormente ajudava volta e meia no salão de cabeleireira de uma amiga, fez o curso de cabeleireira e manicure. (...) Cinthia está feliz, por si mesma e por Vitor por ter encontrado uma perspectiva. Pode cuidar dele enquanto trabalha como cabeleireira e, talvez, um dia ainda dê certo, conseguir uma vaga na creche.

CAMPO e o Serviço pela Paz Mundial

Entretanto, o CAMPO estava no processo de estabelecer uma parceria com o Serviço pela Paz Mundial de Berlim. Fundado em 1959, seu trabalho e sua história repleta de transformações começaram em 1960 com um programa de reconstrução para Sérvia[56], pequena cidade do norte da Grécia

56 N. de E.: Sérvia ou Sérbia, não confundir com o país homônimo, é um pequena e antiquíssima cidade de quase três mil habitantes da Grécia, cuja ocupação humana remonta a tempos imemoráveis, mas já aparece citada pelas fontes clássicas. Depois de atingir o auge no

destruída na Segunda Guerra Mundial por tropas alemãs e italianas. Depois enviou voluntários para projetos de menor vulto no Egito, na Índia, no Afeganistão e na República de Camarões. Seguiram-se projetos de trabalho comunitário na Palestina ocupada, na Gâmbia, no Senegal e em Burkina Faso. No Brasil, no Equador e na Bolívia, apoiou programas educativos; um dos focos do trabalho eram os países pós-coloniais no sul da África e a luta contra o apartheid na África do Sul. Junto com parceiros locais o Serviço pela Paz Mundial tem projetos no Benin, Burundi, em Gana, Guiné-Bissau, Quênia, Laos, Mianmar, Namíbia, Senegal, Zimbabwe, África do Sul, Tanzânia, Argentina, Bolívia, Brasil, Equador, Guatemala, Nicarágua, Palestina e Índia. O Serviço pela Paz Mundial é um dos sete serviços de destacamento reconhecidos pelo governo federal. Quando necessário, envia cooperantes ou profissionais em gerenciamento de conflitos que trabalham na respectiva organização parceira com base na Lei dos Cooperantes Técnicos Internacionais. A busca atual do Serviço pela Paz Mundial é determinada pela forma de como se pode organizar um intercâmbio de especialistas sul-norte e sul-sul, simultâneos e complementares ao intercâmbio norte-sul. Nesse caso, um dos problemas que encontramos é o desenvolvimento muitas vezes débil da sociedade civil no sul. Os grupos do sul têm poucos funcionários que possam se ausentar do local. Mas a época em que o norte determinava, provia ou ensinava algo ao sul definitivamente foi para o lixo da História.

Diante de uma folha de papel em branco

E como seria um projeto conjunto do CAMPO e do Serviço pela Paz Mundial? Para um primeiro *brainstorming*, Cristiano chamou cinco diretoras de creches de Jardim Bom Retiro, Fazenda dos Mineiros, Salgueiro, Santa Isabel e Jóquei Clube, todas assessoradas e acompanhadas pelo CAMPO. Com exceção de Jardim Bom Retiro, todas essas creches ficavam em São Gonçalo, município vizinho do Rio. Como já mencionei, a creche numa favela tem uma função e um significado que vão muito além da educação infantil. Os que trabalham nas creches têm intenso contato não só com as crianças, mas

---

período bizantino, ela praticamente foi varrida na Segunda Guerra Mundial, depois de já ter sofrido muito na Primeira Guerra dos Balcãs (1912-1913) quando os gregos a tomaram dos otomanos.

também com as famílias, o grupo-alvo principal. Representam uma instância de confiança para a qual as famílias podem se voltar com suas esperanças, necessidades e preocupações e conhecem muito bem o que move as pessoas na comunidade. Em geral, dispõem de longos anos de experiência na área do trabalho comunitário e construíram sua organização, passo a passo, a partir do nada. Além disso, as creches de São Gonçalo, organizadas pelos moradores, uniram-se numa rede, por meio da qual as mulheres tomam conhecimento da situação das outras comunidades. Esse conhecimento e a experiência prática dos participantes no planejamento do projeto são de crucial importância.

Por que não fazer um projeto 'Nós mulheres queremos mudar a cidade', sugeriu Cristiano. Com esse título – de início não era mais do que isso – foi batizado o grupo de desenvolvimento do projeto; um dia depois Cristiano adoeceu. Apenas um ano mais tarde voltou ao CAMPO. Portanto, lá estava eu, homem e gringo, com cinco diretoras de creches de favelas, e no bilhete estava escrito: desenvolvimento de um projeto de redução da pobreza em cinco favelas brasileiras. Na cadeia, eu contara só comigo. Na ala de segurança máxima tínhamos sido um grupo que lutava junto pela vida e pela morte. Mas, no final das contas, cada um dependia primeiramente de si mesmo. E era bom assim. A coletividade vive da iniciativa do indivíduo, mas isso não significa arbitrariedade. Aqui, com as mulheres e os poucos homens dos grupos locais, tive de me reciclar. Não se tratava de trabalhar como solista, e sim em equipe. Um talentoso lobo solitário talvez tivesse se acertado com um artifício qualquer, mas ficaria sozinho onde apenas a construção de um processo de grupos poderia levar a um desenvolvimento sustentável. Eu precisei superar o paladino que havia em mim. Não apenas precisei me aproximar dos companheiros de luta e da cultura de seu dia a dia, também para eles eu era uma criatura desconhecida. Segundo a opinião corrente, alemães têm dinheiro. Um brasileiro com dinheiro não vai até a favela. Esse alemão, além disso, recebe o apoio de uma organização alemã com um nome impronunciável, *Weltfriedensdienst*, e eles queriam desenvolver e realizar com as mulheres e uns poucos homens um projeto de combate à pobreza. No Brasil, quem tem dinheiro também manda. Não era assim que eu queria trabalhar com os grupos locais de planejamento. Contudo, nas inúmeras reuniões realizadas para impulsionar as ideias do projeto, quando a discussão levava a uma questão decisiva todas olhavam para mim. Eu assumia uma expressão indiferente, sinalizando nem sim nem não, e deixava as participantes sozinhas com seu problema. De início, isso foi interpretado como se eu ainda precisasse de tempo para refletir sobre o assunto, e a decisão era postergada para o próximo encontro. Pouco a pouco, porém, encontrar suas próprias decisões tornou-se um padrão constante para os grupos de planejamento – com competência, alegria e crescente autoconfiança. No início, o trabalho do grupo de planejamento do projeto não progredia bem. Lembro-me de um sentimento de angústia quando, no primeiro encontro marcado, apareceram exatamente duas mulheres, e com bastante atraso. Em certa medida, estávamos sentados diante do famoso papel em branco e sabíamos que deveríamos escrever ou desenhar algo nele, só não sabíamos o quê. Uma vez que no grupo todo nós avançávamos com dificuldade, sugeri que os grupos menores deveriam encontrar-se em separado, a fim de desenvolver propostas para seus subprojetos. Os grupos do Jóquei Clube, Santa Isabel e Jardim Bom Retiro desenvolveram conceitos com os quais pudemos continuar nosso trabalho. Os pormenores produziam um todo consistente e sinalizavam, em especial, iniciativa própria e uma atitude responsável. As comunidades do Salgueiro e da Fazenda dos Mineiros ainda não estavam tão adiantadas. No projeto posterior, contudo, brilhariam com um trabalho exemplar. Ainda tenho algumas fotos dessa fase do planejamento. Uma delas mostra Antônia, nossa guerreira do Jóquei Clube, outro cooperante e Alexandre, o arquiteto do CAMPO, e como nos debruçamos sobre sua primeira proposta de construção. Desde o começo da fase de planejamento a interconexão com outros grupos estava na ordem do dia. Em outubro de 2001, nós, a equipe de planejamento do projeto, visitamos grupos em cinco outras favelas da região.

Surge uma rede

Com essas visitas conhecemos pessoas que, apesar de toda a privação, tinham conservado uma dignidade impressionante e uma visão clara de sua situação. Visitamos primeiro a pequena favela chamada Zumbi, em homenagem a Zumbi dos Palmares – de certa forma, o Che dos levantes dos escravos contra o domínio colonial português. Apesar de morto há trezentos anos, o ídolo da resistência dos escravos ainda está vivo na consciência negra. Ficamos sabendo o que se passou na pobre comunidade do Zumbi, algo que ainda tinha cheiro de colonialismo e em que as pessoas ficaram rebaixadas a objetos. Durante a recém-terminada campanha eleitoral municipal, um candidato para a Câmara Municipal mandara asfaltar uma rua lamacenta e íngreme do assentamento. Depois das eleições, o candidato vencedor, da oposição, mandou arrancar o asfalto porque naquela comunidade, o número eleitores do seu opositor era grande demais. Experimentar tal desdém pelas pessoas podia ser rotineiro para os colegas brasileiros, mas não para mim. O que vivenciei não era um grande drama, mas um marco desolador no processo de conhecer as realidades brasileiras.

O tema "rua" também se apresentou na favela Lacomba, onde tínhamos marcado um encontro com o grupo local. Quando dobramos a rua de terra, de repente estávamos, diante de uma vala atravessada na rua. Era impossível passar com nosso automóvel. Desorientados, saltamos do carro enquanto uma mulher veio correndo. *Aqui começa a zona do tráfico, vocês têm de continuar a pé.* Ela compartilhou isso conosco num tom casual, como se tivéssemos pedido informações sobre o caminho, em algum lugar da cidade. O tráfico faz parte daquele mundo, mas não é necessariamente bem-vindo.

Qual foi, afinal, o resultado do planejamento conjunto? O projeto deveria ser executado nas cinco favelas mencionadas que formavam o núcleo do grupo de planejamento. A meta era construir centros de capacitação profissional e realizar cursos profissionalizantes em duas comunidades, Jóquei Clube e Santa Isabel; com os moradores queríamos construir uma canalização de esgoto no Jardim Bom Retiro e, ao mesmo tempo, desenvolver uma cooperativa para produzir material de construção. Deveria acontecer um treinamento para multiplicadores que abrangesse as comunidades em geral e, não menos importante, uma oficina teatral com vinte jovens das cinco favelas, a ser realizada em cooperação com o Teatro do Oprimido, na tradição de Augusto Boal, na qual se desenvolveram e encenaram duas peças, segundo o método participativo do teatro-fórum.

Trabalhando no projeto

Antes de entrar no avião a fim de voltar para a Alemanha com os elementos elaborados em conjunto, demos um novo nome ao projeto: SOS Periferia. No final das contas, queríamos que também os homens se juntassem a nós. No Brasil, país machista, nenhum homem iria aderir a um grupo denominado

Nós, mulheres, queremos mudar a cidade. Katrin, uma colega da sede do Serviço Mundial pela Paz e boa amiga há muito tempo, recebeu-me em Berlim. Morava em Pankow com Florian, seu marido, e dois filhos já quase adultos, em um velho apartamento em Berlim Oriental. Lá, sentei-me por duas ou três semanas no computador do filho e coloquei a proposta no formato do Ministério para Cooperação e Desenvolvimento Econômico. Tivemos de esperar. Houvera um congelamento das despesas na Alemanha. Chegou um momento, contudo, em que pude apresentar as comunidades do nosso projeto para que nossa proposta fosse autorizada. Quando falei ao telefone com Antônia, do Jóquei Clube, ela disse secamente: *Sim, eu sei, vencemos! – Mas não pode ser, nós acabamos de saber aqui no Serviço pela Paz Mundial! – Fizemos um bom trabalho, por isso sei*. Tanta autoconfiança era estimulante. O ministério só se envolveu num ponto do conteúdo, não por razões políticas, mas por desconhecimento. Queríamos disponibilizar cursos pré-vestibular para os quais os grupos locais haviam registrado grande demanda. No vestibular, os candidatos das favelas, que de qualquer forma já estavam em desvantagem em consequência do miserável sistema público de educação nas zonas pobres, tinham de concorrer com as filhas e os filhos da abastada classe média, que recebem sua formação escolar em caras instituições privadas de ensino e que, depois disso, preparam-se para o exame de admissão em um curso pré-vestibular não menos caro. Portanto, para as moças e rapazes dos bairros pobres, as chances de conseguir um lugar na faculdade eram mínimas. Por isso, queríamos disponibilizar nossos próprios cursos pré-vestibular. Isso foi recusado pelos funcionários do ministério com a seguinte fundamentação: quem chega à universidade não é mais pobre. Isso sabíamos bem na Alemanha Ocidental dos anos 1970, quando as universidades foram abertas a filhas e filhos da classe trabalhadora, pelo menos por um tempo. Nós, isto é, o CAMPO, acabamos oferecendo os nossos cursos pré-vestibular de qualquer maneira, mas prestávamos contas com outro título. Saciar a fome de educação dos jovens da favela era mais importante para nós do que o veto do ministério. Eu mesmo ofereci um seminário sobre a Alemanha em outra favela, a Oswaldo Cruz, cento e setenta participantes compareceram. De resto, as experiências que tive com o ministério durante meu trabalho nos dois projetos sempre foram positivas. Em outros casos, não é bem assim. Conforme um estudo da Oxfam, organização internacional para a cooperação técnica e a assistência emergencial, a partir de 2016, com sua generosa promoção do agronegócio alemão, o ministério desencadeou um efeito devastador para a Agricultura Regional, em especial na África e na Ásia, e isso sob o título "Cooperação para o Desenvolvimento". Assim se produzem as causas do refúgio.

Em turnê pela Alemanha

No final de 2002 fui ao aeroporto de Frankfurt buscar cinco brasileiras. Três eram de nossos grupos locais, duas da equipe do CAMPO. Em uma primeira turnê pela Alemanha, alguns anos antes, o grupo formado apenas de homens sofrera críticas dos cooperantes do CAMPO e dos grupos locais. A viagem seguinte deveria ser apenas de mulheres, afinal, na América Latina, são elas que resolvem tudo. Conheci várias guerreiras, como são chamadas no Brasil, esplêndidas batalhadoras em prol da comunidade. É lamentável, porém, que sejam exceções, e uma grande parte das mulheres mal tem consciência do papel central que desempenha para si, sua família e sua comunidade. Na Alemanha, eu percebi que existe a expectativa de que pelo menos metade dos participantes deve ser de mulheres. Isso era uma projeção da situação alemã sobre o Brasil, pois nossos grupos eram sempre compostos entre noventa e noventa e cinco por cento de mulheres. Uma quota racional seria pelo menos trinta por cento de homens. Inalcançável!

No aeroporto, onde eu aguardava a delegação brasileira com um representante de um grupo parceiro da região do Reno-Meno, chegaram: Isabela, a diretora da creche do Jardim Bom Retiro, uma favelada resoluta, dona de uma autoconfiança forte e às vezes um pouco incisiva; Cristina, uma colega mais tranquila do núcleo de educação infantil do CAMPO; Néia, diretora do centro comunitário e de capacitação profissional da comunidade pobre de Cachoeiras de Macacu. Ela se dava bem com as crianças, também com aquelas desamparadas, que chegavam ao centro com condutas problemáticas, não necessariamente adequadas ao grupo. Mais de uma vez contou a inacreditável história de um rapaz que descarregava sua agressividade em outras crianças. A equipe de educadores pensou sobre o que poderia fazer para guiar essa ânsia descontrolada de vida para um caminho produtivo-construtivo. Em algum momento, alguém trouxe um trompete e mostrou ao menino como tocar aquele instrumento. Aquilo se tornou a sua paixão e toda a energia que até então dirigira ao ambiente era utilizada para tocar o trompete. Não apenas isso. A equipe do centro recolheu dinheiro na comunidade para comprar outros instrumentos, nenhum Stradivarius, eram instrumentos usados, com muitos problemas, mas a coleta foi suficiente para formar um pequeno grupo musical que passou a tocar para a comunidade e ficou muito feliz com isso.

Quem também chegou a Frankfurt foi Dona Aparecida, com seu jeito de andar descontraído, de passeio. Já pelo caminhar podia-se perceber quantas batalhas havia lutado na vida, de modo que não se tirava sua calma com facilidade. Essa senhora idosa negra era mesmo maravilhosa. Via-se a dignidade em seu rosto, por trás dele reconhecia-se, em geral, a brejeirice com a qual dominara a vida. Era diretora de um centro de capacitação profissional inaugurado dois anos antes, parte de um projeto parcialmente financiado pela União Europeia na comunidade do Campinho. Quando lhe passaram a palavra nas apresentações, falava devagar, com voz grave e cheia de cautela: *Meu nome é Aparecida, tenho setenta anos de idade, cinco filhos, doze netos e dois bisnetos*. Aquilo bastava para que tivesse o público a seu lado. Mas não era só sua história familiar que era impressionante, também sua história de vida era repleta de engajamento social e resistência aos poderosos. Quando jovem, vivera numa favela na área urbana do Rio de Janeiro. Diferentemente de São Paulo, onde as favelas ficam na periferia, os pobres do Rio de Janeiro estabelecem-se com seus barracos de tijolos no meio da cidade. Aquilo sempre irritou a próspera classe média branca. Com gosto dava-se uma ocupação aos pobres, como empregados domésticos ou motoristas, mas depois do término do trabalho, desde que houvesse um término, deveriam gentilmente desaparecer dos melhores bairros residenciais da zona sul. Assim, sempre houve tentativas de *desfavelizar* o centro. Um desses programas foi realizado nos anos 1970 durante a ditadura civil-militar. Disseram a Aparecida e seu pessoal que seriam realocados em Campinho. Eles conheciam Campinho, uma agradável cidadezinha perto de Campo Grande, quase uma cidade do interior, a cinquenta quilômetros do Rio. Mas quando chegaram à localidade que deveria ser seu novo lar, viram como foram enganados. Alguns barracos provisórios haviam sido erguidos no meio do campo, sem qualquer infraestrutura. Começou uma luta de anos. Não queriam morar naqueles barracos. Aceitaram o assentamento, mas este não deveria se tornar uma favela. Em primeiro lugar, expulsaram o Presidente da associação dos moradores, fiel à junta militar. Fundaram uma cooperativa para a construção de moradias, aceitaram a orientação de um advogado quanto aos seus direitos, adquiriram conhecimentos para desarmar os ignorantes burocratas com os quais eram confrontados. Estabeleceram então um assentamento em que fosse possível morar com dignidade e em comunidade. Mais tarde, quando o centro de formação profissional estava funcionando, os jovens da comunidade colocaram uma emissora comunitária em funcionamento; de microfone em punho, entrevistavam moradores na rua. Em determinado momento, a polícia federal apareceu com um grande aparato e apreendeu o equipamento. Supostamente a emissora havia transmitido em um raio acima dos dez quilômetros permitidos. Por fim, mas não menos importante, estava no grupo Neide, jovem professora portuguesa que trabalhava na sede do CAMPO na área de desenvolvimento da comunidade. Com rigidez bem-humorada, sempre corrigia meus descuidos linguísticos aos quais me acostumara no ambiente da favela. Em um micro-ônibus patrocinado percorremos dois mil quilômetros em três semanas através da Alemanha. Na direção estava Birgit, uma jovem colega alemã. Tudo era sempre muito vibrante, as brasileiras mal tinham olhos para o que eu lhes mostrava à direita e à esquerda durante a viagem. Falavam e riam. Uma viagem animada. Com essa viagem cheguei a ambientes em que nunca na vida teria chegado de outra forma. Na região do Reno-Meno visitamos uma escola profissionalizante, era de tarde, a escola estava vazia, as mulheres acharam que fossem férias; no Brasil, as escolas públicas funcionam em três turnos: manhã, tarde e noite. Chegamos a uma comunidade pietista na grande Stuttgart, fomos cordialmente recebidos, correram lágrimas de enternecimento. Em Karlsruhe, visitamos um ginásio; na região de Colônia, um lar de idosos, outra escola profissionalizante em Münster, e a última parada foi na Muvuca, botequim autogestionado no centro cultural Mehringhof, em Berlim. Nessa apresentação, as colegas tiveram pressa, pois a equipe do botequim peparara uma feijoada para a delegação.

De volta ao Rio, a delegação fez uma avaliação da viagem, registrando suas vivências e impressões. As mulheres estavam impressionadas com as demonstrações de grande solidariedade que tinham recebido, com a alta qualidade das instalações escolares, a disciplina no trânsito, a educação responsável das crianças no seio familiar, mas viram uma deficiência na afetividade. No que se refere aos turcos, viram que eram tratados de forma diferente do que os alemães e que não estão integrados na sociedade. A falta de conhecimentos do idioma lhes causara grande frustração, e a mim, que sempre tive de traduzir tudo, criticaram porque nem sempre eu me limitava a traduzir, mas acrescentava meus esclarecimentos e comentários.

Documentos

Enquanto cooperante, precisei de uma permissão de permanência para poder trabalhar, junto com a permissão de voluntário, que era o meu status jurídico tanto na Alemanha como no Brasil. Até então estivera no Brasil com visto de turista, limitado a poucos meses. Ia de ônibus até a fronteira mais próxima – no caso, Ciudad del Este, no Paraguai. A viagem durava vinte e seis horas. Um dia no Paraguai e recebia-se, ao voltar, um novo visto de turista.

Agora, porém, como cooperante, tudo tinha de ser dentro das regras. Eu não tinha certeza de que conseguiria o visto. O primeiro documento a ser apresentado ao solicitar o visto era um atestado de antecedentes criminais. Mandara traduzi-lo para o português, no Rio e o apresentei a um ex-secretário estadual de justiça. Este juntou as mãos sobre a cabeça: *Nunca mostre isso a ninguém em Brasília, você nunca mais entrará no Brasil. Conheço os meus colegas conservadores.* A perspectiva não parecia boa. Quem salvou a situação foi o advogado Wolfgang Kaleck. Conforme a lei, tendo uma razão convincente, os registros podiam ser deletados antes do prazo. Nossa solicitação foi deferida e pude requerer o visto. Em vinte e oito de dezembro de 2002, estava sentado na sede do Serviço pela Paz Mundial, o telefone tocou e no aparelho estava Nilse, do consulado, para informar que meu visto fora aprovado. Que alívio! Nunca esquecerei a data porque na véspera Lula fora eleito Presidente do Brasil. Quando ir ao Brasil, se não agora? Uma nova era despontava. O que um governo liderado pelo PT faria para proporcionar aos milhões de moradores nas favelas, sem-terra e indígenas uma existência segura e uma vida digna? Afinal, Lula nunca teria se tornado Presidente sem o apoio da sociedade civil organizada, das ONGs, dos grupos populares, dos projetos de economia solidária e de cooperativismo popular, dos ocupantes das terras, militantes do MST. Eles o levaram ao poder.

Mas o problema do visto ainda não estava solucionado. A aprovação da permanência tinha um prazo limitado a dois anos. O SOS Periferia, projeto cofinanciado pelo Ministério alemão para Cooperação Econômica, durava pelo menos três, possivelmente, quatro anos. Além disso, eu queria ficar para sempre naquele país incrível! Essa eterna incerteza sobre ficar ou ter que sair me dava nos nervos.

Falei com Célia. Ela fugira da Argentina durante a ditadura militar. Tinha contatos com o *Partido Democrático Trabalhista* (PDT), cujo grande nome era Leonel Brizola, por três vezes governador em dois estados diferentes. Ao contrário do Presidente João Goulart, derrubado em 1964 por um golpe de estado apoiado pelo governo dos Estados Unidos e substituído por uma ditadura civil-militar (até 1985), Brizola não queria submeter-se aos golpistas sem lutar. Depois que Goulart interpôs o seu veto, Brizola foi para o exílio no Uruguai, de onde organizou a resistência contra a ditadura. No exílio, voltou-se à *Internacional Socialista*, da qual depois se tornou *Presidente de Honra.*

Brizola

Célia e eu fomos convidados para um aniversário na casa de Nilo Batista, ex-secretário de Justiça do Estado. Na época, ele morava numa mansão não longe do meu pequeno apartamento em Santa Tereza. Subimos a escada e entramos na ampla sala. Membros do PDT estavam sentados em poltronas e sofás. Eram rostos impressionantes. Um jovem cumprimentou-me dizendo que a RAF fora uma grande esperança para ele. Disse-lhe que, desde então, eu via muita coisa de forma crítica. "Ah", riu ele, "RAF *light.*" Brizola estava rodeado de uma porção de gente que falava com ele. Dirigi-me até até esse grupo e o cumprimentei. Ele sabia que eu queria lhe falar sobre a questão do meu visto. Ouviu, prometeu-me que instruiria seus subordinados para que se ocupassem da minha situação, e falou longamente e com entusiasmo de sua amizade com Willy Brandt. No final, ergueu seu copo e disse que o *Liebfrauenmilch* é a resposta alemã para o vinho francês. *Liebfrauenmilch* é o único vinho alemão que se consegue achar nos supermercados brasileiros. Eu pensava diferente, mas em primeiro lugar, essa questão não fazia parte das minhas preocupações e, em segundo lugar, no Brasil não se discorda de alguém que é chamado de governador. Brizola tinha uma disciplina impressionante. Ao final da noite, enquanto os outros convidados estavam afundados nos estofados, ele estava de pé na sala, ereto como uma vela, com uma taça de vinho na mão e um sorriso nos lábios.

Também falei com Isabel sobre minhas preocupações com o visto. Ela ligou para um de seus irmãos em Brasília, que era Vice-Presidente da Funai (Fundação Nacional do Índio). Tampouco ele sabia como eu havia de conseguir um visto permanente, mas uma de suas subordinadas era filha da chefe do Departamento de Estrangeiros, no Ministério da Justiça. Dessa maneira, consegui um horário com ela. Pedi um terno emprestado a Claus, pois não se devia aparecer em um ministério brasileiro sem terno. Quando você tem de lidar com a burocracia, tem de se sujeitar. Peguei um avião para Brasília e fui para um hotel. Que cidade! Eu estava acostumado com o Rio, com seus bairros populosos, em cada esquina um botequim, um bar, onde se podia sentar com amigos e tomar uma cerveja. Tudo se alcançava a pé no bairro, a gente sabia se virar. Em Brasília, as dimensões são outras. Com suas avenidas de largura e comprimento exuberantes, a cidade não parecia feita para pessoas de duas pernas. Bar, lugares para comprar algo? Negativo. Não parecia haver nada daquilo em Brasília. A cidade me pareceu hostil.

Na manhã seguinte, fui ao Departamento de Estrangeiros. Ali estava a chefe, sentada à mesa; atrás dela, na parede, havia um retrato de Lula e ao lado um dito popular: *Estrangeiro ou não, somos todos irmãos*. Mas o que se seguiu não era nada fraternal. Tendo à frente o meu dossiê, apontou com o dedo para um documento. *Esse atestado é de 1994, gostaria de uma atualização.* Era uma inscrição do CAMPO no CNAS (Conselho Nacional de Assistência Social). Eu deveria enviar o atestado atualizado à atenção dela. Em um visto de permanência não se podia pensar, nem permitiu que eu dissesse qualquer coisa. Pelo amor dos céus, onde haveria de encontrar o CNAS naquele gigantesco Distrito Federal? Liguei para o correspondente de um jornal alemão, que conhecera no Fórum Social Mundial, em Porto Alegre. *Tenta o Ministério da Previdência Social!* De fato, o CNAS ficava lá. Foi um erro ir a uma autoridade brasileira sexta-feira à tarde, com um assunto importante. O caso foi rapidamente esclarecido, a funcionária responsável mandou que eu assinasse um requerimento, tudo me seria enviado.

Na manhã seguinte liguei para o CAMPO para avisar que poderia chegar uma correspondência para mim. A colega Roberta, do departamento financeiro, quis saber que tipo de formulário eu assinara. Falando sério, nem conseguia mais dizer com exatidão. Isso desencadeou um certo pavor na

ONG. Na segunda-feira, o CAMPO ligou para o Ministério e, em seguida, avisou-me que eu deveria voltar mais uma vez. Fiquei sabendo então que eles não poderiam emitir qualquer notificação para mim, uma vez que a inscrição estaria fora do prazo e, por consequência, não poderia ser renovada. Fiquei espantado. Será que, no final, tudo seria arruinado por causa de uma banalidade grotesca? Insisti, alertei para a iminente perda do meu visto e a ameaça de fracasso de um importante projeto social. Atrás do balcão começou um debate entre os funcionários, quase uma briga. Uma mulher exigiu que esse atestado fosse emitido para mim, os outros eram contra. Enfim, mandaram-me para a chefe do setor, que de novo mandou-me a outra chefe, por último cheguei à sala de uma tal de Cláudia. Apesar de ter memória ruim para nomes, até hoje não esqueci o nome dessa benfeitora. Poderia voltar para o Rio, em duas semanas o atestado estaria lá, prometeu. E assim aconteceu. Conforme a solicitação da Chefe do Departamento de Estrangeiros, enviei o papel a ela no Ministério da Justiça, para a inscrição. Depois de entrar com uma senha, eu pude seguir o andamento do meu pedido de visto pela internet. Contudo, como depois de várias semanas nada havia acontecido, fui com o protocolo do registro até o correio. O funcionário olhou em seu computador e soube de pronto: *Destinatário mudou-se para local desconhecido!* Como? O Ministério da Justiça se mudara para local desconhecido? Enviei mais uma cópia autenticada no cartório para Brasília, dessa vez por Sedex. Mais uma vez, nada aconteceu. Então encaminhei mais uma cópia por DHL. No DHL pode-se rastrear a remessa pela Internet. Quando vimos que a correspondência fora protocolada pelo ministério, Roberta telefonou e pediu para falar com a funcionária que recebera a carta. *Sim, sim, a correspondência chegou, amanhã cedo a entregamos ao Departamento.* Ficamos felizes, aliviados. Na manhã seguinte, Roberta ligou de novo, para certificar-se de que a correspondência chegara ao departamento. *Infelizmente não, nós a entregamos no departamento errado e não sabemos mais em qual.* No final, o visto foi mesmo renovado, até por dois anos em vez de um. Será que um outro irmão de Isabel, ex-ministro da desburocratização de Sarney, dera uma mãozinha?

Antes de sair do país, uma amiga, Karin, visitou-me em Berlim. Estava de mudança para o Rio, onde montaria o escritório regional da Fundação Heinrich Böll. Também teve um estresse interminável na questão do visto, porque o registro do escritório da Fundação ainda não era oficial. Muitas vezes sentamos e procuramos maneiras de escapar da ameaça de ter de terminar nossa estada no Brasil. Ela tinha muito a fazer, eu também. Vez por outra nos encontrávamos para uma cervejinha ou na reunião das instituições alemãs, para a qual o cônsul geral convidava, e nas quais eu tinha de representar o Serviço pela Paz Mundial. Lá estávamos nós, junto com os representantes da Fundação, da Fundação Heinrich Böll, da Câmara de Comércio Brasil-Alemanha etc. Minha amiga Thea, do *Baukurs*, uma escola privada de ensino do idioma alemão, também participava.

Santa Teresa

Eu já tinha onde ficar no Rio. Era um lugar provisório, mas bonito, com uma sala maior, por cima havia um deque que servia de dormitório, que se alcançava com uma escada circular de ferro, um banheiro, uma cozinha e um pequeno anexo que eu usava como escritório e, entre os dois, um tipo de terraço. O apartamento ficava em Santa Teresa. Foi ali, naquele bairro, que eu haveria de morar uma década, com algumas interrupções. Com casas velhas e novas, habitações pobres e ricas vilas, era um bairro desorganizado que, com suas dezessete subidas, estende-se como uma aranha sobre uma colina de onde se vê o centro do Rio. Para a classe média da zona sul, é considerado desordenado, bastante perigoso. Mais de uma vez me aconteceu de o motorista de taxi se negar a subir para Santa Teresa. No final de semana vinham os mauricinhos de Ipanema, Gávea e Leblon, em seus *Land Rover*, para desfrutar de feijoada, cerveja e caipirinha, num tipo de férias de aventura. Antigamente passava pelo bairro um bonde tão decrépito quanto romântico, com o qual aconteceram acidentes catastróficos. Os rapazes do Morro dos Prazeres, uma das favelas de Santa Teresa, que iam nos estribos, viajavam grátis. Esse trem urbano chamava-se bonde – no século 19, a infraestrutura e as instalações de trânsito estavam nas mãos de sociedades britânicas, e "bonde" é a adulteração verbal da palavra inglesa *bond*, ou seja, título de crédito. Nos primeiros anos, morei na Rua Áurea, assim chamada em homenagem à Lei Áurea, que aboliu a escravidão em 1888. A rua era íngreme, na ponta inferior ficava o Bar do Gomez, um típico bar de bairro. As altas portas duplas articuladas ficavam abertas, a vida acontecia sobretudo do lado de fora, na calçada, onde as pessoas bebiam cerveja e cachaça. Volta e meia o bonde vinha pela curva rangendo e oscilando perigosamente.

SOS Periferia

No início do projeto tratava-se primeiro de familiarizar os grupos locais com os detalhes do projeto. O orçamento foi explicitado, foi preciso montar estruturas e definir tarefas e áreas de responsabilidade. Os grupos locais funcionavam em cinco favelas: Jardim Bom Retiro, Santa Isabel, Jóquei Clube, Fazenda dos Mineiros e Salgueiro. Em Alcântara, no centro de São Gonçalo, alugamos uma pequena sala comercial, onde nos encontrávamos a intervalos regulares para as reuniões, sobretudo do grupo gestor do projeto. Este era composto pela direção do projeto: por parte do CAMPO, Hector, um colega muito competente; por parte do Serviço Mundial pela Paz, o cooperante. Janete, da favela do Salgueiro, foi escolhida como assistente. Além disso, havia dois representantes da comunidade do projeto.

Nossos princípios eram trabalho em equipe, um equilíbrio convincente e eficiente entre direção e democracia de base, responsabilidade individual e uso sensato da força e do tempo de trabalho disponíveis. Basicamente, todas as questões e os passos de trabalho pendentes eram discutidos e definidos. A aplicação e a execução aconteciam, na maior parte das vezes, individualmente.

Formação de multiplicadores

Algo mudara na favela. Duas décadas antes ainda era difícil trabalhar de modo participativo, levar participantes de grupos a ter iniciativa. "Quase nunca alguém abria a boca nas reuniões", lembrou-se Cristiano. A ditadura não só esmagara os grupos que produziam trabalho político e social, mas também destruíra o senso comunitário, a sensação de se poder modificar algo através da iniciativa conjunta. Se, antes, as pessoas liam jornal e debatiam no transporte público, isso acabou com a ditadura. Os militares deixaram para trás uma cultura de passividade. Ao mesmo tempo, novas invenções sociais resultaram da pressão do despotismo. Quando em 1973, com a crise do petróleo, a economia ia morro abaixo e milhões de desempregados sem qualquer suporte ficavam pelas ruas, nasceu a economia solidária – não na esquerda, mas na Cáritas Católica. Desde então, cresceram o conhecimento e a consciência, os moradores da favela sentiam que podiam assumir a responsabilidade do desenvolvimento comunitário.

Não bastava que os cinco grupos de projetos se conectassem uns com os outros, para o que uma primeira base foi criada na fase de planejamento do projeto. Para além de uma rede comum, os grupos precisavam ser qualificados em suas comunidades, a fim de agir de modo autônomo e desenvolver iniciativas próprias enquanto grupo local. Nos treinamentos para multiplicadores, mediávamos o conhecimento e as técnicas úteis. Os temas eram direitos humanos, direitos do cidadão, relações interpessoais, sociedade civil, comunicação, gerenciamento de conflitos, elaboração e administração de projetos, economia solidária, captação de recursos e manutenção de parcerias, leitura e compreensão de orçamentos públicos. No início participaram trinta pessoas, um ano depois já eram quarenta e cinco, representando vinte favelas.

O sucesso de um programa assim não está garantido. Será que viria alguém? No princípio, meus piores receios pareciam tornar-se realidade. O primeiro seminário planejado deveria começar às 9h, às 8h45, havia duas ou três pessoas na sala. Mas às 9h30 o espaço estava lotado. A maioria eu nunca vira. Acostumado com a pontualidade alemã, tive de aprender. O motivo desses atrasos nem sempre era a mentalidade do brasileiro, mas as miseráveis condições do trânsito. Mas aprendi. Também cheguei muito tarde uma vez. Também já tive medo de ser o último, na realidade eu era o primeiro.

Conseguimos palestrantes muito competentes que sabiam como desenvolver o respectivo material de forma participativa com os presentes. O plano inicial era formar cerca de quinze multiplicadores nas comunidades participantes, no final, quatro anos depois, havia setenta e cinco protagonistas locais, mulheres e homens, de trinta bairros, que frequentemente desenvolviam iniciativas próprias e organizavam grupos. Trinta comunidades! Isso era um terço do distrito de São Gonçalo. Os participantes, que não se conheciam antes do curso, desenvolveram relações entre si, fizeram trocas, ficaram sabendo que em outros bairros havia problemas parecidos com os seus. A partir da experiência dessas pessoas de descobrir seus interesses em comum no trabalho do seminário, surgiu o desejo de concretizar, em São Gonçalo, a rede, que foi inaugurada publicamente e recebeu muita atenção em uma atividade conjunta no final do projeto, na Feira Anual do Desenvolvimento Comunitário Solidário.

Grupo de teatro Periferia em Ação

Como se deu o sucesso da formação de multiplicadores e da rede? Projetos sociais não são novidade para as pessoas da favela. Muitos começam com intenções sérias, porém com frequência não dão em nada pelas razões mais diversas, devido à falta de *know-how* ou à incapacidade de lidar com conflitos de forma construtiva. Em tempos de campanhas eleitorais, os candidatos lembram-se de repente de sua veia social, mandam construir uma quadra de futebol ou começam um curso de informática; na segunda-feira depois da eleição, na maior parte das vezes, o fantasma se foi. Também o tráfico quer se passar por benfeitor. A viúva de alguém morto a tiros pela polícia recebe financiamento para a compra do caixão. Ou então compram-se os medicamentos necessitados com urgência para o Posto de Saúde. Também aconteceu de chegaram a um de nossos centros com metralhadoras em punho, levando os computadores que tínhamos comprado para o curso de informática. Eles próprios queriam oferecer um curso desses.

As pessoas conhecem isso e não levam esse tipo de falsa promessa muito a sério. Mas o projeto contava com um "embaixador" arrebatador, o grupo de teatro Periferia em Ação, que em suas mais de cem apresentações deixou as pessoas curiosas a nosso respeito. Na Lapa, um bairro do Rio, perto do centro da cidade, havia um Centro do Teatro do Oprimido (CTO). Não sei se ainda existe. Dois grandes andares, nos quais se podia aprender, ensaiar e apresentar teatro. Entre eles havia um pequeno e confortável escritório com uma grande poltrona. Estava reservado a Augusto Boal. No CTO havia um grupo que dirigia o negócio. Fechamos um contrato de cooperação para a realização de uma oficina de teatro e subsequentes apresentações, com vinte jovens das comunidades do projeto. Duas peças de teatro deveriam ser trabalhadas.

Os grupos locais convidaram jovens de suas comunidades para participar. Aos domingos de manhã eu ia para Santa Isabel com Olivar do CTO. A oficina era realizada no centro comunitário. Olivar era o curinga. Na fase de desenvolvimento, o curinga tem a tarefa de dirigir a oficina; depois, nas apresentações, é o mediador entre os atores no palco e o público que participa ativamente. Quando, no início da oficina, dividiu o grupo de jovens em dois subgrupos e lhes deu a tarefa de encenar uma típica experiência do dia a dia, os dois grupos retornaram com o mesmo tema: abuso sexual.

Não davam pista – eram brasileiros jovens, despertos e talentosos, tinham energia, riam, estavam cheios de ideias. Os próprios jovens desenvolviam as peças de teatro. Escolhiam um tema de seu dia a dia, definiam os papéis e as cenas, escreviam os diálogos, costuravam o figurino, pintavam a cortina do pano de fundo, na qual muitos espermatozoides se esbaldavam, confeccionavam os utensílios, de preferência a partir de garrafas plásticas. Isso é teatro-fórum. Em muitos ensaios, aprenderam sua linguagem corporal bem individual. Zombavam da geração dos pais, insípida e conservadora, falavam mal dos evangélicos. A primeira peça, que deveria ser um grande sucesso, tratava do tema da gravidez precoce: *A descoberta da Trancinha*. Trancinha, filha superprotegida, é preservada pela mãe superprotetora e, sem qualquer experiência própria, engravida logo no primeiro relacionamento e é rechaçada pela mãe.

A gravidez precoce é muito comum na favela, já com onze anos. Jovens mães que ainda são, elas próprias, crianças. Não há qualquer posto de aconselhamento ou outro tipo de ajuda. Se a menina tiver sorte, é acolhida com sua criança por uma tia ou avó. Uma menina do nosso grupo de teatro também engravidou. Um drama sem igual. Sua mãe perdeu o juízo e saiu nua, à noite, pela comunidade afora. Tínhamos de ir a São Gonçalo, também aos domingos, para que o pior não acontecesse. Tais desastres não constavam no nosso programa de atividades.

Bem, assim chegou o Periferia em Ação. O grupo saiu em turnê, organizado e liderado por Janete, a assistente do projeto. Primeiro, aconteceram as tardes-no-teatro, nas comunidades do projeto. Isso despertou a atenção. A propaganda boca a boca foi mais eficiente do que qualquer comunicação por celular. Logo as apresentações estavam lotadas com meses de antecedência. Os eventos não aconteceram apenas nos salões paroquiais de São Gonçalo, mas também em outros municípios do Estado.

No palco, tudo era sempre muito vibrante. Quando uma colega da Alemanha estava de visita, não conseguia acreditar que os jovens no palco fossem atores amadores. Riam, choravam, gritavam, guinchavam e sussurravam, dançavam e cantavam, e as coisas das quais se tratava eram chamadas pelo nome. Quando Trancinha quer convencer seu primeiro namorado, seu primeiro amor, a usar camisinha, ele ri dela: essa coisinha é pequena demais, o meu jamais caberá aí. Sim, em certas ocasiões a coisa ficava pesada. Em uma apresentação no CTO, uma mulher criticou o que lhe pareceu exagero. Boal riu e respondeu: *O teatro tem de exagerar*. O herói da peça – nesse caso uma heroína, Trancinha – desaba, o público é solicitado a vir ao palco para assumir um dos papéis e interpretar soluções alternativas. Os brasileiros são atores natos. Nunca aconteceu de o curinga ter de convidar duas vezes para participar. Acabei contando aquilo a Carsten Thurau, então correspondente do canal alemão ZDF. A peça foi gravada para o programa feminino da ZDF, *Mona Lisa*. Trancinha, cujo nome real era Renata, também chegou, em sua vida real, a um ponto de fracasso. Seu namorado foi morto pela polícia.

Capacitação profissional

Na formação de multiplicadores e no grupo de teatro tratava-se de atividades do âmbito da comunidade e para além dos seus limites. Também eram significativas as atividades específicas da comunidade, desenvolvidas pelos grupos de projetos comunitários, sobretudo as capacitações profissionalizantes, envolvendo, por exemplo, a construção e o funcionamento de um centro comunitário e de capacitação profissional no Jóquei Clube.

Jóquei Clube é um bairro pobre, uma das comunidades do projeto. O nome lembra as corridas de cavalos, mas o que houve lá no começo do século 20 de fato foi a primeira corrida de carros da América do Sul. Há tempos, um grupo local se ocupa dos jovens na paróquia católica. É possível perceber que detinham experiência com trabalho social em grupo, estavam comprometidos e prontos a se engajar. Até então, o foco de seu trabalho fora uma creche na qual crianças de até seis anos eram orientadas, da manhã até o final da tarde, em programas pedagógicos correspondentes às respectivas faixas etárias. Quando os pais retornavam do trabalho à noite e buscavam seus filhos, já estavam de banho tomado e roupas limpas.

Ao lado da creche, acompanhada e assessorada pelo CAMPO, o grupo adquirira um terreno onde havia um barraco meio arruinado. Lá seria construído e posto em funcionamento o centro de formação profissional Pro-Cid.

Pro-Cid significa Pró-Cidadania. Até hoje não sei bem como traduzir para o alemão a palavra cidadania. O dicionário diz *Staatsbürgerschaft*. Mas "cidadania" significa algo mais, ou seja, a afirmação, a realização dos direitos do cidadão frente ao Estado. Nos idiomas para nós correntes, que podem se reportar a uma cultura política parecida, por exemplo, com o Iluminismo, é sempre a mesma palavra: *citizen*, *citoyen*, *cidadania*, *ciudadano*, *cittadinanza*. Os termos trazem em si um momento emancipatório de independência e força própria. Apenas na palavra alemã o cidadão tem essa relação estreita com o Estado.

Uma força propulsora no Pro-Cid era a incansável Antônia, diretora do centro. Ela gostava de contar um episódio dos seus tempos de adolescente. Naquela época, era normal as mulheres deixarem os cabelos crescer. Antes de irem ao cabeleireiro cortar os cabelos um pouco mais curtos, precisavam conseguir a permissão do patriarca da família. Quando jovem, Antônia queria usar cabelos curtos. Foi ao cabeleireiro e mandou cortar sua maravilha de cabelo. A caminho de casa encontrou seu pai, compenetrado em uma conversa com um amigo. *Olha aí sua filha Antonia como está!* Demorou um instante até o pai reconhecer a filha. Ele desmaiou. Muitos anos mais tarde, seu marido quis pressioná-la: *Você tem de se decidir entre seu trabalho comunitário e eu*. Ela não precisou pensar muito: *Por mim, pode ir!*

Acompanhar a obra fazia parte de minhas responsabilidades. Ela demorou quatro meses e meio. Depois disso, eu fiquei à beira de um colapso nervoso. Nas fotos que me mostram falando por ocasião da inauguração, pareço consideravelmente mais velho do que hoje, dez anos depois. Apesar disso, foi um período em que me senti bem. Era uma tarefa que trazia muito retorno, embora estivesse vinculada a muito estresse. Exceto pelo arquiteto, que sempre vinha atrasado com seus planos detalhados, tínhamos uma boa equipe. O mestre de obras era Ribamar, uma mão vigorosa, rija, que tudo sabia. Fazia bem tanto as instalações elétricas quanto o serviço de pedreiro, as pinturas e a colocação das vidraças. Constrói-se na favela do jeito que aprendi quando estudante, ao trabalhar numa obra nas férias, portanto quatro décadas antes, com tijolos, colher de pedreiro e argamassa, que era misturada com areia no chão. Uma betoneira só foi alugada na fase final. Às vezes, contudo, havia problemas. Ribamar descobrira uma empresa que oferecia o saco de cimento a bom preço, mas quando chegou o dia da entrega, os pedreiros esperaram em vão. O caminhão da empresa estava quebrado. Em outra ocasião, uma empresa entregou o tipo errado de cimento, para pisos de sustentação era necessária uma qualidade melhor do que para simples paredes.

Em quatro meses e meio a equipe da obra subiu as paredes do nada e instalou um centro de dois andares. Foi um desempenho de primeira categoria. Ao entrar no amplo quintal sem muro, chegava-se primeiro à secretaria, onde trabalhavam principalmente mulheres jovens. Uma delas era Francisca. Em geral levava seu filho pequeno. Quando começou, era muito reservada, tímida mesmo. Mas isso abrandou. Com o acompanhamento sensível de Antônia, ela cresceu, percebeu suas próprias virtudes e capacidades, tornou-se mais consciente. Em certa ocasião, veio seu marido e exigiu que escolhesse entre seu trabalho no Pro-Cid ou o lar e a família. Ele não suportara a nova autoconfiança da mulher.

Em geral, a secretaria era movimentada. Havia um velho computador de mesa, no qual eram gravadas as inscrições dos participantes nos cursos. Na parede havia um quadro, que dei de presente ao grupo na inauguração: uma aquarela grande que pintara na ala de segurança máxima de Celle. Minhas pinceladas despertaram a necessidade de mais arte. O grupo Pro-Cid organizou uma exposição com quadros do pintor colombiano Botero, nenhum original, é claro, cópias, mas as pessoas fizeram fila.

Ao lado da secretaria instalamos uma cozinha de aprendizagem. O curso de culinária era tão procurado pelas mulheres quanto o de cabeleireira no primeiro andar. Com um secador de cabelos antigo, daqueles com pé, ou com um freezer, podiam trabalhar em casa. Economizavam o dinheiro da condução até Niterói, como também o longo tempo de pé no ônibus. Podiam, sobretudo, ter os filhos a seu lado e controlá-los. Como cozinheiras, estabeleceram uma cooperativa de *catering* em conjunto com as mulheres da vizinhança, para cobrir a demanda em batizados, aniversários e casamentos. Ao criar uma cooperativa dessas também era preciso dar passos emancipatórios. Ali estavam cinco ou seis mulheres reunidas, que se conheciam desde sempre, que haviam criado seus filhos e dominado o dia a dia da família com energia e resistência incansáveis – agora tinham que abrir a boca numa reunião da cooperativa. Tinham de enfrentar esse obstáculo.

Além disso, oferecíamos cursos de informática. Instaláramos um salão claro e bonito no primeiro andar, os computadores não eram de última geração, mas cumpriam seu papel. Os cursos estavam sempre cheios, tínhamos de fazer listas de espera. Com a internet, as pessoas dispunham da possibilidade de superar o estreito horizonte da favela. Também obtinham ajuda para superar, em parte, a miserável situação da educação escolar. Na internet podiam descobrir mundos até então desconhecidos aos pobres. Podiam conhecer grupos que fizeram algo parecido, reconhecer sua própria experiência e se conectar com eles. Ficavam sabendo de programas de apoio do governo e podiam se inscrever, ou seja, candidatar-se.

Em todos os centros, onde quisemos oferecer cursos de informática e disponibilizar o acesso à internet, tivemos de lutar. As empresas provedoras eram obrigadas por lei a estabelecer uma cobertura universal, mas isso não era de seu interesse. Na favela não havia grandes clientes comerciais e as poucas conexões privadas não compensavam o custo técnico. Contratamos um advogado para conseguir o acesso pelas vias legais. Apoiar-se na justiça brasileira era obviamente ilusório, não se conseguia nada. Assim, fomos instruídos a viabilizar as conexões através de caros provedores de antenas.

Capacitação profissional num país bipolar

O plano era criar uma cooperativa de costureiras na já mencionada comunidade do Jardim Bom Retiro. Muitas mulheres tinham se apropriado de conhecimentos básicos em sua prática caseira de costura, mas ainda faltava muito. Por isso, queríamos realizar um curso de corte e costura. Houve numerosas inscrições para o curso. Fomos ao SENAI, o Serviço Nacional da Indústria, fundado em 1942 durante a ditatura modernizadora de Getúlio Vargas, e convidamos os responsáveis a vir ao Jardim Bom Retiro para apresentar o curso de costura. Vieram dois homens de terno e gravata e apresentaram às mulheres reunidas o programa do curso, que seria bastante caro, mas factível. Era bem desafiador e convincente. Ao final de sua apresentação, esclareceram que o requisito era ter o segundo grau. No Jardim Bom Retiro, talvez três ou quatro mulheres tivessem o curso secundário. Pelo menos naquele tempo, não estava prevista no sistema brasileiro de capacitação profissional qualquer possibilidade para essa parte da população que não satisfazia tais padrões escolares.

É correto, sem dúvida, dizer que o sistema político brasileiro se esforça por melhorar o nível de ensino. Mas por que não se dava uma chance também aos pobres, com seus inúmeros talentos e capacidades? Quarenta por cento dos brasileiros em idade de adquirir novas capacidades seguem uma ocupação informal, em geral são talentosos sabe-tudo, mas não têm uma renda regulamentada, um horário regulamentado, proteção contra acidentes, seguro contra acidentes ou de saúde, nem direito a férias. Não aparecem nas estatísticas oficiais, só contam como desempregados os que foram despedidos de empregos com contratos formais. Por isso se diz que o Brasil tem uma taxa de desemprego de seis a sete por cento. Os correspondentes alemães repetem isso zelosamente. Quem já viu uma favela por dentro, sabe o disparate que é.

Uma longa caminhada

Não tivemos sorte com o Jardim Bom Retiro. Havia muitas brigas, concorrências e vaidades entre as lideranças da comunidade. Não conseguimos dar andamento ao treinamento das mulheres. Quanto tempo e energia usáramos para fazer funcionar algo que fosse útil para as mais pobres de todas as comunidades do Projeto. Por isso decidimos, no grupo de planejamento, dedicar os meios disponíveis a essa comunidade, a outras duas comunidades do Projeto, Fazenda dos Mineiros e Salgueiro, a fim de construir e tocar um centro comunitário e de capacitação profissional. Se na fase de planejamento os dois grupos locais não foram capazes de desenvolver ideias consistentes para um centro como esse, por outro lado, muita coisa aconteceu lá nesse meio tempo. Os dois grupos das favelas vizinhas haviam se unido. Somaram-se a eles um outro grupo de iniciativas e um grupo de mulheres. Elas haviam se associado para não estarem sós diante da violência doméstica que tinham de padecer com seus filhos por causa dos companheiros. Assim, podiam falar com alguém sobre isso, na certeza de que nada vazaria. Se o narcotráfico, que se passa por guardião da ordem, recebesse informações a esse respeito, haveria o perigo de que matassem os agressores. Isso as mulheres não queriam. Por esse motivo se uniram.

Noventa e nove encontros

Toda segunda-feira à noite nos encontrávamos. Ao preparar-me para meu pequeno discurso de inauguração do centro, enquanto folheava minha agenda, contei que precisaríamos de noventa e nove encontros para deixar o centro pronto. Cerca de uma dúzia de pessoas das duas comunidades estava sentada à mesa. Debatiam os pontos da ordem do dia. Era um processo moroso e, por vezes, doloroso, até lágrimas correram uma vez, por exemplo, quando a aquisição de um prédio fracassou depois de longa negociação, por tentativas de fraude do proprietário. O grupo chegara mais de uma vez ao ponto em que parecia que tudo iria se perder. Mas não desistiu. Pouco a pouco, os inúmeros obstáculos foram sedo enfrentados. Ao vivenciar a habilidade comum de desenvolver soluções para se dirigir uns aos outros, para descobrir também nos outros sua própria visão das coisas, surgiu uma base de confiança que facilitou muito as coisas. Havia um grupo que não quis se integrar ao processo comum. Seu líder insistia em receber uma parte do orçamento apenas para o seu grupo. Mas estava errado. Os outros queriam um desenvolvimento economicamente solidário e coletivo. Houve uma discussão violenta e, no final, aquele grupo teve de sair. Qual foi minha tarefa? Acompanhei tudo e falei o mínimo possível. De vez em quando, dava uma sugestão ou impunha um veto, se alguma ideia não era compatível com o orçamento. Estar junto e ver o desenvolvimento do grupo e de seu projeto a partir de suas próprias forças, foi uma experiência que me deixou feliz. Em momentos assim, eu sabia que estava no lugar certo.

Um dia diferente

Num estágio ainda inicial, o grupo refletiu sobre as atividades que deveriam acontecer no futuro centro. Organizamos um *Dia Diferente*. Havia na comunidade um imóvel amplo e não utilizado, com diversos aposentos. Ali oferecemos serviços gratuitos de cabeleireira, massagem, um programa de treinamento de higiene e atividades lúdicas para as crianças; oferecemos um lanche e, no momento da apresentação, informamos sobre o projeto planejado. Havíamos comprado comida e bebida dos pequenos comerciantes locais. Ao deixar o evento, os participantes compartilharam suas preferências relativas à educação profissional por meio de um questionário. Assim, ao final, obtivemos uma ideia determinada pelos próprios participantes, a respeito da direção que deveríamos seguir. Para esse *Dia Diferente* vieram também os mais pobres dos pobres. Mais de dez anos depois ainda lembro de alguns rostos, nos quais as dificuldades do dia a dia haviam deixado traços inconfundíveis, entre eles também duas ou três crianças. Ter de ver aquela destruição em jovens de apenas dez ou doze anos de idade era especialmente doloroso. Em corpos infantis estavam assentados rostos que, até então, eu só conhecera em adultos nos quais estavam gravados vestígios de longas provações.

Improvisação

Depois de algum tempo conseguimos adquirir um imóvel. Um casal sem filhos queria uma moradia menor. Eu era responsável pelo uso correto dos fundos do projeto, o que significava burocracia e todo tipo de certificados e atestados. Duas vezes nos surpreendemos com a informação de que o proprietário queria voltar atrás na venda. Tomara nossa insistência em obter uma documentação correta como desconfiança ofensiva. Esclarecemos que nosso contador não se daria por satisfeito com uma compra firmada por um aperto de mão.

Começaram os complicados trabalhos de reforma. Como acontecera na construção do Pro-Cid, no Jóquei Clube, o mestre de obras da favela, que adquirira suas competências de forma autodidata, foi decisivo. Sem ele, não teríamos chegado muito longe. Logo acabou o dinheiro. Todo o montante previsto para os equipamentos já tinha sido gasto. A estrutura da edificação previa a carga gerada por uma família, mas não as atividades que tínhamos pela frente. Portanto, precisamos instalar pilares de sustentação e vigas para o teto, que tinham altos custos e consumiram nossos fundos. Ainda havia o suficiente para uma escada até um segundo piso imaginário, mas a escada levava ao nada. Depois do final do projeto, o grupo local conseguiu levantar recursos para a construção do piso superior.

Chega a contribuição solidária

A República Democrática Alemã (RDA) recolhia uma contribuição solidária para o financiamento de projetos de desenvolvimento. Depois do fim da RDA, os ativos acumulados foram incorporados a uma fundação. Consegui angariar recursos dessa fundação. Pudemos comprar as máquinas de costura. Depois do fracasso de nossa tentativa de organizar um curso formal com o Senai, elaboramos um curso livre de corte e costura industrial. As instrutoras eram três mulheres que costuravam em casa as partes dos jeans para a indústria têxtil de São Gonçalo. Quem quisesse capacitação nessa área tinha que procurar muito até encontrar um curso daquele nível. Também vieram mulheres de comunidades distantes, a propaganda boca a boca funcionou. Um grupo de mulheres que terminou o curso fundou uma cooperativa. Haviam descoberto pela internet uma outra cooperativa que cultivava tilápias.

Foi firmada uma cooperação, nossas costureiras compravam o couro dos peixes, que curtiam, tingiam e transformavam em jaquetas, bolsas e capas de almofadas. Vendiam seus produtos em mercados regionais da economia solidária. Com o dinheiro da Alemanha Oriental também compramos computadores para cursos de informática e para um cibercafé. O cibercafé era importante porque as pessoas que terminavam os cursos podiam relembrar ali o que aprenderam. Daniel, do grupo de teatro, era um excelente monitor.

Mil pequenos passos – um grande salto

Nosso caminho para criar um centro importante para duas favelas era composto de muitos pequenos passos. Lembro-me dos encontros com os grupos locais. Tínhamos diante de nós essa ou aquela atividade do projeto a realizar. Mostrei uma folha A4 e dizia: esse retângulo é a atividade que queremos realizar. Com o dedo, indiquei um canto na folha: se desenvolvermos juntos esse cantinho, se cada um e cada uma contribuir com sua parte, venceremos. Se eu lhes disser o que devem fazer para implementar a atividade conjunta com pontualidade e precisão, tudo será em vão. Atuaremos em conjunto e cada vez mais vocês perceberão que "Isso somos nós. Construímos isso com nossos corações, cabeças e mãos."

Quando eu dizia, nas reuniões do CAMPO: "Nossa tarefa mais importante é nos tornarmos desnecessários", esbarrava em olhares céticos dos colegas. Eu via nosso papel como catalizador. Para que o nosso trabalho tivesse um efeito sustentável precisava tratar de autoempoderamento, iniciativa própria e aquisição de conhecimentos obrigatórios para o desenvolvimento comunitário solidário, habilidades, autoconfiança do indivíduo e confiabilidade recíproca dos atores na comunidade. Tratava-se de despertar, encorajar, libertar o que já existe nas pessoas, em vez de deformar algo nelas a partir de fora, de cima para baixo. Nem sempre consegui concordância com a minha postura antiautoritária. Eu pregava aquilo para uma cultura que ainda estava bastante impregnada de hierarquia e autoridade. Quase não existiu revolta antiautoritária no Brasil, como volta e meia notava. Com todo esclarecimento trazido pelo CAMPO, com toda a atuação solidária, com toda a ênfase no comunitário – nas situações difíceis, chegava-se às vezes a uma regressão autoritária. Tinha dificuldades em aceitar isso sobretudo porque, às vezes, eu ficava entre as várias posições. Sentia-me comprometido com o CAMPO e com os grupos locais, mas ao mesmo tempo era representante do Serviço pela Paz Mundial. As funções eram conflitantes. Também na vida privada vivenciei coisas que me deixavam de cabelo em pé. No Brasil, a esquerda é parte da classe média e a classe média tem empregados domésticos. Quando via onde a empregada dormia, quando vivenciei o inacreditável abismo cultural e mental entre dona de casa e empregada, tive dúvidas a respeito do que eu vinha fazendo.

Quando os pobres fazem oposição e lutam, fazem-no de um modo estreitamente vinculado à sua realidade de vida. Quando os sem-terra ocupam terrenos, fazem-no não por convencimento político de combater o capitalismo, mas na esperança de receber um pedaço de chão, com o qual possam alimentar sua família. Quando os moradores das favelas lutam, no final precisa resultar algo que torne o seu dia a dia mais suportável. Emília e seu grupo local haviam participado da capacitação para multiplicadores. Seu objetivo era fundar uma casa para mulheres em São Gonçalo. A violência doméstica é endêmica na favela. Além das mulheres, quem mais sofre com isso são as crianças. A prefeita evangélica e reacionária era contra uma casa para mulheres. Emília e seu grupo mobilizaram os vereadores eleitos, e a prefeita foi vencida na votação. Nada espetacular, mas as mulheres ficaram muito orgulhosas de seu sucesso.

A favela tem um longo caminho pela frente. Quem luta de forma solidária pelo desenvolvimento de sua comunidade precisa de conhecimentos para resistir e, sobretudo, precisa saber que pode vencer. Isso começa no campo individual, pessoal, com a seguinte descoberta: *Nossa, não pensei que fosse capaz de fazer tal coisa!* Ninguém luta por ser oprimido, por ter injustiças diante dos olhos ou por sofrer com elas. Quando as pessoas lutam, é porque acreditam que podem vencer. O *know-how* faz parte disso. Não é uma garantia, mas dá uma determinada sensação de segurança. Alguém pode imaginar até que ponto a ideia – de voltar-se ativamente contra quem faz a política e a economia, de revoltar-se – está distante da imagem que os pobres têm de si, depois de terem sido induzidos, por gerações, a acreditar que nada sabem, que não prestam, que são criminosos? Se a polícia continua matando pessoas da favela, em especial jovens negros, e nada acontece, qual será o efeito disso na autoestima dos moradores? Além disso, a competição, a difamação interpessoal, as vaidades pessoais, a inveja! As telenovelas mostram diariamente aos pobres como funciona essa livre economia de mercado interpessoal. No Coletivo de Pacientes Socialistas tínhamos muito tempo para analisar e elaborar tudo isso. Mas aqui na favela tive de assistir, impotente, à dissolução de uma cooperativa de costureiras, posta em funcionamento a muito custo, porque algumas mulheres haviam ocultado uma encomenda das demais participantes da cooperativa. Por sorte, foi uma exceção. Mas às vezes acontecia de pessoas dos grupos locais se enredarem indefesas em disputas competitivas ou terem dificuldades com colegas do CAMPO, sem verem uma saída.

Tambores para Carlos Marighella

Mas os exemplos positivos sempre predominaram. Na área do projeto fica a comunidade de Ilha de Itaoca, uma península muito pobre e carente. As famílias vivem da pesca na Baía da Guanabara, as mulheres pescam siris nos pântanos. Quando os siris chegam aos nobres restaurantes de Ipanema, o preço por quilo é cinco vezes maior do que o valor que as mulheres conseguiram com o primeiro intermediário. Com chuva pesada não é possível passar pela rua de acesso. Lá fica o CIEP Carlos Marighella, uma das poucas boas escolas públicas que conheci. CIEP significa Centro Integrado de Educação Pública, vulgo *Brizolão*. Leonel Brizola, duas vezes governador do Estado do Rio de Janeiro, implementou centenas dessas escolas direcionadas para as necessidades dos filhos das famílias pobres e que representavam conceitos pedagógicos avançados. Além da aula regular, havia atividades culturais e esportivas, as crianças recebiam três refeições e tinham acompanhamento médico e dentário. Os sucessores de Brizola deixaram o projeto CIEP degradar.

Carlos Marighella foi um combatente da resistência contra a ditadura militar brasileira. Liderou um grupo de resistência armada, o ALN (Ação Libertadora Nacional), e foi morto a tiros em uma emboscada, em 1969, logo após o sequestro do embaixador dos Estados Unidos no Brasil, Charles Burke Elbrick, pela guerrilha. Várias escolas foram nominadas em homenagem a Marighella. É o autor do *Minimanual do Guerrilheiro Urbano*, que teve sua primeira tradução alemã publicada em 1970, no periódico Política Socialista (*Sozialistische Politik*), editado pelo Instituto Otto Suhr da Universidade Livre de Berlim.

Com sua liderança engajada e criativa, Tânia, a diretora do CIEP, estruturara uma escola que honrava o conceito original do programa. Mandara construir e mobiliar um anexo para uma biblioteca. As publicações mais incomuns ficavam em um armário com portas de vidro. Entre elas, descobri uma edição do periódico *Foreign Affairs* de 1936. Tinha sido encontrado com outros livros no lixão, em cuja entrada principal bifurcava o caminho para Itaoca. Em algum lugar, Tânia havia arrematado doze computadores novos. Queria organizar cursos de informática para os alunos, o problema era que em toda a escola ninguém sabia lidar com os computadores. Assim, veio Daniel, do grupo de teatro, e ensinou aos professores.

A escola lidava bem melhor com tambores. Fundou a Banda Carlos Marighella, com 84 tambores. Cabiam em dois ônibus de quarenta e dois lugares cada, pois a Banda estava sempre em trânsito, bem além das fronteiras do Estado do Rio de Janeiro. Uma sala adicional teve de ser instalada para guardar os troféus que a banda ganhou, estimados em mais de cem. Nunca vi nada igual. Nos armários e nas estantes havia uma monstruosidade ao lado da outra, era um design que faria esses troféus sobressaírem em qualquer lugar do mundo. A banda de tambores certamente teria agradado a Marighela, nascido e crescido na Bahia, o estado mais africano e negro da Federação.

Mas agora, a ilegalidade e a clandestinidade haviam ganhado outros contornos. Tânia levou-me até um bar de beira de praia, onde sentamos à sombra das árvores e comemos peixes, ao que parece, da Baía da Guanabara. Segundo Tânia, os traficantes de drogas das favelas do Rio também costumavam ir de motocicletas até lá para passar um dia agradável. Era mesmo um bonito recanto. Mas daquela vez éramos os únicos visitantes.

Luta armada na favela

Quando há vinte anos, o casal Guimarães quis reformar sua casa na rua Pedro Ernesto, no bairro da Gamboa, zona portuária, os peões encontraram ossadas durante as escavações. Os arqueólogos descobriram que os restos mortais eram de vinte e oito pessoas de origem africana, sobretudo de jovens do sexo masculino. Havia sido descoberto um cemitério de escravos criado quase duzentos anos antes. Quanto ao tipo de vítima, até hoje nada mudou. Conforme uma Comissão Parlamentar de Inquérito, são assassinados em média no Brasil sessenta e três jovens negros por dia, parte pela polícia, parte pelo tráfico. O palco desse genocídio é a favela.

O centro comunitário do Salgueiro fica em uma avenida asfaltada. É um pouco íngreme e flui para um grande cruzamento. No meio desse cruzamento há um ponto elevado, sobre o qual fica um trailer rodeado por uma parede de sacos de areia. É o posto policial. Os policiais raramente são vistos. Também para quê? Não tinham qualquer tipo de contato com os moradores. Ninguém queria ser visto falando com um policial. Poderia levar a consequências mortais por parte do tráfico. Para mim ainda era uma charada o que os policiais faziam ali, embora soubesse, é claro, que tinham negócios eventuais com o tráfico. Quem era o poder e quem era o poder paralelo? Salgueiro, assim se chamava, era uma cidadela do tráfico. Quando eu tentava falar com os colegas dos grupos locais sobre temas como "polícia" ou "tráfico", sempre esbarrava em respostas lacônicas. Não se falava sobre aquilo, muito menos com um gringo. Eu não me destacava apenas pela aparência. De tempos em tempos, mesmo na favela vê-se alguém que é branco como uma barata descascada, como o humor brasileiro, às vezes pesado e com um traço de zombaria, descreve a cor incomum da pele. Eu chamava atenção pelo modo como me movimentava. Aquele gringo que aparecia no bairro mais de uma vez por semana, já devia ser conhecido do tráfico. Também da polícia, ao que parece. Eu sabia que era monitorado por eles, portanto, meu risco era calculável. Mas bem ao contrário, eu não os conhecia.

No final da rua que, depois de passar por um supermercado sujo e desarrumado e por uma igreja evangélica, já não era mais pavimentada, ficava a creche autogerida apelidada Serpa. Oitenta crianças eram atendidas ali em tempo integral, em grupos correspondentes às respectivas idades, com atividades que promoviam o desenvolvimento físico e mental. O Serviço pela Paz Mundial e os moradores das favelas de vez em quando divergiam sobre aquilo. Quando o CAMPO veio com a ideia de oferecer cursos de informática como parte do programa da pré-escola em creches, o escritório de Berlim reagiu com estupefação. Mas diretoras das creches sustentavam: *Sim, é bem isso que nossas crianças precisam para poder competir com as crianças da classe média.*

Primeiro, a creche era coordenada por Sonia, depois por Raimunda, a "Baixinha". Descendente de índios, tinha conhecimento de ervas medicinais.

Ela fizera um jardim no terreno da creche, onde os moradores podiam se abastecer das ervas. Remédios de farmácia – que, aliás, nem havia nas duas favelas – eram inacessíveis. Baixinha explicou-me tudo: tal planta tem efeito antibiótico, tal outra é boa para problemas estomacais, aquela serve para queimaduras. As crianças mais crescidas podiam visitar o jardim com Baixinha e com ela aprendiam tudo sobre as ervas medicinais e para o que serviam.

No andar de cima havia uma sala maior que, de tempos em tempos, podíamos usar para a formação de multiplicadores. Ao lado, ficava o escritório de Sonia, Baixinha e Ângela, que era responsável por toda a papelada. Um dia, Sonia me puxou para a pequena sala e tirou álbuns de fotografias da gaveta. Havia fotos de todos os anos letivos: as festas juninas, nas quais o Brasil rural e seus caipiras são celebrados e caçoados, sempre voltavam a aparecer; também o Natal, com chapéus de Papai Noel cobertos de peles, a 40 graus na sombra. Mas Sonia insistia em apontar com o dedo para rostos de meninos: este já está morto, aquele e aquele outro também. Pelo menos dez dos ex-alunos haviam sido atingidos por balas da polícia ou haviam deixado suas jovens vidas na guerra entre facções de traficantes. A expectativa média de vida de quem está no tráfico é de vinte e três anos. Para tornar explícita a dimensão do problema com outros números: nos Estados Unidos, com seus trezentos milhões de habitantes, a polícia matou, entre 2009 e 2015, cerca de mil e quinhentas pessoas; no Estado do Rio de Janeiro, com aproximadamente dezesseis milhões de habitantes, no mesmo período, foram quatro mil e quinhentos.

Antes que o centro comunitário e de capacitação profissional pudesse ser inaugurado, precisava ser aprovado e aceito. O normal é pensar que isso é com a prefeitura. Não no Salgueiro. Um colega do grupo local teve de ligar para um número de celular. Atendeu um chefe do tráfico local. Ele estava na cadeia e de lá cuidava de seu território. O colega teve de responder a uma lista infindável de perguntas, só depois disso pudemos inaugurar o centro. Não era recomendado deixar de seguir as ordens do tráfico. Este interfere em tudo. Uma professora quis fazer uma aula contra o abuso de drogas. Souberam e proibiram a aula. Não deixariam que uma professora estragasse os negócios, e por que deveria a professora, com uma remuneração aproximadamente mil e quinhentos reais na época, colocar sua vida em risco?

Aprendi normas de comportamento a serem observadas. Ao passar pelo território do tráfico, os vidros, geralmente fechados devido ao ar condicionado, precisavam ser abertos. Era o sinal de que não se tinha nada a esconder. Mas quando, em outra ocasião, me afligia pelos buracos de lama à noite, um homem jovem que parecia voltar do trabalho, perto do qual passei devagar, sussurrou que era necessário ligar o pisca-alerta. Ao fazer isso, não voltou a cabeça para mim, olhou bem em frente para longe, queria evitar, era evidente, ser observado enquanto falava com um gringo. Ligar o pisca-alerta era o sinal de que se estava avisado e se reconhecia o poder do tráfico. Um tipo de reverência em direção ao invisível.

Certa vez quisemos promover uma oficina em Palmeiras. Roberta, diretora de um pequeno centro comunitário, disse que avisaria ao tráfico que viríamos. Não poderíamos entrar com o carro. Logo vimos por quê. No acostamento havia três jovens, por volta de dezenove anos, de shorts Adidas, havaianas, pistolas automáticas. Tínhamos de passar por eles. Como se comportar numa situação daquelas? Deveria dar bom dia ao passar? Ou apenas ficar de boca fechada? Os rapazes pareciam bem sinistros, não se podia ver em seus rostos a alegria comunicativa dos brasileiros. De certo modo, antes, o tráfico local tinha raízes, os bandidos haviam nascido e crescido ali, os moradores os conheciam e vice-versa. Concedia-se um certo respeito pelos antigos vizinhos. Depois de inúmeras batalhas entre as facções do Comando Vermelho, Amigos dos Amigos ou Terceiro Comando, pela posse de áreas de atuação, o pessoal foi trocado reiteradas vezes e já não conhecia os moradores; não podíamos ter certeza de como reagiriam. Seria apenas uma demonstração de força, depois de Roberta anunciar o seminário, ou deveríamos esperar outra coisa? Foi uma sensação sinistra.

O lixão da região ficava numa colina vizinha. Muitas pessoas das comunidades próximas viviam coletando e explorando o que encontravam ali. Para que as mães, que remexiam no lixo o dia todo, pudessem ter os filhos perto, havia uma creche isolada no enorme depósito de lixo. Os supermercados do Rio descarregavam ali os produtos que haviam passado da data de validade. Quarenta e seis por cento da oferta de frutas e legumes dos supermercados acabavam no lixo, naquela época. Quantas vezes Baixinha recebeu crianças com dor de barriga por causa de alimentos de má qualidade! A educadora tinha de levá-los ao posto de saúde. Eu queria ter conhecido o depósito de lixo. Mas não foi possível. A entrada principal ficava nas mãos da prefeitura, as entradas laterais pertenciam ao tráfico.

Na praia

Para ser honesto, não vim ao Brasil para trabalhar como padeiro ou como cooperante na favela. O que me atraiu foi a atmosfera tão diferente do dia a dia. À primeira vista, havia uma leveza de ser, o desejo de contato e troca com os outros, humor, erotismo. Desde Stefan Zweig, tanta, coisa já foi escrita e dita sobre isso, que é quase impossível acrescentar algo sem repetir velhos clichês. De qualquer forma, eu estava relaxado. Os últimos anos não tinham sido assim tão divertidos, nem na ala de segurança máxima, nem no meu antigo meio político, onde o riso pode ser interpretado como sintoma de que eu ainda não compreendi a gravidade da situação.

Nos anos em que vivi no Brasil conheci muita gente com quem interagi, tanto na vida profissional quanto na vida privada. Brasileiros, alemães e outros europeus, miseráveis e ricaços, colegas e jornalistas, professores da Escola Corcovado, intelectuais e analfabetos, artistas e gente do teatro, empresários e diaristas, pessoas com iniciativa e conformistas, pessoas vivazes e desmotivadas, professores e estudantes universitários e muitos mais. Com alguns poucos fiz amizades que permanecem até hoje. Nem todas as pessoas que conheci, que acompanhei, ficaram vivas na minha lembrança. Nem todas as lembranças são sempre agradáveis. Mas ainda percebo esse pequeno universo em que me mobilizei, como enorme enriquecimento. Deixei para trás o ambiente uniforme da esquerda radical alemã, no qual até mesmo uma relação amorosa só era aceita se ela ou ele defendesse exatamente a mesma linha política. Quando pisei pela primeira vez solo brasileiro, falava um portunhol escabroso e conhecia *um* único brasileiro. Sentia um desejo de descoberta, queria sair daquela estreiteza, queria atravessar fronteiras. Aprendi a aceitar as pessoas, fazer amizade, ainda que nem sempre concordasse com suas opiniões. A gente brigava. Podia ser desagradável. Mas a relação permanecia.

Posto 9

No Posto 9, o trecho da praia de Ipanema em que se reuniam intelectuais, jornalistas, universitários e artistas, ficavam os guarda-sóis e as cadeiras de praia onde Isabel e sua turma tagarelavam ou discutiam. Ali conheci Vera, autora, literata, professora da UFRJ. Em seu pequeno e poético volume autobiográfico, *Desejo de Escrita*, ela menciona ter-me conhecido na praia. Levou-me ao Café Lamas, onde, no início da ditadura militar, encontrava-se com seus companheiros para tomar coragem antes das manifestações. Através de Isabel e Vera conheci outras pessoas. Gostava da variedade que experimentava nesses ambientes tão diferentes. Eram pessoas com opiniões e valores semelhantes aos meus, que, muitas vezes tinham suas raízes políticas nos protestos contra a ditadura militar e no Movimento de 68 no Brasil, que ajudaram a construir o PT, representante da esperança, ou que apoiavam o movimento dos sem-terra, mas aprendi a lidar de forma construtiva com pontos de vista e avaliações com os quais não podia concordar sem restrições.

Nós discutíamos, mas continuávamos a nos dar bem. Não podia ser diferente em um tempo em que as velhas certezas se tornaram mais pálidas e ainda não se reconhecia bem os novos caminhos. Eu deixei para trás o ambiente radical de esquerda na Alemanha, onde as disputas eram sempre as mesmas.

Às vezes, gostava de ir à praia sozinho. Durante a semana, via muita gente. Agora, no domingo, queria estar comigo mesmo, comprar uma cerveja com o vendedor ambulante e sonhar acordado debaixo do guarda-sol. Esses camelôs vendem de tudo: bebidas, biscoitos, cocos, relógios, biquínis, chapéus de palha, sorvete, protetor solar, lagosta grelhada. Alguns vinham em túnicas brancas até o tornozelo e ofereciam especialidades árabes com seu jeito cantado de anunciar *Arab-iiii quibe e esfiha*; outros tinham uma deliciosa salada de frutas. Quanto a mim, achei o queijo assado o mais tentador. O camelô carregava um forninho a carvão no qual assava pedaços de queijo branco.

O dia inteiro, no calor do verão, os camelôs carregavam pesadas caixas de isopor pela praia quilométrica. Nem por meia hora eu conseguiria fazer aquilo. Às vezes, conversava com eles, interrogava-os. Lembro-me de um que se sentou à beira da Avenida Atlântica no final da tarde, completamente esgotado. Era difícil avaliar sua idade, mãos calejadas, rosto curtido pelo sol. Começou a falar, contou que era de uma favela perto de Belfort Roxo, a vinte quilômetros da praia, e isso significava uma hora e meia de volta para casa. Quis saber quanto ganhara naquele dia. Talvez 80 reais, cerca de trinta dólares ao câmbio de então. Deve ter sido o seu volume de negócios, não o seu lucro. Por que não ia para casa? Preferia esperar, pois naquele horário sempre havia assaltos nos ônibus, em que crianças, mulheres e homens, que voltavam do duro trabalho na praia, perdiam a pouca grana que tinham ganhado. *Dois meses atrás, na sexta-feira à noite no ônibus, o salário semanal de faxineira de minha esposa foi roubado. Não temos agências bancárias perto de nossa casa, para as quais o salário possa ser transferido!*

Na praia, também conheci uma trabalhadora do sexo. Era muito simpática e me contou a seu respeito e sobre seu trabalho. Fazia parte do grupo de jovens que vêm do desolador nordeste para ganhar algum dinheiro com o trabalho sazonal no Rio, como no Carnaval ou na Cúpula Ambiental. Com as economias, voltam para Fortaleza, Itarema ou Maranguape, onde abrem um pequeno negócio, um bar ou um salão de manicure, do qual conseguem viver.

Samba

Ao contrário dos meus amigos de esquerda, ex-participantes do movimento de 68, eu preferia o ambiente mais plebeu. Chamava atenção no meu meio, até devido a algumas de minhas preferências culturais. Quando dizia que era fã de Zeca Pagodinho, torciam o nariz ou lançavam olhares de desaprovação. Preferiam as letras de nível intelectual mais rico de Maria Bethânia, Chico Buarque e Caetano Veloso. Zeca Pagodinho é o cantor das favelas. Uma de suas canções mais conhecidas era *A faixa amarela na entrada da favela.*

Certa vez, Zeca deu um show na Lapa, o bairro boêmio do Rio, não muito longe de meu apartamento. O palco foi montado sob os Arcos da Lapa, enorme aqueduto sobre o qual, há pouco tempo, o bonde de Santa Teresa ainda passava aos trancos e solavancos em direção ao centro da cidade; Zeca cantou ao lado do seu famoso copo de cerveja. Sentia-me um pouco estranho. Adolescentes negros pulavam e dançavam perto de mim, eu tinha a impressão de ser o único branco num raio de quilômetros. No momento em que começou a música da favela, o bonde passava pelo aqueduto. O motorista foi para trás e para frente com o bonde, no ritmo do samba e, no mesmo ritmo, piscava os faróis.

Entre os colegas do CAMPO, Naldo era o grande sambista, como já mencionei. Sua escola era a Portela. Todos os anos as escolas de samba desfilam no sambódromo durante o carnaval e sempre saem com um lema ou um tema definido. Trabalham o ano todo na interpretação e na representação desse tema. O samba faz parte disso, é claro, composto apenas para esses quarenta minutos, tempo de duração do desfile. Uma competição é anunciada, o melhor projeto é selecionado em um evento especial. Fui convidado por Naldo para ir com meu amigo Jens ao tal evento, a saber, ao Clube Sírio Libanês, em Botafogo.

Era um salão muito grande. Estava superlotado. Não consegui reconhecer uma estrutura ou uma ordem naquela agitação. Quem eram os atores, quem eram seus simpatizantes, quem era a audiência? Havia um júri? Como votavam? Uns sobre os outros, tudo e todos se atropelavam sem distinção. Mas a competência exigida ali não era mesmo o entendimento. Não se precisava da cabeça, apenas de coração e pernas. Um grupo após o outro, os competidores lançavam seu projeto de samba para o salão e todos dançavam juntos. Todos; e no final, de alguma forma, havia um vencedor. Acima daquela euforia no salão, elevava-se a bateria. Em um palco estreito, meia dúzia de bateristas negros, robustos e suados tocavam seus surdos. "Surdo" é o nome do maior de todos os tambores – ao mesmo tempo, significa "alguém que não ouve". É fácil adivinhar o porquê. Não era uma batucada agitada, ao contrário, surgia majestosa, com ritmo moderado, bem sincronizada, era uma anunciação. Tive a impressão de uma força incansável. O salão tremeu. Era a Bateria da Portela.

Encontros

Outro grupo em que às vezes me movia era o dos colegas europeus, pessoas que trabalhavam na Escola Alemã Corcovado, jornalistas, correspondentes e guias turísticos, uma fotógrafa, ex-alunos aos quais ensinara alemão. Nós nos encontrávamos em bares ou festas, na inauguração da nova residência oficial, nas transmissões da Copa do Mundo ou em outras oportunidades. De vez em quando dava uma festa na minha casa. Lá em cima, uma escadaria com cento e oitenta e seis degraus – que subi e desci tantas vezes – levava a um clube de jazz chamado Triboz. Mike, um australiano, proprietário e trompetista, além de ter muitos clientes, contava com uma banda permanente. Bateria, um negro enorme no baixo e ao piano delirava Tomás Improta, que muitas vezes também mostrava uma ternura comovente em suas teclas pretas e brancas. Era o *bebop* que eu conhecera nos meus dias de estudante, em Karlsruhe. A cada par de semanas eu enviava um e-mail circular convidando para uma noite de jazz.

O Rio era, sem dúvida, uma escala popular para todos os tipos de celebridades reais ou imaginárias. Tive encontros interessantes e outros, que preferiria nunca tivessem acontecido. Houve momentos em que a minha história da RAF veio à tona. Tomei cerveja no Goiabeira, nosso bar favorito em Santa Teresa, com um dos três membros do SPD – Partido Social-Democrata da Alemanha, no Congresso, que naquela época haviam se oposto à aprovação da lei de incomunicabilidade total e, por isso, haviam sido fortemente criticados por Wehner. Alguns passos adiante troquei algumas palavras formais com Wolfgang Thierse em uma festa improvisada. Não fui à roda de cerveja com Stefan Aust. Em outra ocasião, o homem a meu lado na mesa revelou ser um dos médicos envolvidos com a alimentação forçada no sétimo andar do presídio de Stammheim. Era a última coisa que eu precisava naquele momento. Tivera uma semana agitada e só queria relaxar. No entanto, tive de discutir por uma hora com aquele sujeito, que ainda espumava de ódio. Ele não tinha condições de fazer uma discussão objetiva, preferia jogar merda no ventilador.

Meu círculo de amigos e conhecidos não era apenas um apoio social, mas também uma ajuda importante em nosso trabalho. Uma boa amiga foi Anja, fotógrafa que vez por outra fotografava para o CAMPO. Florian, um câmera freelancer, e ela produziram um vídeo, inclusive com legendas em alemão, sobre a creche da Fazenda dos Mineiros; Carsten Thurau e sua equipe fizeram uma gravação de nossa peça sobre gravidez precoce para o programa de televisão Mona Lisa; Arndt, que entrementes se mudou para Seul com seu namorado, produziu um vídeo sobre a inauguração do centro CIDC, no Salgueiro. Eu costumava sentir que a dificuldade em transmitir minhas vivências e experiências para a Alemanha era um grande déficit. Claro, a cada seis meses enviava um relatório para o Serviço pela Paz Mundial, mas esses relatórios eram escritos no jargão técnico da linguagem burocrática e, por certo, não serviriam para agitar alguém na Alemanha. Fotos e vídeos eram um apoio importante, também para as parcerias na Alemanha.

Mais de uma vez tive de responder perguntas surpreendentes. Quando dividimos um táxi, o diretor de uma instituição alemã, uma pessoa inteligente e compreensiva, quis saber se eu podia entrar legalmente na Alemanha. O chefe do setor de Cooperação Técnica Internacional da Embaixada Alemã em Brasília, a quem fiz uma visita formal ao tomar posse, não acreditou que eu tivesse um passaporte, mesmo sabendo que meu contrato estava em conformidade com a Lei de Assistência ao Desenvolvimento. Além disso, eu sabia que o Ministério das Relações Exteriores da Alemanha instruíra as representações diplomáticas no Brasil a me tratar com reservas, seja lá qual for o sentido disso. Mas sempre fui tratado de modo correto e cortês nas representações alemãs. Mesmo que não fosse, aceitaria.

Um bom filme de ação

Meus colegas conheciam minha história da RAF. Isso quase nunca era tema de conversas, apenas em algumas ocasiões fui abordado a esse respeito. Alberto Dines, autor de *Morte no Paraíso, a tragédia de Stefan Zweig*, um livro sobre a vida e o suicídio do escritor austríaco no Brasil, quis-me convidar para uma mesa redonda na então TV Educativa (hoje TV Brasil) depois dos atentados de onze de setembro. Recusei-me, fazendo referência ao meu visto.

Quando o filme *O Grupo Baader-Meinhof* (*Der Baader Meinhof Komplex*), baseado no livro de Stefan Aust, foi exibido nos cinemas brasileiros, as salas ficaram lotadas. O gênero do filme de ação e bem-conceituado entre os jovens do Brasil. Thea, amiga e fundadora do curso de idiomas *Baukurs* em cuja casa morei por um tempo, convidou-me para dar uma palestra sobre o filme. Vieram muitos jovens, surpreendentemente bem informados e engajados. Também havia no público duas senhoras idosas. Faziam parte do Clube Germânia. Esse clube era frequentado por alemães que ainda não perceberam que os tempos coloniais acabaram. As duas senhoras queriam saber por que nos ocupamos apenas dos presos da Alemanha Ocidental e não também daqueles da Alemanha Oriental.

Gosto de lembrar de um evento com palestra e debate sobre o tema RAF, na Universidade Federal de Belo Horizonte, para o qual fui convidado por uma professora do Serviço de Intercâmbio Acadêmico Alemão (DAAD) me convidara. Havia cerca de 40 alunos na sala, foi uma discussão de alto nível. Lembro-me em particular da primeira pergunta feita por uma aluna. Queria saber o que eu pensava sobre Horst Mahler. Nesse caso, porém, tive que responder: *Nada*.

O movimento dos movimentos

Em janeiro de 2005 fomos a Porto Alegre participar do Fórum Social Mundial. Éramos seis ou sete colegas do CAMPO, além de mulheres e homens dos "nossos" e de outros grupos locais. Em 2001, o Fórum Social Mundial fora realizado em Porto Alegre pela primeira vez, uma das razões para a escolha do lugar era o conhecido orçamento participativo da cidade. Na época, participaram vinte mil pessoas, agora, em 2005, seriam cento e cinquenta e cinco mil. Oitenta por cento eram do Brasil, vinte por cento de outros países, em sua maioria da Argentina, Estados Unidos, Uruguai e França. Entre os participantes brasileiros, um terço eram ONGs, pouco menos de um terço eram movimentos sociais que atuavam nas áreas de educação, organizações de base, assistência social, direitos humanos econômicos, sociais, culturais e ambientais e na luta contra a discriminação.

Todos estavam reunidos em Porto Alegre para conectar movimentos de diferentes áreas com movimentos críticos ao neoliberalismo. Nesse espaço de debates, aberto e não hierárquico, *um movimento dos movimentos* haveria de opor um novo internacionalismo à globalização neoliberal. O lema do encontro era: um outro mundo é possível.

No Brasil, longas distâncias são vencidas por avião ou ônibus. Sem dinheiro para o avião, fomos de ônibus. Na minha memória, a jornada durou uma eternidade. Com certeza isso era devido à repousante falta de acontecimentos de uma viagem de ônibus através de uma paisagem montanhosa, com dois ou três bois no horizonte aqui e ali ou, em certos pontos, algumas cabanas reunidas ao longo da estrada. Em comparação com o Rio de Janeiro caótico e muitas vezes decadente, as cidades do interior que atravessamos davam uma impressão de ordem. Muitas vezes as calçadas eram caiadas e até os carros da polícia pareciam mais civilizados. Não eram aquelas charangas semi-enferrujadas – e tripulantes idem – que eu conhecia do Rio. O relaxante passeio foi interrompido por um viaduto. Não me lembro se desabou ou se estava correndo risco de cair. Só sei que ficamos horas parados antes de continuar.

Os condenados da Terra

Chegamos bem a tempo de participar da grande caminhada no início do FSM. Uma imensa multidão se moveu pela cidade, estimada em duzentas mil pessoas. Fiquei algum tempo na calçada para ver quem passava: havia *dalits*, da Índia, a casta dos intocáveis que vivem da limpeza de latrinas; os combatentes da Frente Polisário, que vivem em campos de refugiados no Saara; indígenas do Equador, lutando por seus direitos; a organização Via Campesina dos militantes plantadores de coca da Bolívia; os homens e mulheres do maior movimento social do hemisfério sul, o Movimento Sem Terra – MST, do Brasil; indígenas do Vale do Javari, na área de fronteira com a Colômbia; favelados que lutavam por uma economia solidária autogerida e muitos outros. Vi uma variedade infinita de grupos e pessoas, todas mostrando suas características culturais, muitas vezes usando suas roupas tradicionais, seus logotipos, faixas em diversos idiomas. Todos vieram para mostrar a si mesmos, suas lutas tão próprias, suas raízes culturais, suas necessidades e esperanças; esperavam encontrar ressonância em Porto Alegre a fim de conseguir apoio para suas lutas. Marchavam ali os condenados da Terra.

Mas também havia os representantes das organizações do hemisfério norte, dos Estados Unidos e da Europa. Toni Negri e a Attac (Associação pela Tributação das Transações Financeiras para Ajuda aos Cidadãos) debateram sobre se o mundo pode ser mudado sem que se assuma o poder no Estado; Eduardo Galeano – cuja principal obra, *As Veias Abertas da América Latina*, recoloca em pauta a tarefa infelizmente não resolvida do atual declínio de alguns governos socialdemocratas na América Latina – discutiu com José Saramago sobre "utopia e política". Meus colegas e eu descobrimos uma tenda em que se discutia um assunto no qual estavam muito interessados. Infelizmente se falava só inglês, que os colegas do CAMPO não dominavam, pois vinham de um sistema educacional diferente daquele dos intelectuais de esquerda da aurora boreal.

A grande maioria dos participantes era jovem e de esquerda, não representava nem os condenados da Terra nem os intelectuais de esquerda vindos do Norte. Eles defendiam a autogestão, a democracia de base, a orientação popular e, às vezes, um pouco de Woodstock. Segundo Naomi Klein, foi *um movimento com um não e muitos sim.*

Por fim, havia também um ou outro nome familiar de outras épocas de resistência e lutas revolucionárias. Da Argentina, veio Hebe Bonafini, uma das fundadoras do movimento de resistência contra a ditadura militar, as *Madres de Plaza de Mayo*; de Cuba, veio Aleida Guevara, pediatra e filha de Che; da Palestina, Mustafa Barghouti. No entanto, muitos, se não a maioria, vieram criticar Lula e suas políticas e se deixar levar por Hugo Chávez para uma jornada de esperança.

Chávez si, Lula no

Primeiro veio Lula. Fomos até o Gigantinho, mais uma mega-arena coberta, com espaço para um número infindável de pessoas. A atmosfera era animada, barulhenta, comunicativa ao modo brasileiro. Lula falou, foi vaiado, criticado, sobretudo pela falta da reforma agrária. Desde o golpe de 1964, quase nada mudou na excessiva desigualdade na distribuição das terras. Onde o MST ocupara terras improdutivas – que podem ser desapropriadas conforme a lei brasileira – não raro os posseiros eram aquinhoados com terras da União no sul do Amazonas, áreas de baixo rendimento. Houve críticas à aprovação de métodos de cultivo geneticamente modificado e a políticas neoliberais. Durante duas horas, revelou-se ali, na base, o protesto da sociedade civil o qual os governos liderados pelo PT teriam necessitado com tanta urgência. Era uma questão que nunca deixou de me ocupar, pois eu vinha de uma esquerda que pressionou o governo social-democrata de Brandt com sua rebeldia, seus protestos, sua resistência. Como isso poderia funcionar em um governo liderado pelo PT, exposto à pressão dos bancos, latifundiários e evangélicos e que, ao mesmo tempo, tinha certeza de que os protestos de rua não atravancariam seu caminho? Aquilo fortaleceria mais os componentes neoliberais de seu projeto de governo ou os de reforma social?

Quando Lula finalmente anunciou que viajaria para o Fórum Econômico Mundial em Davos, na Suíça, logo após o evento, as vaias não pararam mais. Sua assertiva de querer ser uma ponte entre Porto Alegre e Davos não foi aceita. Anotei algumas frases: *Essas pessoas aqui, que não querem ouvir, são filhos e filhas do PT que se revoltam. Isso é típico da juventude, um dia estarão mais maduros e nós os receberemos de braços abertos.* Até aquele momento, ele aquinhoara muitas pessoas competentes e inteligentes que ocupavam funções de liderança no setor das ONGs com postos lucrativos no aparelho governamental, esvaziando as ONGs. Isso contribuiu de modo significativo para o enfraquecimento das atividades de base.

Mesmo assim, os governos liderados pelo PT têm grande mérito. Aumentaram o salário mínimo e estabeleceram um programa de cisternas no semiárido nordestino, atormentado por períodos recorrentes de seca. Milhares de médicos cubanos vieram ao interior do país com o programa Mais Médicos, e o Plano Safra está ajudando os pequenos agricultores. O Bolsa Família introduziu um sistema de assistência social embrionário; com as quotas para os negros e pobres, com o programa de bolsas ProUni e o programa Sem Fronteiras, os pobres passaram a ter acesso a quase todos os cursos superiores, até no exterior, e muito mais.

Mas Lula só conseguia – ou só queria – imaginar engajamento político e participação política no âmbito do PT. Isso em um país onde havia e ainda há tantas abordagens socioemancipatórias. Na Terra da Pedagogia do Oprimido, de Paulo Freire, e do Teatro do Oprimido, de Augusto Boal! No país onde a Cáritas Católica lançou a economia solidária durante a crise do petróleo de 1973, através da qual inúmeros grupos de pobres auto-organizados aprenderam a tomar as rédeas de sua vida e a lutar por seus direitos! No país onde o sistema público de saúde do SUS busca realizar um sistema de saúde socialmente emancipatório e participativo, com uma hierarquia plana, de acordo com a Declaração da OMS de 1978, em um país, portanto, onde de modo algum é estranho sonhar com a autoajuda e a participação política dos pobres! Certo, sempre houve programas de governo em conjunto com grupos locais, mas estes só eram chamados para executar programas concebidos e decididos em esferas mais elevadas, como os de alfabetização ou prevenção da violência. Nenhuma palavra sobre participação política, um direito humano elementar. Os governos de esquerda ou social-democratas nem sempre anseiam tanto pela emancipação das massas. Isso pode levar a tumultos, greves e manifestações.

Dois dias depois de Lula chegou Hugo Chávez. *Chávez si, Lula no* – ele não queria ouvir essas palavras de ordem. Foi celebrado e aplaudido, mas também fez uso de todos os registros retóricos. Sabia embalar a audiência. Cantou *Comandante Che Guevara* com eles e, com voz patética, invocou repetidas vezes "*El Sul, El Sul*". Aquilo não correspondia ao grande esforço de Lula, que direcionou sua política externa ao sul, sobretudo para a África? Como Lula, Chávez confrontou-se com um sistema partidário corrupto e com oligarquias locais, implementava – às vezes para os pobres, às vezes com os pobres – uma agenda social e, como Lula, fechou os olhos para a grande questão da sustentabilidade de suas políticas e para a corrupção em suas próprias fileiras. Enquanto os preços das *commodities* subissem, ambos se fiavam naquilo que as veias abertas de suas nações traziam em receitas para o país. Quando os preços caíram, chegou a crise. Ainda assim, diria que Chávez estava mais próximo dos condenados desta Terra. Enquanto Lula se limitava a pagar, Chávez pagava e politizava, embora o empoderamento e a emancipação muitas vezes ficassem pelo meio do caminho. Portanto, aos meus olhos, o estilo de Chávez entrava em conflito com a descolonização das cabeças e dos corações.

O que resultou daquele Fórum Social Mundial? Um outro mundo é possível. Isso estava claro! Mas não foi possível responder à pergunta de como seria esse outro mundo, nem como chegaríamos lá ou como poderíamos construí-lo. Que campanha internacional poderia ser promovida? Deveriam a resistência e o trabalho em rede basear-se na situação dos condenados dessa Terra, nas lutas encorajadoras e militantes das camponesas indianas ou das faveladas brasileiras, ou seria necessária uma orientação estratégica baseada nos intelectuais de esquerda das metrópoles do norte? Muitas perguntas ficaram sem resposta ou nem foram colocadas. Uma insurreição precária.

No entanto, experimentei algo em um cenário paralelo, que era menos global, menos internacionalista, mas ainda mais consequente, o que, no entanto, ninguém poderia imaginar na época. Eu mesmo fui a esse encontro porque me fez lembrar de minhas primeiras atividades políticas, a Ação Ponto Vermelho (*Rote-Punkt-Aktion*), em Freiburg, sudoeste da Alemanha. O Movimento Passe Livre, o movimento pela passagem gratuita no transporte público, foi lançado em uma assembleia. Esse movimento viria a ser, em 2013, o ponto de partida e a combustão inicial para protestos, bloqueios e barricadas de milhões de brasileiros em duzentas cidades, sobretudo em São Paulo e no Rio de Janeiro.

Alguns meses depois daquele Fórum Social Mundial, em julho de 2005, começou a avaliação externa do projeto em andamento. Gabi Struck chegou de Potsdam; na função de perita brasileira, assumiu Liliane da Costa Reis. O projeto tinha agora quase dois anos, ainda havia outros dois anos de trabalho conjunto à frente. As duas semanas de avaliação conjunta, encontrando déficits e desenvolvendo sugestões de melhoria, fizeram bem a todos os envolvidos no projeto nos últimos meses e anos. Era um ambiente de trabalho diferente, agradável e até descontraído. Dar um passo atrás nos fez bem, tomar distância de nossas atividades cotidianas, muitas vezes estressantes, que deixavam pouco espaço para a reflexão crítica. Gabi e Liliane colaboravam uma com a outra e formaram uma dupla de hábeis profissionais. A avaliação do nosso trabalho conjunto foi muito positiva, e com isso foram lançadas as bases para outro projeto. Começamos a trabalhar sem saber das dificuldades e surpresas que enfrentaríamos.

As veias abertas da América Latina

Em 2009, quando Hugo Chávez presenteou o seu colega americano Barack Obama com uma das primeiras obras de Eduardo Galeano, *As Veias Abertas da América Latina*, a obra já tinha mais de trinta anos. Publicada em 1971, era leitura obrigatória da esquerda nos anos 1970. O livro podia ser lido como um romance policial, o que de fato era. Eu o li três vezes, a última vez na cadeia. Galeano descreve vários estágios da sangria efetivada pelas potências coloniais europeias e depois pelos Estados Unidos. Ouro, prata, cacau, algodão e muitos outros metais e matérias-primas da América Latina alimentaram as riquezas dos Estados Unidos e da Europa e seu desenvolvimento socioeconômico. O desenvolvimento dos ricos e o subdesenvolvimento dos pobres são processos complementares e interdependentes. No entanto, o próprio Galeano admitiu que o desenvolvimento das últimas décadas o levou a uma visão diferenciada das relações globais.

De fato, muita coisa mudou nos países que, em 1970, ainda eram considerados em desenvolvimento e pertenciam ao Terceiro Mundo, termo adotado em 1956 pelos estados não-alinhados na Conferência de Bandung em contraposição ao Primeiro Mundo (bloco ocidental) e ao Segundo Mundo (bloco oriental). Sem dúvida, o "ocidente" continua maciçamente enredado na exploração dos três continentes – Ásia, América Latina e África. O "ocidente" também é bastante criativo quando se trata de gerar causas para que milhões de pessoas tenham que se refugiar. Jean Ziegler tem toda razão quando diz que o pacto colonial está intacto, em especial no que diz respeito à África. Para o lugar da dispendiosa administração colonial foram as elites locais, garantindo, a baixo custo, o acesso continuado dos países do centro às gigantescas riquezas do continente. Quem insistisse na independência, perturbando a paz, como Patrice Lumumba e Thomas Sankara, era assassinado. Nem nos livros escolares franceses, nem nos ingleses, há uma revisão dos crimes coloniais. Não são poucos os ingleses que votaram a favor do Brexit e que ainda sonham com o Império Britânico, um sistema colonial cruel e global.

Hoje, no entanto, os parceiros africanos do Serviço pela Paz Mundial se queixam mais dos investidores chineses e indianos. E se o Brasil vive uma crise econômica profunda há algum tempo, isso se deve, em grande parte, ao declínio da demanda por matérias-primas por parte da China, antigo país em desenvolvimento, e à queda do preço das *commodities* no mercado mundial. Noventa e cinco por cento da produção argentina de soja vão *in natura* para a China, país que tem muito pouco solo em condições de produzir forragem para atender às necessidades da nova classe média que agora quer acrescentar carne ao prato de arroz.

Não é minha intenção discutir aqui teorias da dependência ou outras teorias políticas sobre o desenvolvimento. Mas a realização do sonho de uma vida melhor para as pessoas de São Gonçalo depende, em grande parte, da capacidade do Brasil de secar veias abertas, pelo menos aqui e acolá, de superar a situação precária dos fornecedores de matérias-primas e de *commodities*, de conseguir uma indústria social e ambientalmente compatível (ou seja, uma produção pós-industrial) e de ampliar a que já existe. Claro, o Brasil está no mercado mundial com alguns produtos de alta qualidade. A Embraer é a quarta maior fabricante de aeronaves do mundo e o software da Bolsa de Valores de Frankfurt é brasileiro. Mas essas histórias de sucesso são bastante singulares, o desenvolvimento industrial vem declinando nos últimos anos e o número de desempregados nesse setor disparou. Os programas dos governos liderados pelo PT, que permitiram o acesso de quarenta milhões de pobres a uma classe média baixa, são financiados sobretudo pelas receitas das exportações de produtos primários. Uma vez que esses programas dependem dos preços para petróleo, carne bovina e soja no mercado global, sujeitos a forte oscilação, sua sustentabilidade é incerta. Apontam mais para uma modernização da pobreza.

Uma lição em matéria de industrialização

No segundo semestre de 2007 – portanto, ainda durante a vigência do Projeto SOS Periferia, incentivados acima de tudo por seu sucesso – começamos a planejar o projeto consecutivo. Pouco antes do final do nosso trabalho, no final de janeiro de 2008, tinham surgido na imprensa brasileira as primeiras notícias de que a Petrobrás planejava construir um complexo petroquímico (Comperj) composto por sete fábricas de processamento de petróleo em Itaboraí, município vizinho à região do projeto. Os números veiculados na mídia quanto ao valor total dos investimentos e aos postos de trabalho diretos e indiretos variavam. No entanto, logo ficou evidente que esse projeto da Petrobrás mudaria de modo radical a região em que estávamos operando com sucesso há anos. Não sabíamos se deveríamos rir ou chorar. As perspectivas que se abriam excediam nossa imaginação. De onde viriam, na sonolenta Itaboraí, nas áreas de captação mais próximas e mais abrangentes, dezenas de milhares de pessoas qualificadas para aceitar os empregos anunciados? Em princípio, tudo apontava para a industrialização, para o processamento da matéria-prima petróleo. Empregos seriam criados também para participantes dos nossos cursos de serviços menos qualificados, não apenas seriam construídas fábricas como também moradias, estradas, supermercados, instalações de lazer. O afluxo de milhares de trabalhadores e empregados geraria uma enorme demanda por serviços. Com certeza também haveria sérios prejuízos e, como sempre, estes ficariam por conta dos pobres. Precisávamos urgentemente de assessoria competente e tínhamos de fazer nossas próprias pesquisas para ao menos ter uma primeira visão geral.

Organizamos um primeiro seminário, para o qual convidamos dirigentes do Sindicato dos Trabalhadores na Indústria do Petróleo e Gás do Estado do Rio de Janeiro. Desse modo, tomamos conhecimento das consequências da implementação de outro complexo petroquímico, em Macaé, a cerca de 400 quilômetros do Rio. Lá, o resultado foi uma cidade dividida: de um lado, a cidade dos vencedores, dos executivos, funcionários estrangeiros, fornecedores, da logística etc.; de outro lado, a cidade cada vez mais favelizada em que vivem os vencidos, moradores da localidade banidos para a miséria, que não têm mais a capacidade de arcar com o rápido aumento do custo de vida, aqueles com qualificação profissional inadequada, a maioria homens procedentes de todo o Brasil, que deixaram para trás suas famílias, no Maranhão, em Pernambuco ou no Tocantins. As consequências foram, e ainda são, o aumento da prostituição e a prostituição infantil, a violência, as drogas, o desemprego e uma grande afluência para as seitas evangélicas. De acordo com a imprensa, não há sequer uma pessoa na elite política de Macaé que não enfrente alguma investigação ou ação penal por corrupção ou apropriação indébita.

Percebemos de imediato que precisávamos enfrentar esse desafio, sob pena de ver anulados os bons resultados do difícil trabalho realizado na última década pelos grupos locais, pelo CAMPO e pelo Serviço pela Paz Mundial em favor dos pobres de São Gonçalo. Assim nasceu o Projeto Vida Ativa, um título que se refere à obra de Hannah Arendt, *Vita Activa*. O objetivo do projeto era resguardar de mais miséria os moradores de Itaúna e das comunidades vizinhas, sete favelas em que o CAMPO acompanha creches e centros de capacitação profissional, permitindo-lhes uma adesão bem-sucedida ao futuro desenvolvimento através de educação escolar e capacitação profissional. Graças às lições aprendidas no projeto anterior, o SOS Periferia, foi implementada uma agência de emprego. Além disso, era preciso, mais do que nunca, tratar de fortalecer e educar a sociedade civil regional para que fosse capaz de enfrentar interesses poderosos e uma administração municipal cujo interesse estava voltado para a reeleição.

O megaprojeto deveria entrar em operação em 2012, quatro anos depois. Isso era realista? Como avaliar? Quantas obras inacabadas foram deixadas para trás pelo governo, verdadeiras 'catedrais no deserto'... Seja como for, era melhor se antecipar.

São Gonçalo é uma típica cidade de chegada. Metade de seus habitantes são migrantes do Nordeste pobre e deficiente em educação, muitas vezes brutalmente expulsos porque o agronegócio assume o controle da terra e da água. A situação social em muitas comunidades já era precária devido ao influxo constante de migrantes do Nordeste; se viesse mais gente, isso poderia levar a novos conflitos e distorções. Tínhamos de agir com rapidez para estabilizar a situação nas comunidades com nossos modestos recursos. Pisamos no acelerador. Isso nem sempre ocorreu de modo participativo, o que haveria de sair caro.

'Catedrais no deserto'

Um grande problema era que, mesmo entre os jovens candidatos a emprego, muitos não tinham como comprovar a conclusão do segundo grau, condição para uma capacitação profissional certificada. Enquanto ONG, não nos era permitido oferecer ensino formal, apenas atividades complementares e de acompanhamento; como parte do novo projeto poderíamos promover alfabetização, supervisão escolar e instruções para aprendizagem autodidata com o propósito de concluir currículos escolares incompletos. Todos os nossos esforços para cooptar a prefeitura, solicitando que dessem uma pequena ajuda de custo aos instrutores, esbarraram em ações protelatórias. Nossas atividades de base com a sociedade civil não eram bem vistas lá. Afinal, aquilo não cabia aos favelados. É responsabilidade das autoridades.

Embora haveria um aumento na oferta de emprego na construção civil, sabíamos que aquele trabalho pesado e sujo não era muito procurado, em particular entre os jovens, embora um bom pedreiro tivesse trabalho para sete dias por semana. Muitos preferiam um emprego no escritório ou no comércio. Assim, também oferecíamos cursos de capacitação em serviços administrativos e comerciais. Eu até preferia que pudéssemos oferecer capacitação para ocupações mais sofisticadas, além do simples trabalho manual. Achava degradante, para todos os envolvidos, ter que servir a uma hierarquia social pré-concebida. Essa divisão em "andar de cima" e "andar de baixo", que tem sua origem na antiga sociedade escravocrata, ainda é um fenômeno inalterado no Brasil. Em nosso grupo de teatro eu descobrira quanto talento, quanta energia, quanto espírito de luta, quanta inteligência e esperteza há em tantos jovens da favela. O que frustra, na favela, não são apenas a pobreza material e o vácuo cultural, mas a falta de oportunidades para os jovens talentosos, simplesmente por inexistir a possibilidade de uma conclusão do segundo grau em sua área de abrangência.

Segundo o prefeito de Itaboraí Helil Barreto Cardozo disse em 2017, o esperado projeto Comperj *transformou-se em um terrível pesadelo*. Apenas uma das unidades de produção planejadas foi concluída. O início geral da operação foi adiado para 2023. O preço do petróleo caiu tanto que o investimento não compensa mais. A Petrobras está tão enredada na Lava Jato quanto a Odebrecht, maior empreiteira da América Latina, responsável pela construção do Comperj. Vinte complexos residenciais construídos para os trabalhadores da Petrobras e suas famílias estão vagos e à venda. Estamos falando de trinta mil pessoas desempregadas, oriundas de todo o Brasil.

Agenciar empregos a partir da base

Uma outra questão se colocava: como os graduados dos cursos de capacitação profissional podem arrumar emprego? Em São Gonçalo, não havia um só balcão de empregos do governo, muito menos agências de emprego. Muitos adolescentes nunca saíram das favelas. Uma visita a Ipanema equivalia a uma excursão ao exterior. *Eles verão logo de onde somos*. Os chiques departamentos de RH da cadeia de supermercados Carrefour ou da construtora Odebrecht, com suas secretárias ágeis e elegantes provocam um efeito intimidador em muitos jovens, e a insegurança inicial precisava ser superada.

Ajudávamos o jovem candidato a emprego em pequenos passos. Estruturamos uma agência comunitária de emprego. Era novidade em São Gonçalo. Uma equipe de agentes de recrutamento foi treinada: direitos do trabalho, candidatar-se corretamente a um emprego, manter um banco de dados, como se comportar em entrevistas de trabalho. Foi estabelecida uma rede de empresas que costumam contratar. A atividade foi divulgada nas comunidades. Para aliviar a ansiedade, os candidatos a emprego tiveram um treinamento para o processo de seleção.

Acima de tudo, queríamos fortalecer a sociedade civil, organizá-la melhor e ancorá-la na consciência das pessoas. As sete comunidades do projeto aderiram à rede Itaúna, assim batizada em homenagem à favela central, onde a agência de empregos estava em operação. Os participantes se alternavam em reuniões regulares de trabalho a fim de trocar experiências e planejar a continuidade dos procedimentos. A prioridade era o trabalho de divulgação. A mentalidade de *Deus vai ajudar, o governador vai ajudar*, disseminada entre os habitantes da favela, também era parte dos resquícios da escravidão. Preso por corrupção, o último governador, Sérgio Cabral, certamente não está mais em condições de fazer qualquer coisa. Não, só podemos ajudar a nós mesmos, somos os atores, somos nós que damos o tom. Valia a pena levar essa nova mensagem até as pessoas. Uma repetição do bem-sucedido projeto de teatro foi rejeitada, o assunto era muito complexo para levá-lo ao palco do teatro do fórum. Em vez disso, decidiu-se organizar uma feira de informação para a sociedade civil em uma praça central de São Gonçalo.

Para preparar a feira, Emília e eu vagamos duas semanas por labirintos burocráticos. Foram necessários ao menos doze registros e autorizações. Mulher negra de meia-idade e estatura forte, Emília era uma das guerreiras que durante muitos anos se engajou com astúcia e energia em favor de sua favela, Colubandé. Não me lembro de jamais tê-la visto de cara triste. Ela amava a vida, isso era evidente. Depois da capacitação de multiplicadores, ela desenvolveu outro projeto com várias companheiras, um abrigo para mulheres, e conseguiu impô-lo na câmara dos vereadores da cidade contra o veto da prefeita evangélica. Com Emília atravessei, portanto, a selva da burocracia de São Gonçalo. Em toda repartição ou departamento, Emília era conhecida e bem-vinda. Sozinho, eu estaria perdido. Fomos da sede do Corpo de Bombeiros para a Defesa Civil, de lá para a Cruz Vermelha e, em determinado momento, acabamos no Batalhão, o quartel do exército onde fica a Polícia Militar. A Policia Militar é o que na Alemanha chamamos de tropa de choque. Formada e organizada por soldados, lidera uma guerra sangrenta nas favelas, em particular contra jovens negros e crianças.

Esqueci por onde mais andamos naquela peregrinação. No final, ficou claro para mim que um cidadão normal estaria perdido se quisesse registrar um evento daqueles. Foi um trabalho em tempo integral por duas semanas, nas quais constantemente havia problemas complicados para resolver.

A feira foi um sucesso e muitas pessoas foram se informar. No final de 2011, quando o projeto terminou, estávamos bem na fita. Tínhamos oferecido capacitação profissional para muita gente. A agência conseguiu muitos empregos. Não tínhamos abolido o capitalismo em São Gonçalo, mas fizemos um bom trabalho. Numa sociedade em que as iniciativas dos cidadãos ao estilo de Stuttgart 21 – o movimento da sociedade civil que impediu a construção de uma nova e caríssima estação ferroviária – eram totalmente desconhecidas, mostramos às pessoas que a iniciativa coletiva a partir da base é viável.

E o Comperj? Enquanto escrevo estas linhas, insiro a palavra-chave no site brasileiro do Google. Pedro Parente, Presidente da Petrobras de maio de 2016 a maio de 2018, anunciou em junho de 2016, *que os trabalhos de construção do Complexo Petroquímico do Rio de Janeiro (Comperj), parados desde o ano passado, serão retomados.* A produção estava originalmente programada para iniciar em 2012, mas hoje, 2016, uma década após a cerimônia de inauguração, o Comperj ainda não está operacional.

Cada qual em seu lugar

Meus anos no Brasil estão entre os melhores da minha vida. Aprendi muito, sobretudo sendo de esquerda, coisas que eu nunca teria aprendido na Alemanha. Sentia-me em casa com aquelas pessoas que eram e são marginalizadas. Aquilo não era novidade para mim. Mantínhamos uma boa base de confiança, mas de vez em quando era limitada. Como assim, esse gringo do mundo rico veio até nós, na favela? Ninguém da classe média brasileira iria trabalhar ali. Quando estourou um conflito entre um grupo local e o CAMPO, os dois lados queriam que eu fosse o mediador. Era um voto muito claro de confiança. Eu aprendera que as decisões que o CAMPO ou eu tínhamos de tomar, muitas vezes na área de finanças do projeto, que traziam implícitas certas dificuldades ou exigiam alguma renúncia desagradável, eram aceitas pelos grupos locais se eu expusesse as razões para a decisão e respondesse às perguntas com franqueza. Era uma experiência nova para os favelados. Em geral, manda-se e se obedece.

O que achei mais exótico não foi o Carnaval, e sim a paralisia em que a sociedade brasileira permanece naquela profunda cisão. Aquilo era bizarro para mim. Convidado para jantar certa vez, cumprimentei a empregada doméstica com o habitual beijo no rosto. Em consequência, os lugares à minha esquerda e à minha direita permaneceram livres. Eu lançara um coquetel molotov na autoimagem cultural de uma classe média cujo senso de identidade depende de que se observe uma distância regulamentar para com as subclasses negras. O "crime", que os governos liderados pelo PT cometeram não foi a maquiagem orçamentária, mas seus programas sociais, com os quais questionaram essa distância. A empregada doméstica tornara-se capaz de comprar um velho Fusca e, incauta, ir de carro ao trabalho. Isso era insuportável para a madame. Após vinte anos de serviço, a doméstica é demitida. Os valores da Revolução Francesa de 1789 ainda não chegaram a essa classe média, que gosta de se mostrar moderna e culturalmente versada.

Liliane, amiga brasileira e avaliadora externa do projeto SOS Periferia, apontou pouco tempo atrás para a herança ainda não resolvida da escravidão.

> Não se pode esquecer que o Brasil foi o país com maior e mais longa escravidão. Temos uma cultura forte do *cada um no seu lugar*, você próprio vivenciou isso aqui. Nem todos os governos do PT apoiam os processos de

empoderamento. Algumas ONGs continuam trabalhando nisso, mas sofrem cortes de recursos.

Cada um no seu lugar – isso eu conhecia! Não foi no Brasil que primeiro vivenciei isso. Também no cotidiano da minha geração, depois de 1945, ergueu-se um passado de chumbo que não queria ir embora nunca e era de uma singularidade monstruosa. Singular, não apenas como período histórico, representado pela ruptura civilizatória de Auschwitz, mas também em sua obstinada insistência em estabelecer normas inquestionáveis para as gerações seguintes. O fascismo que não foi debatido e refletido pesou de modo similar na consciência, distorcendo a autoestima e comprimindo, com seu peso do chumbo, sentimentos como cultura, estrutura e dinâmica, que a escravidão no Brasil deixou como legado.

Com isso, não pretendo equiparar a situação da geração pós-guerra da Alemanha Ocidental com a dos favelados brasileiros. Tivemos uma existência segura, boa educação, amplo conhecimento do mundo e não precisávamos usar grande parte do nosso tempo na luta pela sobrevivência. Em 1968, rompemos muros e descobrimos atrás deles possibilidades nunca imaginadas. Havíamos deixado o fascismo e a bomba atômica para trás e tivemos a oportunidade de fazer parte de uma revolta mundial contra o imperialismo, uma revolta para a qual, não de maneira injusta, demos boas chances. Uma situação histórica única. Entretanto, existem interseções entre esses mundos que, de outra forma, são diferentes em essência. O que acontece nas mentes e nos corações dos favelados, em cuja comunidade a polícia atira em jovens negros, mesmo em crianças brincando na porta de casa, e não raro provoca autênticos massacres? Uma ou duas notícias na TV, é isso. Além disso, nada acontece. Nenhuma investigação, nenhum processo, até a próxima vez. O que isso faz com a autoestima das pessoas da vizinhança, da comunidade? E como sair dessa situação? Também lá na favela, como nos Estados Unidos, há tumultos, ônibus incendiados, bloqueios nas ruas, mas isso mal chega até nós. São protestos espontâneos, que ainda se conectam pouco, mas que aumentaram nos últimos anos. Mas nos eventos da esquerda alternativa sobre o Brasil, na Alemanha, quase sempre há um representante do movimento dos sem-terra no pódio. Já a periferia urbana e suas lutas permanecem ocultas, embora o Brasil tenha um grau de urbanização mais alto do que a Alemanha.

A chacina, o massacre realizado pela polícia, é o exemplo mais claro. Não é tão óbvio o exemplo de uma líder do grupo de uma favela muito pobre e arruinada, a quem não consegui convencer a me tratar por *você*, como era e é uma prática comum. *Cada um no seu lugar*. Entre os dois exemplos, descortina-se um dia a dia que, além de muitos momentos livres, além de vivências e experiências que me permitiram respirar alegremente, ainda é influenciado por hierarquia e subordinação, por abnegação e renúncia voluntária.

A descolonização das cabeças e dos corações foi e é a minha orientação. Ela vem do movimento de 68, do SPK, do meu empoderamento na cadeia. Não é apenas a descolonização das mentes e dos corações dos outros, mas também dos nossos próprios. Você tem de estar aberto a aprender todos os dias, e ter a coragem de perceber que algumas coisas você jamais entenderá.

Foi difícil compreender como meu sonho de permanecer no Brasil se dissolveu. Hoje, estou feliz por viver em Berlim. Naquela época foi difícil me desapegar. As condições de vida haviam se tornado muito caras e muito complicadas. Meu visto de cinco anos expiraria e uma conversão para um visto permanente era incerta. Assim terminou o capítulo da minha vida no Brasil.

CAPÍTULO 10
De Regresso

No final de janeiro de 2012 os termômetros subiram para quarenta graus no Rio de Janeiro. Eu nunca tive problemas com o calor, mas achava desagradável usar uma camisa ensopada e uma calça úmida. Quando minha amiga e colega Freddy me levou ao aeroporto eu tirei a camisa para não entrar todo suado no avião. Quando aterrissei em Berlim, a temperatura estava em quase vinte graus negativos. Respirei aliviado e me deliciei ao passear pelas ruas de Kreuzberg naquele frio maravilhoso. Mas no fundo eu não chegara ainda. Logo me candidatei ao cargo de chefe do escritório de uma fundação de um partido político alemão em São Paulo. Tive a sorte de não ser escolhido. Teria sido pura ralação. Portanto, rendi-me ao meu destino de ter regressado em definitivo para a Alemanha. Tive muito apoio por parte da subcultura de esquerda, o que facilitou o recomeço.

Quase cinco anos depois, encontrei um amigo alemão que conheci no Rio de Janeiro e que continuava trabalhando lá como correspondente. *Você saiu do Brasil na hora certa*, disse, lacônico. Ele tinha razão. Quando fui para o Rio de Janeiro pelo Serviço pela Paz Mundial, cheguei num momento de transição e de esperança. Mas depois do *golpe parlamentar* contra a Presidente Dilma Rousseff na segunda metade de 2016, que pôs um final a treze anos de governo liderado pelo PT, a crise política veio se somar à econômica. Não se vislumbram no horizonte dos próximos anos condições políticas que possam nutrir a esperança de um Brasil socialmente mais justo. Ao contrário: o pouco que os governos liderados pelo PT conseguiram para os pobres está indo para o ralo.

Mas voltemos para Berlim. Poucas semanas depois do meu regresso, percebi que tinha ficado mais velho pelo esforço para reformar o meu novo apartamento. Fica numa região central da cidade e é parte de uma república muito agradável. Meu amigo Malte fez a intermediação para que eu pudesse ir para lá. Trata-se de uma casa da antiga República Democrática da Alemanha, que foi (e ainda está sendo) reformada aos poucos. Fica num bairro gentrificado na parte oriental da cidade, bem próximo da antiga fronteira. Os antigos moradores do bairro foram parcialmente expulsos por jovens famílias de classe média de boa renda salarial com filhos que podiam pagar os aluguéis caros nas casas que sofreram reformas caras. Um muro foi derrubado, outro erigido. Como os antigos cidadãos da RDA agora tinham liberdade de viajar, podiam se mudar. Mal se veem pessoas idosas que se criaram naquele bairro.

A esquerda, de onde me originei muitos anos atrás, já não existia mais. Em parte alguma consegui descobrir um grupo ao qual me sentisse pertencente. Fiquei bastante surpreso quando, na manifestação do Dia do Trabalho, no primeiro de maio de 2012, vi quase os mesmos emblemas de organizações e os mesmos lemas de quarenta anos atrás. Não – se já naquela época eu não me sentia em casa, quanto menos agora!

Eu ficara muito tempo longe, primeiro na cadeia e depois no Brasil. A Alemanha já não era mais o mesmo país dos anos 1970. Eu quis compartilhar minhas experiências no Brasil. Enxergava aquilo – até hoje – como uma missão para aqueles condenados dessa Terra que me acolheram com tanta gentileza depois dos anos difíceis que eu tinha passado. É muito motivador para eles saberem que a Alemanha rica também dá ouvidos a alguma coisa das suas lutas e da sua necessidade, pois estão acostumados a que a parte rica de seu próprio país se blinde rigorosamente e nada quer saber deles.

Pouco depois do meu regresso, um jovem brasileiro chamado Rodrigo organizou em Berlim uma retrospectiva com filmes de Glauber Rocha, o cineasta mais criativo e revolucionário da geração do Cinema Novo. Em suas produções dos anos 1950 e 1960 o objetivo era *descolonizar as cabeças*. Eles romperam com o cinema de Hollywood e fizeram filmes sobre a fome, a violência, a ira; sobre o paupérrimo sertão do Nordeste e sobre os desvalidos. É bem verdade que os trabalhos não eram para os pobres, pois filmes místicos e enigmáticos como *Deus e o Diabo na Terra do Sol* (1964) e *Terra em transe* (1967) não são exatamente muito fáceis de compreender. O neorrealismo italiano, a *Nouvelle Vague* na França e os diretores Truffaut, Godard e Costas-Gavras empreenderam rupturas semelhantes na linguagem cinematográfica.

Rodrigo pediu que eu conversasse com o público depois da apresentação de *Terra em transe*. Falei do meu trabalho nas favelas. Aquela noite foi duplamente feliz, pois entre o público estava Denise, uma brasileira que já mora há bastante tempo na Alemanha. Ela não achou a minha apresentação lá muito brilhante, mesmo assim nos aproximamos. De lá para cá temos algo que é mais do que uma amizade, mas um pouco menos do que um relacionamento amoroso, às vezes tão enigmático quanto os filmes de Glauber Rocha.

Palestrando sobre cooperação técnica internacional

Na minha condição de *retornado*, como se chamam os cooperantes que voltam ao país de origem, comecei a trabalhar dando palestras de cooperação técnica internacional e levando minhas experiências e meus conhecimentos para associações ou oficinas, ou para projetos especiais em escolas de Berlim ou de Brandemburgo. A vantagem é que, assim, tive a oportunidade de conhecer a atual geração de alunos, da qual sabia apenas que vive em um planeta bem diferente do meu. Finalmente, tive tempo e os recursos para me aprofundar mais ainda no estudo da paisagem política, econômica, social e cultural do Brasil e em questões como a Região Amazônica, a Mata Atlântica, a apropriação, muitas vezes violenta, de terras e mananciais *(landgrabbing e watergrabing)*, a profunda cisão da sociedade, as veias ainda abertas da América Latina. Transformar essas questões em material de ensino adequados à faixa etária de doze a quinze anos e que também desperte interesse e empatia foi, para mim, um desafio produtivo, que me protegeu da monotonia analítica e da arrogância moral. Para esse tipo de trabalho pedagógico eu contava com uma avalanche de material de ensino, incluindo vídeos, textos, scripts para esquetes teatrais etc. – tudo o que, 40 anos atrás, teria gerado um veto profissional.

No Serviço pela Paz Mundial eu tive oportunidade de me envolver com novos campos de trabalho e novos problemas, principalmente por meio das organizações parceiras palestinas e africanas. O exemplo da destruição de mercados regionais africanos por produtos agrícolas subvencionados pela União Europeia serviu para que eu pudesse explicar aos alunos como se criam as causas para que milhões de pessoas tenham que se refugiar. Por que os dados no seu *smartphone* não são deletados quando a bateria acaba? Isso ocorre graças ao coltan, minério produzido no Congo do Leste com ajuda de trabalho escravo infantil e processado pela Foxcon na China, onde trabalhadores e trabalhadoras são levados ao suicídio por causa das brutais condições de exploração. Costumo dizer aos alunos que não quero estragar o prazer deles com suas calças jeans ou *smartphone,* mas que é preciso refletir sobre as condições de produção.

Foi especialmente frustrante preparar as aulas sobre países cujas lutas de libertação anticolonial tínhamos apoiado nos anos 1960 e 1970 e que, então, tinham toda a nossa simpatia, como Angola ou Zimbábue, e hoje estão a anos-luz de distância daquilo que imaginamos ser libertação, emancipação ou justiça social. Angola, por exemplo, é um dos países mais ricos do mundo, e na luta de independência de Portugal morreram, entre outros, centenas de soldados cubanos. Hoje, ocupa um dos últimos lugares no ranking da expectativa de vida média no continente africano. Enquanto isso, a filha do Presidente Agostinho dos Santos é bilionária e a mulher mais rica da África. Às vezes, mostro um curta passado em um orfanato para crianças cujos pais morreram na guerra. Fica em Cabinda, enclave angolano de petróleo, também apelidado de *país da Chevron.* Perguntados sobre a sua condição de pobreza, as crianças respondem: *Não somos pobres, às vezes comemos até duas vezes ao dia*! Quanta esperança foi água abaixo, esperança para o qual o trabalho do Serviço pela Paz Mundial costumava usar o lema otimista *desenvolvimento igual a libertação.*

Eu me perguntava quanto os alunos retinham daquelas informações. Não muito, imagino. Mas sempre encontrei uma surpreendente disposição e empatia, apesar de tanta matéria que os alunos precisam dar conta em aprender na escola. Tentei lembrar como era na nossa época. Não tínhamos a menor noção de que existiam movimentos no mundo que lutavam pela independência do seu país. E quando uma luta pela independência penetrava pelo nosso horizonte cercado, como foi o caso da Argélia, a conotação era negativa. Isso só mudou com o movimento contra a Guerra do Vietnã e a solidariedade com a luta dos afroamericanos.

Durante a minha juventude, vinte e oito países africanos conseguiram a independência. É o mesmo número de estados membros da União Europeia. Alguns países conseguiram se libertar por meio de movimentos de independência armados, outros sem o uso de violência – mas a maioria simplesmente porque, depois da Segunda Guerra Mundial, ficou mais barato para os poderes coloniais libertar suas colônias para economizar os elevados custos do aparato de administração colonial – e sem tocar no pacto colonial. Uma elite nacional corrupta e ávida por bens e poder garantiu que a ingerência lucrativa do Ocidente continuasse intacta. *Pele negra, máscaras brancas*, disse Fanon.

Felizmente, a escola de hoje é bem diferente do meu tempo. Já com doze anos os alunos são treinados a dar palestras e a escola estimula o trabalho independente. Embora os conteúdos não sejam isentos de coloração ideológica, são bem melhores do que nos meus tempos de escola.

Na associação

O Serviço pela Paz Mundial é uma associação registrada. Meio ano depois da minha volta, fui eleito para a diretoria. Até ali, conhecia o Serviço pela Paz Mundial *de fora*, a partir da perspectiva de um cooperante de muitos anos e que trabalhou estreitamente com alguns colegas do escritório – uma cooperação que gerou descobertas e conhecimentos para além da minha área de trabalho e, não por último, fez nascer amizades. Mas ao integrar agora uma diretoria com vários membros eu assumia a corresponsabilidade em assuntos estratégicos. É preciso dizer que era uma diretoria ativa e com funções de concepção, não existia apenas para concordar com decisões já tomadas. O escritório tem uma tradição de base democrática, a diretoria tem uma função diretiva. Essas duas orientações – que podem se contrapor – nem sempre harmonizavam. O ano de 2015 foi marcado, entre outros, por um debate sobre o desenvolvimento da organização. Excessos foram cortados e se criou um equilíbrio entre a atuação conceptiva da direção do conselho e a autonomia do escritório, principalmente na área operacional.

O desenvolvimento que me ocupou durante os últimos anos foram as transformações nas favelas do Rio. Elas são determinadas por uma resistência que muitas vezes se esgota em rebeliões espontâneas e só ocasionalmente – ainda que de forma crescente – produzem uma organização mais eficiente e a continuidade. Além disso, a situação é marcada pela tentativa fracassada – que durou oito anos – de obter a paz nas favelas por meio da intervenção da polícia e do exército. *A paz exige justiça*, esse lema do Serviço pela Paz Mundial é plenamente válido.

Quando converso com a minha colega Jasmina, que trabalha pelo Serviço pela Paz Mundial em Guiné-Bissau, ou com Rainer, diretor do nosso escritório regional em Harare, no Zimbábue, seus relatos e suas narrativas me abrem novos mundos e perspectivas do respectivo cotidiano local que, geralmente, era bem pior do que eu imaginava. Levar a cabo projetos emancipatórios juntos com as pessoas marcadas por essa história e por esse dia a dia, como o programa na Guiné-Bissau contra mutilação genital em moças e jovens mulheres ou, no Zimbabwe, um projeto de desenvolvimento sustentável de uso da terra, pecuária e bases de sobrevivência rural, já em sua terceira fase, exige dos colegas um alto grau de esforço. Em Potosí, na Bolívia, outros colegas estão ativos na área de prevenção e transformação de conflitos em um dia a dia comunitário onde o *buen vivir* está ainda muito distante e onde a falta de disposição para o compromisso de atores poderosos, a falta de um consenso social sobre princípios elementares e a dominação masculina e papeis que incentivam o conflito na cultura política volta e meia levam a crises violentas. Outros colegas trabalham em Hebron, nas áreas palestinas ocupadas, onde seus parceiros locais sofrem com a crescente violência, incluindo ameaças de morte. Todos esses colegas dispõem de uma grande riqueza em experiências, mas nossas possibilidades de compartilhá-las na Alemanha são limitadas. O Serviço pela Paz Mundial não é uma fundação partidária financiada via impostos. Os colegas do escritório em Berlim, os cooperantes e os profissionais em políticas de paz entre os parceiros do sul precisam trabalhar duro para manter o botequim funcionando.

Sul-norte em vez de apenas norte-sul

No âmbito da cooperação para o desenvolvimento existe há alguns anos uma busca que alguns designam de mudança de paradigma. Os tempos em que a cooperação técnica internacional se limitava ao envio de especialistas do norte para o sul definitivamente acabaram. Na busca atual, tal qual está sendo perseguida no Serviço pela Paz Mundial, trata-se do envio de profissionais do sul para o norte, respectivamente para países ocidentais, bem como do fomento do intercâmbio sul-sul. Um dos parceiros do Serviço pela Paz Mundial na África do Sul, o SINANI, dispõe de ricas experiências no trabalho com refugiados. Noventa e cinco por cento da atual migração africana ocorre dentro do próprio continente. As experiências do SINANI podem prestar valiosos serviços no empoderamento de colaboradores voluntários e profissionais no trabalho com as migrações e, principalmente, na participação e inclusão ativa dos refugiados. Por que razão nossa relação deveria ser diferente com as pessoas que vêm do sul para a Alemanha do que com as pessoas com as quais trabalhamos nas favelas e que, lá, formamos para serem multiplicadores? A cultura alemã das "boas-vindas" muitas vezes é bastante paternalista. Os voluntários tiram uma carga enorme do poder público. São os que melhor conhecem a situação dos refugiados, mas que têm poucas possibilidades de participar da formulação das políticas em relação a eles. Quase sempre as pessoas que chegam à Alemanha depois de experiências traumáticas de guerra e de fuga enfrentam uma segunda fase de trauma: a espera infinita pelo esclarecimento de seu status. São meses, às vezes até anos, de incerteza, de inatividade, de passividade, em que a ajuda para a autoajuda poderia superar a reação muitas vezes depressiva e não apenas eliminar a sensação de estar entregue, e sim recolocar o refugiado no status do sujeito ativo e que luta pelos seus direitos.

Fomos obrigados a começar um degrau abaixo com nossas esperanças, uma vez que é difícil arrumar financiamento para tal intercâmbio sul-norte. Ainda assim, e mesmo que o caminho seja pedregoso precisamos seguir lutando por essa mudança de paradigma.

Na minha época de cooperante, o Serviço pela Paz Mundial acompanhou e deu consultoria em Chimoio, capital de uma província moçambicana perto da fronteira com o Zimbabwe. Era um centro de capacitação profissional. Eu empreendi a tentativa – um pouco espontânea demais – de promover um intercâmbio entre esse centro e uma das nossas instituições similares nas favelas do Rio de Janeiro. Afinal, falava-se português em ambos os lugares. Mas eu devo ter superestimado os pontos tangenciais possíveis. Troquei ideias com o colega local, mas a iniciativa acabou morrendo.

Quando estive mais uma vez no Rio, em 2013, tive a oportunidade de participar de um evento sul-sul. Um grupo de 200 moradores de favela ocupara um terreno público não muito distante da prefeitura. No âmbito dos preparativos da Copa do Mundo, suas moradias tinham sido derrubadas e eles, expulsos. Foi a mesma experiência amarga que as pessoas das *townships* na África do Sul haviam feito três anos antes, igualmente nos preparativos da Copa do Mundo. Naquele evento apareceu a delegação de um movimento sul-africano de resistência contra a desocupação forçada. Tinham-se preparado muito bem, levando um filme com legendas em português com o título Prezado Mandela e debateram durante muito tempo com os ocupantes brasileiros. O texto da capa do DVD diz:

> Quando o governo sul-africano promete *erradicar as favelas* e começa a expulsar os moradores dos barracos para longe, fora da cidade, três amigos que vivem em grandes favelas de Durban se recusam a partir. Prezado Mandela segue a jornada destes jovens, de seus barracos ao mais importante tribunal do país. Enquanto se inspiram no exemplo de Nelson Mandela, tornam-se líderes em um movimento social crescente. Inspirador, triste e por vezes engraçado, o filme oferece uma nova perspectiva sobre o papel que os jovens podem desempenhar na mudança política e um retrato fascinante da África do Sul.

Esse é apenas um pequeno exemplo, mas ele é importante principalmente para as favelas brasileiras, onde os jovens muitas vezes buscam uma perspectiva de vida junto ao narcotráfico que termina, em média, aos vinte e três anos de idade.

Combate à pobreza em vez de combate aos pobres

Costumo organizar e fazer a moderação em eventos de informação e discussão com o Serviço pela Paz Mundial. Sempre que possível, uma ex-cooperante da favela Salgueiro, Janete, entra por Skype. Nosso tema é a favela antes da Copa do Mundo de 2014 e dos Jogos Olímpicos de 2016 – um tema sobre o qual também na Alemanha volta e meia saem matérias críticas. A crítica se refere ao abismo entre ricos e pobres e à violência policial direcionada sobretudo contra jovens negros. Vários autores brasileiros falam de um genocídio, como o antropólogo e cientista social Luiz Eduardo Soares, que ocupou cargos de direção tanto no Estado do Rio de Janeiro quanto no nível federal, na época de Lula, tendo sido demitido de ambos por causa de sua crítica à polícia. Em 2014 nós o convidamos para um evento durante a conferência *Brasil: nunca mais*, mas por razões médicas ele precisou cancelar a participação já confirmada. Para o seu lugar, convidei Jaílson de Souza e Silva, do Observatório de Favelas no complexo da Maré, e sua mulher Eliana Sousa

Silva, da ONG Redes da Maré. A violência policial excessiva e mortífera nas favelas, principalmente nas comunidades do Rio de Janeiro, recebeu fortes críticas em 2016 pelo Alto Comissário da ONU para os Direitos Humanos, Zeid Ra'ad Al Hussein, e do Comitê da ONU para os Direitos da Criança. O escritório regional da Anistia Internacional inaugurado há alguns anos no Rio de Janeiro e o escritório regional da Fundação Heinrich Böll – na minha época, dirigido por Dawid Bartelt – também são muito ativos nessa questão.

A partir de 2008, portanto, antes dos megaeventos esportivos, foram instaladas Unidades de Polícia Pacificadora em três dúzias de favelas (de um total de mil). A violência assassina cedeu nitidamente nos anos seguintes. Hoje, considera-se fracassado o projeto que desde o início foi feito de cima para baixo, sem a participação dos moradores. Enquanto não diminuir o precipício entre ricos e pobres não haverá paz nas favelas, resumiu, resignado, o secretário de segurança púbica do Rio de Janeiro, José Mariano Beltrame, que pediu demissão em outubro de 2016. O seu nome é o principal associado ao projeto fracassado das UPPs.

Em 2013, durante uma rápida visita ao Rio de Janeiro, tive a oportunidade de participar de uma reunião de protesto na Rocinha, com seus setenta mil moradores, a maior favela do Rio. O protesto era contra os planos do governo de construir um teleférico. Nem sempre os favelados gostam desses teleféricos. Já para os governantes, são peças internacionalmente reconhecidas de sua política para a pacificação das favelas, projetos de prestígio. Os moradores têm outras prioridades. Durante aquela reunião, as mães se queixaram que seus filhos adoecem ao brincar no esgoto a céu aberto cheios de ratos. O folheto do protesto tinha o seguinte título: *A Rocinha precisa de saneamento básico*. Mas esses encanamentos são subterrâneos e invisíveis.

O narcotráfico expulso pela polícia com ajuda do Exército migrou para outras favelas, entre outros, para a região do meu antigo projeto. A esse respeito, recebi o seguinte e-mail de uma ex-cooperante da favela Salgueiro:

> A situação da nossa administração pública piorou muito. Os bandidos compram o material para o nosso posto de saúde. Há uma grande concentração de bandidos que vieram das favelas pacificadas do Rio. A consequência é que cada vez mais jovens vão para o tráfico e que a corrupção da polícia e as ações da polícia aumentam. Isso gera um clima de medo e de grande insegurança.

Aqui em Salgueiro um morador foi morto, teve até um tiroteio em frente à nossa casa. O pior é saber que o narcotráfico é uma máquina de dinheiro. Os que ficam com o dinheiro nem moram aqui. Muitas vezes são políticos, policiais, advogados.

Encontros 'Brasil: nunca mais' 2014

Em 2014 o golpe civil-militar fez cinquenta anos. A partir de maio de 2012, uma Comissão da Verdade instituída pelo Congresso Nacional empreendeu a tentativa de reprocessar os atos da ditadura militar. O gesto oficial foi precedido por várias décadas de lutas da sociedade civil organizada, das famílias dos assassinados e desaparecidos e dos ex-presos políticos por memória e justiça. O Brasil é o único país sul-americano em que os torturadores nunca foram punidos. Em seu relatório final, a Comissão reivindicou uma revisão da Lei de Anistia de 1979, que perdoa até graves transgressões contra direitos humanos.

Na Alemanha e no Brasil, em 2014 foram realizados os encontros *Brasil: nunca mais*. Grupos de trabalho foram formados, e não só em Berlim. Surgiu uma rede de mais de 25 ONGs, entre elas o Serviço pela Paz Mundial, fundações partidárias e pessoas físicas. Houve mais de 30 eventos na Alemanha e no Brasil, em São Paulo, no Rio de Janeiro, em Berlim, Leipzig, Colônia, Hamburgo, Frankfurt, Bielefeld, entre outras. O escritor brasileiro Bernardo Kucinski participou de encontros em três cidades. Fiz uma resenha para o jornal *Taz* sobre o seu livro *K., relato de uma busca*, que tem como tema principal a ditadura militar.

Foram várias semanas de reuniões com muita gente engajada. Nosso grupo em Berlim foi especialmente criativo e ativo. Tivemos depoimentos de testemunhas: Ida Schrage relatou as torturas que sofreu com eletrochoques e a solidariedade recebida depois de sua fuga para a Alemanha. A minha amiga Denise Fraenkel falou sobre o seu pai, Joaquim Câmara Ferreira, o Toledo, líder da ALN, grupo de luta armada que sequestrou o embaixador americano Charles Burke Elbrick em setembro de 1969, trocado depois por presos políticos. *Um deles foi Flávio Tavares, que teve a gentileza de escrever o prefácio para esta edição brasileira do meu livro*. Toledo morreu poucas horas depois de preso, em 1970. Falou também Luiz Ramalho que, depois da fuga, se integrou ao movimento alemão de 68, sempre denunciou a ditadura militar e conseguiu escapar por um triz à tentativa da embaixada brasileira de sequestrá-lo para o Brasil.

A documentação que reunimos com ajuda do Serviço pela Paz Mundial menciona os grupos de cinema em Berlim, Colônia, Bonn e Frankfurt, que exibiram uma vasta série de filmes brasileiros sobre a ditadura. A seleção não foi fácil, pois existe uma grande quantidade de bons filmes sobre o tema. Finalmente escolhemos dez filmes sobre Carlos Marighella, a Operação Condor, o tropicalismo, o apoio do regime de torturas por parte de empresas ocidentais. Dois dos filmes eram de filhos de ex-lutadores da resistência. Foi a tentativa de compreender, através do trabalho cinematográfico, o pai ou a mãe, os anos de chumbo e o que moveu os pais a caírem na clandestinidade. Vários ativistas da resistência armada tinham filhos. Depois do golpe, muitos fugiram para o Chile, então governado por Allende. Quando houve o golpe de Pinochet, alguns anos depois, as embaixadas que acolheram os refugiados, como a mexicana, estavam repletas de crianças.

Dois dos filmes eram da cineasta Lúcia Murat, a única que pudemos convidar para a Alemanha. Houve muitos obstáculos, não apenas de ordem financeira. Eu a conhecia dos meus tempos do Rio de Janeiro. Sua produtora ficava perto da sede do CAMPO. Era tão apertado que eu tive dificuldade de me sentar na cadeira diante de sua mesa de trabalho. Lúcia tinha dezesseis anos quando iniciou a militância política, aderindo ao grupo estudantil Guanabara. Foi presa pela primeira vez em 1968, durante o Congresso clandestino da UNE em Ibiúna, mas acabou sendo libertada. Dois meses depois, o AI-5, o "golpe no golpe", acabou com o que ainda havia de direitos civis. Para a grande maioria dos estudantes de esquerda isso significou escolher a resistência armada. A organização de Lúcia foi o MR-8 (Movimento Revolucionário 8 de Outubro). Em março de 1971, aos vinte e dois anos, ela foi presa e gravemente torturada nas dependências do famigerado DOI-Codi, incluindo torturas de ordem sexual. Sofreu danos físicos que ficaram para sempre. Lúcia foi libertada em 1974. Em 2014, depôs diante da Comissão da Verdade e identificou alguns de seus torturadores. Segundo ela, passou uma semana sem conseguir dormir, pois tudo voltara.

Busquei-a na estação de trens de Berlim. Vinha de Frankfurt, onde exibira o seu filme *Que bom te ver viva,* com apoio da organização *médico internacional.* O recepcionista do hotel no bairro de Kreuzberg cumprimentou-a em turco por causa de seu sobrenome. Fomos almoçar na Tiergarten. A temperatura estava amena. Começamos a conversar sobre o que ela vivenciara, sobre o que eu experimentara, achando paralelos. Falamos sobre os inícios preciosos, radicais, imprecisos. Sobre parentes, há muitas décadas, a muitos quilômetros de distância. Lemos os mesmos livros na juventude: Sartre, Simone de Beauvoir, Wilhelm Reich. Vimos os mesmos filmes. Lúcia é feminista militante. Contei da minha experiência no SPK. Falei da nossa revolta no âmbito subjetivo. Segundo ela, os *velhos* (Marighella e Toledo, o pai de Denise) eram mais conservadores, haviam crescido na cultura dos anos 1950. Mais tarde, em uma entrevista que fizemos com ela, Anke indagou sobre relações. Ela respondeu: *Nós decidíamos as questões sexuais, dormíamos com quem quiséssemos. Claro, sempre havia alguns homens extremamente conservadores.* A crítica à invasão soviética à Tchecoslováquia levou à cisão do Partido Comunista, mas a questão polêmica maior foi a da luta armada. *Sem, sempre fui antistalinista, isso se deve à minha educação liberal.*

Lucia quis descansar um pouco no hotel. Fui busca-la à noite. Em quinze anos, fez vinte e nove filmes, a maior parte dedicada a processar o passado. Seu primeiro filme, de 1989, foi *Que bom te ver viva.* No caso, "viva" não era só o fato de ter sobrevivido, mas também de continuar cheia de vida, de ter conseguido forjar e viver uma existência depois da tortura e dos anos de chumbo. Esse documentário excepcional com elementos fictícios traz o depoimento de oito mulheres que lembram o tempo da perseguição e o destino de presos políticos. Todas estiveram na luta armada contra a ditadura, todas foram presas políticas, foram torturadas e abusadas sexualmente. Falam de tortura. Em meio aos depoimentos, *inserts* de cenas cotidianas – antes e depois. Em face daquelas vidas, tão diferentes entre si, porém irmanadas pelas tangências coletivas, as vaidades morais de conceitos como "herói" ou "vítima", produtos de uma visão masculinizada da História, vão por água abaixo.

O segundo filme de Lúcia Murat, *A memória que me contam*, conta uma história que se passa vinte anos depois. Um grupo de ex-militantes da luta armada contra a ditadura se encontra na sala de espera de um hospital em que Ana, uma de suas líderes, se encontra à morte. Novamente, o filme mostra a geração da resistência e dos filhos e como ambas lidam com o passado. É um filme fictício e que reflete a realidade de um grupo de pessoas que representaram (e continuam representando) ideologias claras e o conflito que existe no contato com o mundo atual. Uma protagonista da primeira geração diz no filme: *Nós também carregamos culpa.* "Você poderia ter deixado isso de fora". Uma transposição de fronteiras? Ela sorri e faz um gesto com a mão, como se aquilo não tivesse a menor importância. O presente e o passado se alternam no seu filme, sendo que o que já aconteceu muitas vezes está mais presente do que o próprio presente.

FIM

Tendo deixado para trás o fascismo e a bomba atômica e lutas de libertação anticoloniais e antiditatoriais formou-se uma situação limítrofe que enviou um sinal imperativo. À nossa frente, abriu-se uma transposição para mundos possíveis. Em nossa falta de vínculos sabíamos o que não queríamos mais, mas não sabíamos muito bem para onde ir. Muitas vezes sucumbimos diante da confortável lógica da simples negação. Certo, transformações radicais não transcorrem segundo um desenho de construção pré-definido. Mas não existem só fronteiras que podem ser transpostas. Também há fronteiras que precisam ser respeitadas. Também tivemos de aprender isto. Mesmo assim, podemos dizer que sem coragem, sem a disposição ao risco e determinação, sem a disposição de se despedir do status vigente e da segurança e ousar pisar terreno desconhecido, a coisa não funciona. Transpor fronteiras sempre significa caminhar rumo ao que é incerto, ao que é estimado, mas não é caminhada ao acaso.

LUTZ TAUFER nasceu na Alemanha em 1944. A autobiografia do autor reflete um passado com destaques brilhantes e abismos obscuros. Cresceu na Alemanha do pós-guerra que, no entanto, não foi uma Alemanha pós-fascista, e ainda viveu intensamente a revolta mundial de 1968. Depois de lutar num grupo antipsiquiátrico, contra o capitalismo que adoece as pessoas nas metrópoles, Lutz presta apoio solidário aos presos políticos na resistência contra o regime de isolamento. Em 1975 ocupa, com mais 5 militantes armados, a embaixada da Alemanha em Estocolmo. O grupo mata dois reféns. Após 20 anos na prisão, Lutz passa 10 anos nas favelas de Grande Rio fazendo trabalha comunitário, falando sobre os abismos entre eles e a sociedade. Aproveita para fazer uma profunda reflexão sobre os seus 20 anos na cadeia, dos quais 19 foram em regime de isolamento. Descolonização das cabeças e dos corações, seja nas favelas brasileira, seja em algum "condomínio" alemão, são temas de grande prioridade para o autor.

Fontes: Minion Pro, Integral CF & Franklin Gothic
Papel: Avena 70gr
Impressão: Graphium